한국 영화 속 괴물의 이미지와 이데올로기

우리는 왜 괴물을 훔쳐보는가

한국 영화 속 괴물의 이미지와 이데올로기

우리는 왜 괴물을 훔쳐보는가

초판 1쇄 인쇄일 2023년 7월 27일
초판 1쇄 발행일 2023년 8월 10일

지은이 오현주
펴낸이 양옥매
디자인 송다희 표지혜
마케팅 송용호
교　정 조준경

펴낸곳 도서출판 책과나무
출판등록 제2012-000376
주소 서울특별시 마포구 방울내로 79 이노빌딩 302호
대표전화 02.372.1537　팩스 02.372.1538
이메일 booknamu2007@naver.com
홈페이지 www.booknamu.com
ISBN 979-11-6752-345-7 (03680)

한국 영화 속 괴물의 이미지와 이데올로기

우리는 왜 괴물을 훔쳐보는가

오현주 지음

책과나무

머리말

　우리는 왜 괴물을 훔쳐보게 될까요? 괴물을 직시하는 것을 회피하면 서도 때때로 우리의 마음속에는 괴물을 들여다보고 싶은 충동이 있습니다. 괴물은 우리에게 공포와 혐오감 그리고 조소와 웃음 등 복합적인 감정을 불러일으킵니다. 이 책을 쓰면서 한 손으로 눈을 가리면서도 손가락 사이로 괴물을 훔쳐보는 인간의 마음을 영화 속에 등장하는 괴물을 통해 살펴보고자 하였습니다. 이로써 영화가 그리는 괴물의 이미지와 우리 사회가 공유하고 있는 이데올로기를 들여다볼 수 있을 것이라고 생각합니다.

　한국 영화계에서는 2000년 이후 다양하고 많은 괴물 영화들이 제작되고 있습니다. 영화를 만드는 제작자의 의도는 영화가 사회 현상의 반영이기 때문에, 그 영상물에 대한 해석은 필수 불가결하고 의미 있는 사회문화적 작업이라고 할 수 있습니다. 그래서 이 책에서는 영화 속에 등장하는 괴물과 인물이 전개해 나가는 서사의 분석을 통해 괴물의 이미지와 의미작용을 제시해 보았습니다. 영화를 통해 형성되는 괴물 이미지는 사회문화적인 차원에서 대중의 의식을 통해 새롭게 재탄생되어 의미를 생산하기 때문입니다.

이 책에서는 첫째, 괴물 소재의 영화를 분석하여 괴물이라는 대상에 부여하는 의미가 어떤 차원에서 만들어지는지 살펴보고 둘째, 한국 영화에 나타난 괴물의 사회문화적 의미양상을 제시해 보았습니다. 마지막으로 영화 속 괴물의 이미지가 만들어 내는 의미와 이데올로기를 분석하여 영화라는 텍스트 안에서 사회문화적 의미를 생성하는 과정을 생각해 보았습니다.

그런 의미 분석 작업을 위해 먼저 한국 괴물 영화에 등장하는 괴물의 유형을 분류하였습니다. 분류 대상은 2000년 이후 20년 동안 제작된 200만 이상 관객이 관람한 영화로 한정하였습니다. 분류를 통해 나타난 영화 속 괴물은 좀비와 귀신, 괴생명체, 반인반수, 사이코패스의 네 가지 양상으로 보았습니다. 그리고 영화 속 괴물의 의미양상을 영화의 서사 구조 분석을 통해 제시해 보았습니다.

영화 속에 재현되는 괴물의 의미는 시각적 이미지와 서사를 통해 역사적으로 형성되어 있는 괴물의 의미를 부단히 움직이게 만들고 그런 작동을 통해 변하기도 하고 새롭게 태어나기도 합니다. 즉, 의미는 고정된 것이 아니라 특정한 과정을 통해 형성되고 만들어지는 것입니다. 그렇게 보면 2000년 이후 영화 속에 등장하는 괴물의 이미지는 대중의 문화적 상상력에 의해 재탄생된 것으로 보아야 합니다. 영화 속 괴물의 의미는 지금껏 역사적으로 발전해 온 문화적 요소와 함께 영화의 맥락 안에서 훈련되어 왔다고 볼 수 있습니다.

그래서 영화 속에 재현된 괴물의 의미를 괴물 영화의 서사 구조를 통해 도출하여 보았습니다. 그리고 괴물이 등장하여 풀어 가는 서사를 통해 중심인물과 대상을 근간으로 한 영화의 구조 파악에 중점을 두었습니다. 또한 여타의 행위소 사이의 관계를 파악하여 괴물의 의미를 해석해 보았습니다.

이런 과정에서 드러난 영화 속에 등장하는 괴물이 사회문화적으로 의미를 가지는 이유를 말한다면 다음과 같습니다.

괴물은 그 사회 안에서 타자화의 대상이 되는 인간성에 관한 인식을 담고 있습니다. 추악한 괴물을 통해 사회가 무엇을 배제하고 혐오하고 있는지 시각적 이미지로 형상화한다는 점입니다. 그리고 괴물에는 사회가 인식하고 있는 공포가 반영되어 있습니다. 명확하게 잡을 수 없는, 인간이 통제할 수 없는 존재가 불러일으키는 그 시대의 불안과 공포를 영화 속 괴물 이미지로써 드러낸다는 점입니다.

또한 영화 속에서 괴물의 행태는 인간 내부에 숨겨진 극단적인 본성을 직면하게 함으로써, 인간이 직면한 현실을 대응하는 태도에 대한 첨예한 실존 의식을 드러낸다는 점입니다. 그리고 괴물에는 인간의 근원적인 욕망을 환상적 서사를 통해 충족시키는 심리적 보상 기제가 작용하고 있다는 점입니다. 현실이 억압적 상황이고 개인의 욕망이 충족되기 어려울 때 영화가 만들어 내는 환상으로 일탈한다는 것은 그 시대가 무엇을 억압하고 있는 것인지 다시 생각해 보게 만듭니다.

이러한 과정을 통해 밝힌 괴물의 사회문화적인 의미작용을 이 책을 읽는 독자와 함께 더듬어 가고자 합니다. 문득 어디선가 우리 현실 속에 섬뜩하게 나타나는 괴물은 내 안에서 보이기도 하고 우리 밖에 내던져 있기도 합니다. 영화 속 괴물이라는 존재의 이미지가 지니는 사회적인 차원의 의미와 이데올로기적 의미를 살펴보는 것은 역동적인 영상매체인 영화 속에서 이미지가 환기되고 생성되는 의미를 통찰해 보는 작업입니다.

문화적 요소가 다양하고 제작된 영화의 다양성을 짧은 글 속에 담기가 어려웠지만 영화 속 괴물을 훔쳐보는 과정을 통해 대중과의 소통과 공감을 확대하는 데 기여할 수 있다는 생각으로 쓴 이 글을 독자들의 너그러움에 기대어 읽어 주시길 부탁드립니다.

그리고 이 책을 쓰는 데 많은 조언과 가르침을 주신 안정오 교수님께 지면을 빌려 감사드립니다. 또한 여러모로 격려와 위안을 주신 많은 분들의 힘으로 책을 만들어 낼 수 있었던 것을 항상 마음에 새기고 있습니다. 특히 의문이 나는 것에 대해 질문을 던지고 자문 역할까지 해 준 딸 우정과, 항상 지치지 않도록 곁에서 지지해 주는 친구 미숙에게도 고마움을 전합니다.

신도시 개발로 파헤친 땅에서 겨울을 견디고 대덕산의 따뜻한 햇살과 한강의 차가운 바람을 맞으며 올해 처음 피어난 하얀 목련을 보며 생명의 존엄함을 다시 한 번 생각합니다.

독자 여러분께서도 이제 이 책과 함께 가는 여정 안에서 우리 안에 살아 있는 괴물을 만나게 되더라도 어둠 속에서 견디어 낸 상처를 어루만지며 화해하시기를 바랍니다.

2023년 여름
덕은한강재에서 오현주

차례

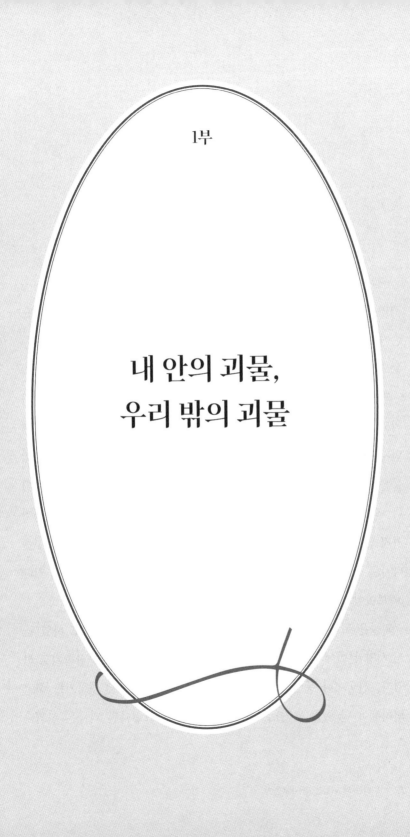

1부

내 안의 괴물,
우리 밖의 괴물

1

영화 속 괴물 들여다보기

　우리는 왜 괴물을 훔쳐보는가? 공포 영화에 등장하는 괴물을 보는 관객의 모습을 보면 손으로는 눈을 가리고 고개를 한쪽으로 외면하면서도 손가락 사이의 틈으로 끔찍하고 혐오스럽다는 표정을 지으며 반짝이는 눈으로 괴물을 응시하고 있다.

　괴물은 고대로부터 현대까지 인간과 더불어 존재해 왔다. 인간이 가지고 있는 괴물에 대한 인식은 괴물을 지칭하는 그 사회의 담론 속에서 던지는 타자성에 대한 범주화와 관련이 있다. 그러므로 이런 인식은 괴물을 이야기하는 사회와 문화에 대한 통찰과 깊은 상관성을 가지게 된다. 왜냐하면 괴물은 그 사회의 주류가 인식하는 '정상'의 범주에 들어가지 않는 '비정상'적인 것이기 때문이다. 그리고 인간사회에서 무엇을 타자로 규정할 것인가의 문제는 다분히 사회문화적 현상과 관련이 있다고 보아야 한다.

　괴물은 고대 사회에서는 초월적 신의 모습으로 나타나기도 하였다. 또 서양 문화에서는 추(醜)하거나 악마성을 지닌 존재로 등장하기도 하였다. 한국이나 동양권의 문화에서도 괴물은 신으로 존재하기도 하고 퇴치해야 할 이물(異物)로 배격되기도 했다. 그렇다면 괴물은 신화나 전설과 같은 고대의 서사로부터 현대의 대중적인 서사물인 영화에까지 끊임없이 그 모습을 바꾸어 등장하고 있고, 이전에 등장하지 않았던 새로운 존재들이 끊임없이 괴물로 규정되기도 한다는 것을 알 수 있다.

1960년대에 한국 영화가 대중문화의 한 영역으로 확고하게 자리 잡고 다양한 장르의 영화가 제작되던 시기에도 괴물 영화의 제작이 활발했다. 1960년대 매년 한 편 이상씩 제작되었던 괴물 영화는 1967년 이후 1970년대까지 매년 5편씩 제작될 정도로 흥행되기도 했다. 그런데 이때 제작된 괴물 영화는 〈우주괴인 왕마귀〉 등 몇 편의 영화를 제외하고는 대부분 여성 원귀들이 등장하는 영화로 그 소재가 한정되어 있었다.[1]

1987년부터 1990년대 말까지 괴물 영화는 거의 제작되지 않다가 1998년 〈여고괴담〉 시리즈로부터 시작하여 2000년 이후에 다시 괴물 영화가 제작되기 시작했다. 그리고 새롭게 부활한 괴물 영화에는 한국의 사회문화적 현상의 변화와 문화를 향유하는 세대교체의 영향이 반영되어 있다. 그리고 괴물 영화의 변모에는 한국 영화의 제작과 유통 구조의 변화가 영화 산업을 대규모로 성장시키고 한국형 블록버스터를 제작할 수 있는 자본과 기술이 성장하면서 괴물 영화가 가지고 있었던 표현의 한계를 극복할 수 있게 된 것도 큰 관련이 있다.

이런 흐름에서 매우 흥미롭게도 한국 영화에서 2000년 이후 다양하고 많은 괴물 영화들이 제작되었다. 그래서 2000년 이후 한국 영화를 대상으로 영화 수용자의 기억 속에 새겨져 있는 괴물 서사를 바탕으로 하여 괴물의 사회문화적 의미작용을 더듬어 보고자 한다.

---

1   임정식(2017). 괴물 영화에 나타난 영웅 탄생의 새 양상. 『한민족문화연구』 59, 105쪽.

무엇보다 괴물 영화에 주목한 이유는 대중이 인식하고 있는 괴물의 이미지에는 그 사회가 범주화하는 주류와 비주류, 정상과 비정상으로 구분하는 타자성에 대한 인식이 드러나고 있기 때문이다. 그리고 괴물이 등장하는 영화 속에서 그려지는 현실은 그 사회의 이슈와 일정하게 관련이 있기 때문이다.

　영화는 인간의 삶을 그려 내는 대표적인 대중예술이다. 영화는 서사를 근간으로 하여 영상을 통해 관객들에게 직접적이고 강렬한 시각적 이미지를 전달하는 매체이다. 그리고 영화가 만들어 내는 이미지는 창작자 개인의 경험과 상상으로부터 만들어지지만, 같은 시대를 살았던 사람들의 머릿속에 공통적으로 자리 잡는 상(像)이기도 하다.

　그리고 이야기가 만들어지고 의미가 구성되는 과정에는 기억과 상상이 함께 관여한다. 대중의 기억과 상상은 대중문화에 의해 재현된 이미지에 크게 영향받게 마련이다. 그리고 영화를 통해 형성되는 괴물 이미지는 대중의 의식 속에서 새롭게 의미요소들을 배치하게 된다. 영화는 시각적 이미지를 통해 의미요소를 배치하고 이 요소들은 현실에서 지각할 수 있는 것을 그대로 모방하는 것이 아니라 담화로 변형시킨다.

　그 속에서 어떤 의미는 고정되어 있는 것이 아니라 특정한 과정을 통해 형성되고 만들어지는 것이다. 그러므로 영화 속에 재현되는 괴물의 의미는 시각적 이미지와 서사를 통해 역사적으로 형성되어 있는 괴물의 의미를 부단히 움직이게 만들고, 그런 작동과 작용을 통해 변하기도 하고 새롭게 태어나기도 한다.

　대중의 기억 속에 남아 있는 한국 사회의 20세기는, 일제강점과 한국

전쟁을 거치고 난 후 1960년대부터 정부가 추진해 온 경제개발 우선 정책과 산업화의 흐름으로 큰 변화를 맞은 시기이다. 급격한 산업화의 후유증의 결과 1990년대 말에 겪은 IMF 외환위기로 인해 발생한 극심한 사회 혼란의 시간을 지나고 맞이한 21세기는 또 다른 문화가 밀려오고 생존 환경이 변화된 혼란한 상황으로 막을 열었다. 2000년대는 지난 세기의 이슈였던 산업화와 자본주의에 대한 회의감과 생존에 대한 불안감이 확산된 시기이다. 그러므로 2000년 이후 영화 속에 되살아난 괴물의 이미지는 대중의 문화적 상상력에 의해 재탄생된 것으로 보아야 한다.

2000년 이후에 제작된 괴물 영화는 1990년대 말 IMF 구제 금융을 경험한 한국이 경제적 재난을 겪고 난 이후 영화 산업이 변모한 현상과 급격하게 변화한 사회의 양상을 담아내고 있다. 또한 문화를 향유하는 세대의 교체가 가져온 감수성의 변화가 영상이라는 매체에 반영되어 괴물 영화 안에서 대중과 호흡하고 있다.

먼저 영화의 산업적인 측면의 변화를 가져온 계기는 IMF를 겪으면서 영화 산업 분야의 구조 조정으로 영화 제작과 공급, 유통의 산업 구조가 급격하게 변화했다는 것이다. 이로 인해 멀티플렉스와 대형 미디어 기업이 등장하여 관람 환경의 변화가 생겼으며, 연쇄적으로 관람 문화의 변화를 이끌게 되었다. 멀티플렉스와 미디어 기업 중심의 영화 산업 재편은 한국 영화 산업의 규모 확대와 안정화에 기여한 것이 사실이지만, 이 과정에서 영화에 대한 인식은 문화에서 산업의 영역으로 급속도로 전환되는 데 큰 영향을 미치게 된다.

한국의 영화 산업은 미디어 기업의 등장과 정착으로 본격적으로 거대한 산업 분야라고 할 만한 기반이 조성되면서 빠르게 산업화의 길로 접어들었다고 할 수 있다. 감독 중심의 소규모 제작사에서 영화를 제작하였던 창작 환경이 거대한 미디어 기업의 참여로 재편되고, 한국 영화의 가능성이 안정적인 자본과 결합하여 성장과 발전으로 이어졌다.

괴물 영화의 창작에 있어서도 이전에는 소규모 개인 창작자에 의해 제작되던 영화가 대기업의 자본과 결합하여 제작-공급의 변화를 가져오게 된다. 이로 인해 허구적인 괴물 이미지를 표현하는 데 있어서 기본적인 한계를 극복하고 보다 많은 상상력을 발휘할 수 있게 되었다. 이러한 과정을 통해 한국 영화에 대한 관심이 급증했으며, 자연스럽게 새롭게 변신한 한국형 괴물 영화가 등장하는 계기가 되었다.

또한 2000년대 사회의 변화로 인해 제기된 이슈들이 괴물 영화를 통해 드러났다고 볼 수 있다. 즉, 1990년대 말은 갑자기 변화된 사회·경제적 상황이 두려움으로 다가오는 시기였다. 1997년 한국은 외환위기를 맞이하면서 국제통화기금(International Monetary Fund)에 특별구제금융을 요청하여 외환위기를 해결하게 되었다.[2]

한국정부가 IMF의 요구에 따라 시장을 개방하고 4대 부문(금융·노동·공공·기업)에 대한 구조 개혁을 단행하면서 서민들이 겪은 구조조정, 정리해고 등은 급격한 고도성장과 산업화의 과정에서 겪은 것보다도 더욱 심각한 비인간화를 초래하고 개인주의의 심화와 가족 균열, 실

---

2 1997년 12월, 대한민국이 국가부도 위기에 처해 국제통화기금으로부터 자금을 지원받아 국가부도 사태를 면한 사건. 이 시기를 끝으로 1980년 중반부터 이어진 호황기가 끝나고 기업들의 줄도산이 이어졌으며, 정치권에서는 정권 교체가 이루어졌다. 1년여 간의 IMF 관리 체제 끝에 18억 달러를 상환하면서 외환 위기로부터 벗어났고, 2001년 8월 23일을 끝으로 IMF 관리 체제가 종료되었다.

업 등의 문제를 공론화하게 되어 많은 사람들에게 경제적·심리적 위기 의식과 일상적 불안감을 가지게 하였다.[3]

특정한 시대를 구성하는 문화적 서사들은 더욱 근본적인 지배 서사에 의해 주어진 역사적 경험들을 자양분으로 삼아 알레고리적 맥락에서 다시 쓰이는데[4] 2000년대를 여는 시기에 한국 문화의 두드러진 특징은 재난과 파국, 위기의 세계를 그려 내는 경향이 나타나고 있다는 점이다.

IMF 금융위기를 극복하기 위한 신자유주의적 개혁 조치가 감행되면서 공공기관의 민영화, 대량해고, 비정규직 비율 확대 등의 노동 불안정이 대폭 양산되었고 개인은 무한 경쟁의 지대로 내몰리게 되었다. 당면한 생존에의 불안은 이 시기의 집단 감성이자 무의식으로 확산되었고[5] 이어지는 정치적 국면들이 민주화의 의미를 재고하게 만들면서 사회적 보호막과 탄력성의 소실감 또한 증가하였는데[6], 이러한 구조적 상황에서는 '살아남는 것'이 문제시되었고 그것이 생존의 위기에 대한 상상적 욕구를 촉발시키는 요인이 되었다. 그래서 2000년 이후에 괴물 영화가 재등장할 계기가 되었다고 볼 수 있다.

그리고 2000년대 한국에서는 밀레니엄 세대를 맞이하며 여러 가지 변화가 나타나는데 그중에서 특히 문화를 소비하는 계층이 달라진 것에

3 한동균(2019). 한국공포영화의 시대별 괴물캐릭터의 특성 및 의미 분석. 『문화와 융합』 제41권 3호, 235쪽.
4 이동신(2014). 좀비 자유주의: 좀비를 통해 자유주의 되살리기. 『미국학논집』 46.1.
5 홍덕선(2015). 파국의 상상력-포스트 묵시록 문학과 재난문학. 『인문과학』 57, 10쪽.
6 소영현(2013). 민주화의 역설과 한국소설의 종말론적 상상력 재고. 『한국문예창작』 12(1), 239-240쪽.

주목해 볼 수 있다. 즉, 세대가 교체되면서 문화를 향유하는 주체가 바뀌고 문화 제작자들의 생각에도 변화가 나타난다. 이로 인해 대중의 의식이 많이 반영되는 매체인 영화 속에서 문화적 현상도 변모하게 된다.

이런 흐름에서 볼 때, 1980년대는 386세대가 문화의 향유자라고 한다면 민주화의 정치적 열망을 추구하고 민주적 발전을 위해 투쟁하는 과정에서 성공에 대한 경험을 가진 세대로 볼 수 있다. 이후에 등장한 1990년대에 X세대라고 불렸던 새로운 문화 향유자는 문화 예술의 변화와 생활양식, 취향과 소비의 변화를 주도한 세대이다. 그런데 IMF 금융위기를 겪으며 성장한 2000년대의 문화 향유자인 포스트 신세대는 어린 시절에 겪은 경제적 위기로 인한 생존의 불안과 가족해체의 경험을 지닌 세대로 성장하여 생존에 대한 강박관념을 안고 불안한 사회를 살아가는 세대이다.

영화와 관련지어 문화를 향유하는 세대들의 특징을 요약하고 세대의 특성을 대표하는 영화 속 인물을 살펴보면 [표 1]과 같다.[7]

---

7 김일림(2017). '아름다운 청년'은 어떻게 '좀비'가 되었나?. 『인문콘텐츠』 46, 인문콘텐츠학회, 283쪽 참조.이 논문을 근거로 세대별 특징과 영화 속 인물을 필자가 정리한 표임. 여기서 세대에 관한 명칭으로 '포스트 신세대'는 저자가 임의로 정리 요약한 용어이다.

[표 1] 문화 향유세대의 특징

시기	세대	특징	영화 속 인물
1980년대	386세대	혁명과 꿈을 추구 → 집단과 연대성	영화 〈아름다운 청년 전태일〉의 전태일
1990년대	신세대	이전 세대와는 다른 새로운 취향의 문화예술 향유 → 개인주의화	영화 〈박하사탕〉의 김영호
2000년대	포스트 신세대	생존경쟁, 자기계발, 포기 → 극단적 개인주의, 파편화	영화 〈부산행〉의 석우

[표 1]을 통해서도 알 수 있듯이 그 시대를 살아가는 인간의 모습을 영화 속에서 그려 내고 있다면 사회의 변화에 따라 바뀌어 가는 문화를 향유하는 세대의 감수성이 영화에 반영되어 있다고 할 수 있다.

그렇게 보면 역설적으로 2000년대는 영화에 대한 대중의 인식이 문화에서 산업으로 변화하는 과정에서 그 위상이 높아지는 변모를 보여 주고 있다. 그리고 현재를 살아가는 한국 사회의 현상과 그 속에서 인간의 삶을 담아내고 있다고 할 수 있다. 그런 가운데 2000년대 괴물 영화는 자본주의적 욕망의 부정적인 측면이 극대화된 시대 상황과 대중들의 불안감을 적극적으로 수용하여 반영하고 있다고 할 수 있다.

그러면서 2000년 이후에 제작된 괴물 영화 속에는 한국의 산업화 과정에 나타난 기형적인 사회 현상이 그려지고 있다. 그리고 이전의 영화 속에는 등장하지 않던 새롭게 등장한 괴물들은 외환위기 속에서 성장한 새로운 문화세대의 감수성과 사회 인식을 반영하고 있다. 2000년 이후 한국 영화에 새롭게 등장하는 좀비 같은 괴물은 한국의 외환위기 이후의 사회 현상과 영화를 향유하는 포스트 신세대인 '2030세대'의 문화적 감수성의 변화[8]를 반영하고 있다.

1990년대 후반의 IMF 외환위기 이후에 제작된 한국 영화는 한국의 고도성장을 가져온 산업화의 과정에서 발생한 정치 · 경제 · 문화 영역에서의 불안정을 보여 주고 '한강의 기적'이라는 신화가 붕괴되는 국가 부도의 상황의 강박증, 불안감을 투영하는 것이 많다. IMF는 '고도압축성장'으로 요약되는 한국 근대화 프로젝트가 신화화된 것이었음을 증명하는 사건이었다.

이장원(1998)은 한국 사회가 이를 단순한 고통 이상의, 자신의 의지를 넘어선 여건에 기인한 것에 대한 분노로 받아들였다고 보았다.[9] 조한혜정(1998)도 IMF로 인한 문화 억압을 우려하면서 IMF를 한국 근대화에 대한 성찰의 계기로 받아들여야 한다고 하였다.[10] 이러한 입장은 2000년대 한국의 괴물 영화에는 IMF를 겪어 낸 한국 사회의 시대적 인식과 성찰이 내재되어 있다고 보는 근거가 된다.

한국 영화사에서 2000년 이후의 영화는 이전의 영화와 확연히 차별화되는 특성을 보여 주고 있다. IMF 이후의 영화 산업의 전반적인 구조 변화와 대중의 문화적 감수성의 변화, 시대에 대한 인식의 변화 등이 영화의 표현과 메시지 전달 방식에 영향을 미치게 되었다. 그리하여 2000년대 이후에 발견할 수 있는 영화라는 매체의 특성과 연관된 산업

---

8 앞의 논문. 283쪽 참조. 이 논문에서 필자는 1997년 IMF 이후 한국 사회의 구조적 변동과 사회적 불안이 서바이벌 세계로 뒤바뀌며 촉발된 좀비는 생존주의적 주체형의 비판적 반영이라고 함.

9 이장원(1998). IMF 시대, 다시 '세계화'를 생각한다. 『사회평론 길』. 98권 1호.

10 조한혜정(1998). 『성찰적 근대성과 페미니즘: 한국의 여성과 남성 2』. 서울: 또 하나의 문화.

구조적인 변화와 함께 사회문화적 현상의 변화가 영화 속 괴물의 이미지와 서사에도 투영되어 있다고 볼 수 있다.

그렇다면 괴물 영화에 등장하는 괴물은 특정한 대상을 가리키는 것이기도 하지만 특정한 정서와 연관된 것이라고 할 수 있다. 예를 들면 대상에 대한 두려움이나 혐오감, 이질감 등이 괴물을 형상화하는 것이라고 볼 수 있다. 이러한 정서적 반응은 영화 속 괴물의 정체성을 인식하는 데 있어서 주요하게 작용한다. 창작자가 괴물의 이미지를 어떻게 형성할 것인가와 관련이 있으며, 이러한 정서적 반응은 사회와 문화의 역사 전개 과정에 따라 계속해서 변화해 가고 있다.

영화는 대중예술로서 관객과 시각적 이미지와 언어적 서사를 통해 소통하는 영상 텍스트 안에 메시지를 담고 있다. 그런데 영화에 대한 분석은 영상 매체의 역동적인 표현체들에 적용하기에는 어려움이 적지 않다. 그렇지만 영화의 제작과 제작자의 의도는 사회의 반영이며 그 영상물의 해석은 필수 불가결하고 의미 있는 사회문화적 작업이다. 그래서 영화 속에 등장하는 괴물과 인물이 전개해 나가는 서사 분석을 통해 괴물의 이데올로기적 의미 파악과 사회문화적인 차원에서의 의미작용을 파악해 볼 필요가 있다.

여기서는 2000년대 이후에 제작된 괴물 소재의 영화를 분석하는 데 있어 괴물이라는 대상에 부여하는 의미가 어떤 차원에서 만들어지는지 살펴보고 한국 영화에 나타난 괴물의 사회문화적 의미양상을 제시하였다. 그런 과정을 통해 영화 속 괴물의 이미지가 제시하고 있는 사회문화적인 현상과 관련된 의미와 이데올로기적 의미를 분석하여 영화라는 텍스트 안에서 이 시대를 살아가는 '내 안에 자리를 틀고 앉아 있는 괴물과 우리 밖에 서성거리고 있는 괴물'의 모습을 들여다볼 것이다.

2

~~~

다양한 사회 안의 괴물 이미지

한국 영화는 100년의 역사 속에서 문화이면서 산업, 예술이면서 상품이라는 다면적 성격을 지닌 채 발전해 왔다. 1900년쯤에 외화가 수입되어 상영되기 시작했고, 20여 년 후인 1919년 연쇄극을 처음 제작하기 시작한[1] 한국 영화는 1920년대부터 본격적으로 극영화를 제작했다. 근대 100여 년의 격변기에서 영화는 대중문화의 일부로서 시대와 상호작용을 통해 그 역사를 이어 왔다.

대중문화로 자리 잡은 영화는 2000년 이후 1인당 관람 횟수가 대폭 증가하였다. 2006년 기준으로 한국의 1인당 관람 횟수는 세계 1위인 것으로 나타났다. 그리고 자국 영화 관람 횟수도 세계 1위를 기록하였다. 이처럼 우리나라 영화 산업에서는 극장 영화에 대한 수요가 매우 강한 특징을 보이는 외에 시장 구조적인 측면에서 멀티플렉스 스크린의 비중이 세계 1위인 것으로 나타났다.[2] 따라서 한국의 영화 산업은 수요 측면이

---

1 최초의 연쇄극 〈의리적(義理的) 구투(仇鬪)〉가 박승필(朴承弼)의 출자와 김도산의 각본 · 감독으로 촬영되어 1919년 10월 27일 단성사에서 개봉되었다. 출처: 한국민족문화대백과사전, 한국학중앙연구원http://encykorea.aks.ac.kr/Contents/SearchNavi?keyword=의리적구투&ridx=0&tot=15351

2 윤충한 · 홍정민(2018), 영화관람수요 추정을 통해 본 한국영화산업의 특성, 『정보통신정책

매우 강할 뿐만 아니라 공급 측면의 인프라도 세계적으로 뛰어난 것으로 평가되고 있다.

1960년대에 사회 전체의 산업화와 도시화를 통해 대중문화로 자리 잡은 한국 영화는 관람객이 증가하고[3] 다양한 장르의 영화들이 제작되기 시작하였다. 역사적인 굴곡과 비민주적인 정치 상황을 거치고 난 후 찾아온 1980년대 중반 이후 '코리안 뉴웨이브'는 분단 · 노동 · 사회문제가 중요하게 인식되고 시대의 민주화를 반영한 작품 경향이다. 그리고 1990년 이후 한국 영화계를 이끈 창작자들은 1970, 80년대 외국문화원을 섭렵하면서 영화적 감성을 키워 온 신진 영화인들로서 한국 사회와 문화의 변화상에 대한 새로운 인식을 바탕으로 젊은 세대의 영화를 생산했다.[4]

외환위기를 겪고 난 2000년대 이후에는 대기업 자본과 금융자본 등이 진입하면서 본격적인 영화 산업의 전성기를 가져왔다. 한국형 블록버스터는 산업화 시기의 대작 영화로 할리우드 영화 스타일과 한국 역사의 민족주의 정서를 결합해 극장 관객의 폭발적 증가에 영향을 미쳤다.

연구』제25권 제2호, 99122쪽.

3 김종원 · 정중헌(2000). 『우리 영화 100년』. 현암사.1960년대에는 국민 1인당 한 해 동안 극장을 찾은 횟수가 5–6회에 달해 2000년 이후의 평균 수치인 3회보다 2배 정도 많다.

4 프레시안, (2019.11.1.) 인터뷰 기사(작성자: 이대희 기자)〈한국 영화 100년, 이대로는 미래 어둡다〉최용배 한국 영화 제작가협회 부회장 인터뷰 "베이비 무머(1954–1963)가 영화계 전면으로 등장하면서 신씨네, 명필름 등 영화 전문 제작사가 등장하고 프랑스 문화원이나 독일 문화원 등에서 영화를 좋아하던 학생들이 그들 나라의 과거 유명 감독의 영화를 좋아하던 학생들이 모여서 영화를 공부한 집단 경험을 공유한 이들이 대학 졸업 후 영화판에 뛰어든 것이다. 한국판 뉴웨이브 세대라고 할 만하다." http://www.pressian.com/news/article/?no=263505&utm_source=daum&utm_medium=search

2000년 이후 한국 영화의 전반적인 변화 속에서 괴물 영화도 새로운 모습으로 탈바꿈하면서 기존 한국 영화에서 보여 준 괴물의 이미지와 다른 양상을 나타내고 있다.

2000년대 이후 한국 영화 속에 등장하는 새로운 괴물이 사회 현상과 상관관계가 있다. 예를 들면 좀비라는 괴물의 등장에 관한 분석이 많이 진행되었다. 좀비는 원래 서구의 괴물로 한국의 게임이나 웹툰 등에 등장하기 시작한 것은 1990년대 이후이며 특히 2000년대에 와서 좀비 영화가 제작되고 흥행하게 되었다는 것이다. 이것은 한국 사회의 변화와 영화를 향유하는 세대의 특성이 반영된 것으로 볼 수 있다. 그리고 영화 속 괴물의 특성을 통해 IMF나 글로벌 금융위기와 같은 사회적 재난을 겪으며 실존의 불안을 경험한 인간의 내면을 들여다보게 된다.

영화는 현실의 이슈를 영화에 담고, 영화 속 괴물은 현실과 허구의 경계에서 그 시대를 살아가는 인간의 이야기를 담고 있다. 2000년 이후 많은 괴물 영화를 제작하고 있는 현실은 이미 괴물에 대한 담론을 통해 현재를 살아가는 인간의 모습을 대중에게 제시하고 있다. 그러므로 2000년 이후 급격하게 변화한 사회 속에서 좌표를 잃고 표류하는 모습을 형상화한 괴물 영화는 그것이 등장하는 시대의 인간성과 사회 현상의 다양한 모습을 그려 내는 문화적 표상이다.

2000년대 이후에 영화에 등장하는 괴물은 이 시대를 살아가는 인간의 존재 양상과 밀접하게 연관되어 있고 사회문화적인 현상과 관련이 있다는 전제를 바탕으로 한다. 그러므로 2000년대 한국 영화에 나타난 괴물의 양상은 지금 살아가고 있는 사회의 문화적 표상이 되고 있음을 가늠

할 수 있다. 더 나아가 끊임없이 새로운 모습으로 재생산되는 괴물 서사를 통해 이 시대가 함께 발견하는 사회문화적 의미작용을 살펴볼 수 있다.

3

영화 서사 속의 괴물

우리나라의 영화 상영에 관한 기록은 1919년에 제작된 최초의 연쇄극 〈의리적(義理的) 구투(仇鬪)〉부터 남아 있다. 이후 한국 영화 100년의 과정을 살펴보면 2000년을 기점으로 영화계의 큰 변화가 일어났음을 알 수 있다. IMF 이후의 영화 산업의 구조적인 변화[1]와 함께 대중의 문화적 감수성의 변화, 시대에 대한 인식의 변화[2] 등이 영화 소재와 메시지 전달 방식의 변화를 가져오게 된다. 그리고 2000년 들어와서 부활하기 시작한 한국의 괴물 영화[3]들은 새로운 모습으로 도약하고 있다.

2000년 이후 영화 속의 괴물은 전통적인 이미지로부터 크게 확장되고 변형되어 나타난다. 이러한 변화는 어떤 의미 생성 과정을 통해 제시되고 있는지 2000년 이후 제작되어 개봉된 영화를 분석 대상으로 살펴보았다. 분석 대상 영화를 선정한 기준은 다음과 같다.

---

1 윤충한 · 홍정민(2018). 영화관람수요 추정을 통해 본 한국영화산업의 특성, 『정보통신정책연구』 제25권 제2호, 101쪽.한국의 영화산업은 IMF 이후 대기업 중심의 배급 체제와 멀티플렉스 극장의 시장 진입등으로 구조적인 변화를 가져온다.

2 김성경(2010). 한국 영화산업의 신자유주의 체제화−2000년대 이후의 한국 영화산업의 정치경제학, 『민주사회의 정책연구』 19호, 72쪽.

3 임정식(2017). 괴물 영화에 나타난 영웅 탄생의 새 양상, 『한민족문화연구』 59, 105쪽.

먼저 영화의 서사 분석을 통해 괴물의 행위가 사회적인 의미를 지니는 영화를 대상으로 하였다. 괴물이 사회적인 원인으로 생겨나는 경우와 괴물의 행위가 사회구성원의 삶에 큰 영향을 미치거나 사회질서나 규범에 영향을 미치는 영화를 대상으로 하였다.

그리고 2000년 이후에 제작된 괴물 영화 중에 관객 수를 기준으로 200만 명 이상의 관객이 관람한 영화를 대상으로 하였다. 영화는 산업적인 측면에서의 흥행성과 함께 대중예술이라는 매체 특성으로 볼 때 관객의 관람 여부는 중요한 의미를 지닌다. 특히 영화 속에 등장하는 괴물이 사회문화적인 측면을 반영하고 있다는 관점에 있어서 관람자의 수는 중요한 의미가 있다.

또한 영화에 대한 관객의 평가가 높은 작품을 대상으로 한다. 대중과의 소통의 관점에서 볼 때 의미 있는 방법은 대중이 쉽게 접근하는 인터넷 포털 영화 사이트[4]에서 네티즌 평가를 판단의 참고로 삼을 수 있다.

이상과 같은 선정 기준으로 영화 속에 나타나는 괴물의 의미가 사회문화적 현상을 어떻게 반영하는지 연결하여 밝히고자 하였다. 영화 속에 등장하는 괴물의 사회문화적인 의미작용을 분석하기 위해 서사 구조 분석 방법을 적용하였다. 구체적으로 영화 속에 등장하는 괴물과 인물의 관계와 수행행위를 통해 전개되는 사건을 중심으로 서사 구조를 파악하는 것은 영화 속 괴물의 시각적 이미지와 함께 괴물이 만들어 가는 서사는 괴물의 행위 수행과 직접 연관되기 때문이다.

---

4   인터넷 포털 사이트 네이버 영화와 다음 영화의 네티즌 평점을 참고.

먼저 영화의 서사 구조 분석을 위해 롤랑 바르트(Roland Gérard Barthes, 1915-1980)의 『기호학의 모험』(1985)에 실린 「이야기의 구조적 입문」(1966)에서 착수한 서사 분석을 근거로 한다. 바르트는 구조주의 언어학의 방법론적 특성에 그 뿌리를 두고 있다.[5] 바르트는 소쉬르의 대립 개념 가운데 통합적 관계와 결합적 관계를 통합체(syntagme)와 체계(système)로 적용하고 있다. 통합체란 그것에 의해 기호들이 서로 배합되는 것으로서 현전하는 단위들 사이의 관계의 장소이다. 그리고 체계란 계열체(paradigme)로서, 통합체 속에 있는 하나의 단위와 거기에 부재하는 단위들 사이의 관계의 축을 가리킨다.

그리하여 서사 분석 과정으로 각 영화에 등장하는 괴물의 특성을 파악하기 위해서 서사의 전개 과정을 시퀀스로 구분하였다. 그리고 서사 속에 등장하는 괴물이 어떠한 의미를 발생하고 있는지 파악하기 위하여 사건의 배열 방식을 통합체적으로 분석하여 설명하였다. 통합체 분석은 영화의 언어표현 분석의 기본적 분석 방법을 이룬다.

바르트에게 있어서 이야기는 여러 가지 서술적 단위를 가지고 있으며, 그 단위들이 상호 결합되는 다양한 방식이 설화의 랑그를 이룬다고 보고 있다.[6] 텍스트 분석을 위한 서사 전개 과정의 통합체 분석은 다양한 의미를 산출하고 이야기들의 차이점을 드러내 주는 방법이라고 할

5　바르트는 소쉬르가 언어 체계 안에서 다른 언어와의 관계에 의해 의미가 결정된다는 입장과 다르게 기표와 결합하는 기의가 여러 개일 수도 있다는 가능성을 제시하여 하나의 기표가 다양한 방향으로 해석된다고 보았다. 또한 기의가 사회의 신화로 채워진다고 생각했다. 신화는 이차적인 기호체계로 이루어져 있으며 의미가 이중적으로 작용한다고 보았다. 또한 사물과 현상 내의 이데올로기를 주목하였다.

6　김치수 (1987). 바르트의 기호학-「기호학적 모험」을 중심으로, 『불어불문학연구』 Vol: 24, 72-77쪽.

수 있다. 그리고 이야기의 토대가 되는 줄거리를 지탱해 주는 것으로 행위나, 행위를 지칭하는 언술 행위가 시퀀스로 모여져서 총칭적인 이름을 부여받는다.[7]

한 시퀀스 내부에 오는 사항들 사이의 관계는 엄격한 형식 논리를 따르기보다는 사고나 관찰 방식에 따른 논리에 의해 맺어진다. 이러한 논리 전개는 연대기적 시간과 혼동되어 뒤에 온 것이 원인으로 여겨지기도 한다. 그리하여 시간성·인과성이 줄거리들을 자연스럽게 읽어 내게 해 주는 것이다.[8] 이 분석 방법을 통하여 영화의 이야기 전개 및 중심 주제의 흐름을 파악할 수 있으며, 영화 내용의 변화 추이와 중심 전환점들의 변화를 파악할 수 있다.

또한 영화에서 전개되는 서사 구조를 분석하여 텍스트 안에 숨어 있는 대립적인 개념들이 어떻게 의미를 생성하는지에 초점을 맞추는 계열체 분석을 통해 괴물의 특성(유형·관계·갈등)을 분석하였다. 영화 속 괴물의 의미는 두 축에 의한 대립적 관계들이 두드러진다. 의미 생성의 근간이 되는 이항대립적 관계를 중심축으로 하고 있는 것이다. 이러한 대립적 관계는 언어표현과 영상화면에서도 이항대립적으로 배치되는 경우가 많다.[9]

그리고 영화 속에서 서사를 바탕으로 드러나는 괴물이 생성하는 의미를 분석하기 위하여 그레마스(Algirdas Julien Greimas, 1917-1992)의

7   트라반트, J.(2001). 『기호학의 전통과 경향』. 안정오 역. 서울: 인간사랑.
8   앞의 논문. 78-82쪽.
9   백선기(2007). 『영화 그 기호학적 해석의 즐거움 2』. 서울. 커뮤니케이션북스, 68쪽.

『의미에 대하여』(1970)에서 제시한 행위소 모델 이론을 적용하였다. 이를 위해 괴물을 유형에 따라 구분하고 행위 특성을 분석하였다. 그러나 2000년 이후의 영화들의 괴물을 단순히 고정적인 구도로는 구분하기 힘든 경향이 자주 발견된다. 그리하여 주로 괴물들의 행위에 대해 주목하여 분석하였고 이 과정에서 특정 패턴이 발견되면 괴물의 행위를 근거로 특징을 파악하였다.

서사 구조에 대한 분석은 중심인물들을 중심으로 하는 영화들에서 나타나고 있는 이야기의 구조를 파악하는 것이다. 블라디미르 프로프(Vladimir Propp, 1895-1970)가 설화, 민담 및 소설 등을 분석하면서 발견한 전형적인 서사 구조와 같이, 주인공을 중심인물로 하여 협조자와 반대자의 존재하에서 갈등 문제를 풀어 가며 결국에는 문제를 해결하는 서사 구조인 것이다.[10]

그레마스의 행위소 모델은 모든 이야기에는 몇 개의 행위소 사이의 관계에 의해 의미가 발생되는 공통된 구조가 있다는 것이다. 그레마스의 행위소 모델 분석으로 영화의 복잡하고 다양한 줄거리에 대한 명료한 관계를 분석하고 중심인물과 대상을 근간으로 한 영화의 구조 파악에 중점을 두고자 한다. 그리고 여타의 행위소 사이의 관계를 파악함으로써 괴물의 의미를 해석해 보고자 한다.

그레마스는 이야기를 구성하는 6개의 행위소를 구분하고 그 관계를 [표 2]와 같이 정리하였다.[11]

---

10   앞의 책, 26쪽.
11   그레마스 (1997). 『의미에 관하여』, 김성도 역, 인간사랑, 303-331쪽 참조.

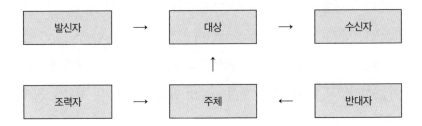

[표 2] 행위소 모델

행위소는 이러한 관계망 속에서 존재하는 통합체적 요소이다. 행위소 모델은 주체, 대상, 발신자, 수신자, 조력자, 반대자라는 6개 행위소들의 관계를 통해 텍스트의 서사 구조를 드러낸다. 괴물이 등장하는 영화 안에서 주인공과 괴물과의 관계를 구조화하고 갈등을 통해 유발되는 사건을 분석하여 행위소의 관계를 구분해 괴물의 행위 특성을 제시하였다.

또한 사회문화적 맥락에서 영화 속의 괴물이 나타내는 함의를 논의하기 위해 그레마스의 의미 이론을 적용하여 영화 속 서술의 심층적 의미를 파악하고 심층 구조 속에 내재된 의미소를 파악할 수 있다. 그레마스는 의미작용은 입체적이며 이질적인 속성을 가지고 있다고 하였다.

표상은 이원적 대립이 각각의 생각하는 주체의 정신적 공간을 점한다는 사실을 함의한다. 근본적으로 모든 전개는 긍정과 부정이라는 두 가지 수순의 조합의 결과일 것이다. 모든 의미 구성은 이 같은 양극에 대한 놀이로 귀결된다. 술어들의 하나를 지속적으로 부정하고 다른 하나를 긍정하는 데 있다. 이 양 축은 상호 배제

의 관계에 있다.[12]

　일반적인 논리에서는 어떤 것에 대하여 그것이 A이면서 non A라고 하면 모순이다. 그런데 언어학적 논리와 발현은 A와 동시에 A의 상반된 것을 제시할 수 있다. 예를 들면 한 개인에 대하여 부자이면서 가난하다고 말할 수 있다. 언어학적인 상반성의 논리는 배제의 논리가 아니라 특별한 유형의 의미 효과들을 생산한다.[13] 결국 영화 속에서 괴물 이미지를 통해 영화의 의미가 생성되고 해석되는 과정은 상반성의 논리로 형성된 특별한 의미 효과로 볼 수 있다.

　이 의미 형성 과정에서 선택된 차원에 속하는 이미지에 투영된 의미를 수형도로 제시해 볼 수 있다. 그레마스는 레비-스트로스가 『날것과 익힌 것』에서 신화 속 '음식 문화'를 소재로 분석한 것을 바탕으로 신화적 서술물의 해석을 위하여 음식 코드를 신화 세계의 선택된 차원에 속하는 투자된 내용의 총합을 수형도로 제시하였다.[14] [표 3]은 위에서 아래의 순서로 하나의 의미소를 구성하는 의소가 어떻게 결합되어 있는지를 보여 준다.

12　앞의 책. 54–55쪽.
13　앞의 책. 57–58쪽.
14　앞의 책. 257–258쪽.

[표 3] 의미소의 결합 관계

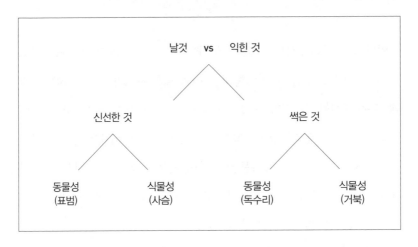

영화의 서사에서 플롯(Plot)은 주요한 요소로서 분석 대상에서 제외할 수 없다. 아리스토텔레스의 『시학』에서는 플롯이 이야기의 방향을 제시하며, 사건의 발전 양상에 질서를 만들기 때문에 중요하다고 하였다.[15] 그리고 비극을 구성하는 요소 중에 가장 중요한 것이 사건의 짜임새, 즉 플롯이라고 하였다. "사건과 플롯이 비극의 목적이며, 플롯은 모든 것 중에 가장 중요하다."고 강조한다.[16] E.M. 포스터(E.M.Forster, 1879~1970)는 『소설의 이론』(Aspects of the Novel)에서 플롯은 사건들 간의 필연적 연관 관계가 있기 때문에 스토리와 구분된다는 지적을 하였다.

영화에서도 플롯은 갈등 형성 과정과 해결 과정에 의해 짜이게 된다.

---

15 티어노 M.(2008). 『아리스토텔레스와 영화, 아우라-아리스토텔레스와 영화』, 천병희 역, 아우라.

16 아리스토텔레스. 『아리스토텔레스-수사학/시학』, 천병희 역, 도서출판, 363쪽.

그래서 사건 전개 과정에서 갈등을 유발하는 원인으로 표면적 원인과 이면적 원인을 구분하여 주체와 대상 간의 관계를 파악하였다.

이 분석에는 데이비드 보드웰(David Bordwell)의 인지주의 이론을 적용하여 의미 생성 과정을 파악하였다. 보드웰은 『픽션 영화의 서술』(1985)에서 영화의 서사는 동기화된 원인-결과 논리를 따르고 있다고 하였다. 행위를 사건의 연대기적 원인-결과 고리를 주어진 지속 시간과 공간 범위 안에서 구체화한다. 그리하여 이야기를 구성하면서 인식자(perceiver)는 현상들 사이의 관계를 구축하면서 현상들을 하나의 사건으로 정의한다. 이러한 관계들은 주로 원인적인 것으로부터 다른 사건, 한 인물의 특성, 혹은 어떤 일반적인 법칙의 결과로 간주될 것이다.[17]

이러한 원인과 결과의 파악 과정을 보드웰은 인간의 지각 행위 과정이 작품을 받아들이고 이해하는 데 중요한 역할을 한다고 보았다. 이야기를 구성하면서 인식자(perceiver)는 현상들 간의 관계를 구축하면서 현상들을 하나의 사건으로 정의한다. 이러한 관계들은 주로 원인적인 것이다. 하나의 사건은 다른 사건, 한 인물의 특성, 혹은 어떤 일반적인 법칙의 결과로 간주될 것이다.[18]

그리고 인지주의 관점에서 보면 관객은 영화 장치에 의하여 이데올로기적으로 구조화되기 이전에 능동적으로 사고할 수 있고 판단할 수 있

---

[17] 보드웰(Bordwell)(1985), 『픽션 영화의 서술(Narration in the Fiction Film)』, London: Methuen, 51쪽.

[18] 앞의 책, 51쪽.

는 존재라고 본다.[19] 영화의 내러티브를 관객이 받아들이는 데 있어서 빠진 이야기 고리들을 미리 머릿속에 담겨 있던 판형, 형식들에 맞추어 가면서 완성해 간다고 보는 것이다.[20]

서사의 전개 과정은 이미 주어진 이야기의 틀을 관객이 수용하여 인지하는 것이 아니라 영화 속에 주어지는 의미의 요소들을 능동적으로 재구조화하여 의미를 생성해 가는 것이라는 입장이다. 관객은 영화를 감상하면서 의미를 구성하는 다양한 요소들의 영향을 받아 유동적으로 생성되는 의미를 선택적으로 만들어 갈 수 있다.

어쨌든 영화는 사회구성원의 소통 작용의 매개체이며 특정한 이데올로기와 메시지를 전달하는 도구이기도 하다. 영화 속에 괴물이 등장하는 서사에는 사회적 현실이 반영되고 소통의 전략이 담겨 있다는 것을 알 수 있다.

앞에서 제시한 2000년 이후 영화 속 괴물의 서사 구조 분석을 통한 사회문화적 의미작용 분석에 적용한 방법들을 정리하면 [표 4]와 같다.

---

19 보드웰(Bordwell)(1985). 『픽션 영화의 서술(Narration in the Fiction Film)』, London: Methuen, 51쪽.

20 이상욱(2013). 인지주의와 영화학의 융합, 『영화』 5권 2호, 80쪽.

[표 4] 영화 속 괴물의 의미작용 분석에 적용한 방법[21]

대상	분석 방법		분석 범주와 역할
영화 속 담론과 이미지	통합체 분석	Barthes	■ 영화의 서사 전개 과정과 중심 주제 파악 ■ 영화 속 서사의 중심 전환점 변화 파악
	계열체 분석	Barthes	■ 영화 속 인물들 사이의 대립 및 갈등 구조 파악 ■ 영화 속 갈등과 대립 관계의 추이 분석
	의미소 분석	Greimas	■ 영화 속 서술의 심층적 의미 파악 ■ 영화 서술의 심층 구조 속에 내재된 의미소 파악 ■ 영화 속의 함축 의미와 이데올로기 파악
	행위소 모델 분석	Greimas	■ 영화의 복잡하고 다양한 줄거리에 대한 명료한 관계 분석 ■ 중심인물과 대상을 근간으로 한 영화 구조 파악 ■ 여타의 행위주 사이의 관계 파악
	구성주의 인지의미론	Bodwell	■ 원인–결과의 스키마 이론에 근거한 서사 구조 분석 ■ 영화 속 이미지 흔적에서 의미를 구성해 가는 과정을 파악

2000년대 이후 영화 속에 등장하는 괴물의 분석에 주목하는 탐색적 연구로서 사회 현상과 관련된 괴물의 특성 분석을 통해 영화가 의미를 생성하는 데 있어서 다양한 요소들의 복잡한 연계 속에서 이루어진 복합체라는 점을 보여 준다. 영상과 서사 구조의 복합체로서 총체적인 의미 생성 과정을 분석하여 영화 속 괴물이 생성해 내는 의미와 사회문화적 작용을 밝혀 보았다. 그리하여 괴물 영화가 드러내고 있는 사회문화

---

21 백선기(2007)가 제시한 영화의 기호학적 분석 방법과 워럭 벅랜드의 인지 기호학 이론 중 본 연구에 적용 가능한 방법을 필자가 재구성하여 제시한 표.

적 현상이 탐색되고, 2000년 이후 영화에 등장한 괴물에 대한 새로운 진단과 해석이 나타날 수 있을 것이다.

2부

괴물을
바라보는 시선

1

'괴물'의 어원

한국의 전통사회에서는 '괴물'을 '이물(異物)' 혹은 '물괴(物怪)'로도 불렀다. 이 용어는 인간과 사회를 위태롭게 만드는 위험한 사물, 안정된 질서를 어지럽히는 이질적이거나 혼종적인 사물, 그래서 비도덕적이기 쉬운 비정형적 사물을 지시해 왔다. 이런 용어와 괴물의 존재들은 설화나 소설, 필기, 야담 속에서 꾸준히 등장한다.[1]

그런데 한국의 신화나 서사문학에 등장하던 괴물은 서사문학의 기록을 담당하는 계층인 사대부들이 통치하는 조선 시대에 와서는 성리학의 영향을 받아 그 상상력이 축소되었다. 비록 서사 속에 등장하는 괴물의 수가 줄어들게 되었지만 여전히 민간의 서사를 비롯하여 『조선실록』에도 괴물에 관한 언급은 계속되었다.[2]

유학의 근간이 되는 『논어』의 「술이」편에서 언급한 괴물의 의미와, 성리학을 집대성한 주자가 달아 놓은 『논어』의 「술이」편에 대한 주석을 참고하면 유학적 사고를 바탕으로 하는 중국과 한국에서의 괴물의 어원을

---

1 강상순(2016). 괴물은 무엇을 표상하는가. 『우리어문연구』. 우리어문학회 55집, 46쪽.

2 곽재식, 최서희(2019). 조선왕조실록 소재 괴물 이야기에 대한 연구, 『인문콘텐츠』 제52호.

살펴볼 수 있다.

공자는『논어』에서 괴물에 대하여 다음과 같이 언급하였다.

> 子 不語 怪力亂神[3]
> 공자(孔子)께서는 괴이(怪異)함과 용력(勇力)과 패란(悖亂)의
> 일과 귀신(鬼神)의 일을 말씀하지 않으셨다.

위에서 공자가 언급한 내용을 풀이한 주자의 주석을 살펴보면 다음과
같다.

> 怪異 勇力 悖亂之事 非理之正 固聖人所不語 鬼神 造化之迹 雖
> 非不正 然非窮理之至 有未易明者 故亦不輕以語人也[4]
> 괴이(怪異)함과 용력(勇力)과 패란(悖亂)의 일은 이치가 바른
> 것이 아니니, 진실로 성인(聖人)이 말씀하지 않는 것이요, 귀신
> (鬼神)은 조화의 자취이니, 비록 바르지 않은 것은 아니나, 이치
> 를 궁구함이 지극하지 않고는 쉽사리 밝힐 수 없는 것이 있으므
> 로, 또한 가벼이 사람들에게 말씀하지 않으신 것이다.

『논어』에서 공자가 말한 '괴력난신(怪力亂神)'은 괴이한 이야기, 곧 괴

---

3   『論語 · 述而』제20장.
4   『論語 · 述而』제20장. 주자(朱子)의 주석.

이(怪異)와 폭력(暴力)과 패란(悖亂)과 귀신, 즉 불가사의(不可思議)한 현상이나 존재를 의미한다. 이 네 가지를 괴력(怪力)과 난신(亂神) 두 가지로 보는 설도 있다.[5] 공자가 '괴력난신(怪力亂神)'을 말하지 않는다는 의미는 그것의 존재를 부인하는 것이 아니라 불가사의(不可思議)한 것에 대한 합리적인 설명이 불가능하기 때문에 언급하지 않겠다는 의미로 해석할 수 있다.

『논어』에서 언급한 '괴력난신(怪力亂神)'의 네 가지 구분은 다음과 같다. '괴(怪)'는 괴이(怪異)·괴기(怪奇)·요괴(妖怪)를 의미하고, '력(力)'은 믿을 수 없는 힘이나 폭력을 의미한다. '난(亂)'은 신하가 임금을, 아들이 아버지를 해치는 등 질서의 파괴와 문란과 배덕을 의미하고, '신(神)'은 괴이한 신이나 신비나 귀신 등을 말한다.[6] 공자가 말한 '괴력난신(怪力亂神)'은 현대적 의미의 괴물의 특성을 대부분 담고 있다. 이것을 표로 정리해 보면 [표 5]와 같다.

[표 5] '괴력난신(怪力亂神)'과 현대적 괴물성

구분	특성	현대적 의미의 괴물성
괴(怪)	괴기함, 괴이함, 요괴	괴생명체 등이 지닌 이질성
력(力)	믿을 수 없는 힘이나 폭력	비정상적인 초능력 등 초월성
난(亂)	질서의 파괴와 문란과 배덕	질서 파괴, 인륜 파괴 등 비윤리성
신(神)	괴이한 신이나 신비나 귀신	귀신 등 미지의 경계성

5   박종우(2007). 한국 한시의 괴물 형상에 대한 일고찰, 『우리어문연구』 55집, 우리어문학회, 77쪽 참조.
6   앞의 논문. 78쪽 참조.

앞에서 제시한 '괴력난신(怪力亂神)'의 의미를 살펴보면 현대 사회의 괴물에 대한 관점과 통하는 면이 있기도 하고 다른 면도 있지만, 중국 고대의 공자가 살았던 시대나 공자의 유학을 받아들인 한국의 고려 시대나 조선 시대 사람들에게도 정신세계 안에 괴물이 서식할 자리가 계속 있었음을 의미한다.

서양에서 괴물의 어원을 살펴보면, 괴물(monstre)의 어원은 '보여 주다'를 뜻하는 라틴어 동사 '몬스트라레(monstrare)'에서 파생된 '몬스트룸(monstum)'이다. 피들러(Leslie A. Fiedler)는 이 말이 명확하지는 않지만 'monstrare'(to show forth)와 'monere'(to warn)의 의미를 갖는다고 하였다. 즉, 비정상적인 사람을 통해 정상적인 사람에게 경고를 한다는 의미가 내포되어 있다고 하였다. 그리고 이 비정상성은 자연의 변덕이라기보다는 신의 섭리에 의한 것이라고 보았다. 그래서 고대의 저술가들이 '괴물'이 미래에 닥쳐올 불행이나 재난을 알려 준다고 믿었던 것은 이 어원에 의존해 온 까닭이다.[7]

그런데 계몽주의의 시대인 18세기로 들어오면서 합리적인 사유를 중시하는 사회적 분위기에서 괴물은 더 이상 미래를 예견하는 존재가 아니라 생생한 관심의 대상으로 새롭고 엉뚱하며 기이한 존재를 뜻하게 되었다. 즉, 괴물은 사람들의 시선을 잡아끌고 놀라움을 일으키는 낯선 존재로 간주되었다. 어쨌든 괴물은 항상 외면상으로 드러나는 놀라운 요소를 갖춘 존재를 뜻한다. 그런데 이 놀라운 요소는 대부분 부정적

---

7 Louis Guinard(1983). 『기형학 개설: 인간과 동물에게서의 비정상성과 괴물성』, Paris: JB Baillière, 41쪽.

의미를 담고 있다. 예컨대 '잔혹한 괴물'이나 '추악한 괴물'은 있지만 '상냥한 괴물'이나 '아름다운 괴물'은 거의 없다. 이것이 괴물에 따라다니는 시각적 의미이며 그 속에는 부정적 의미를 담고 있는 것이다.[8]

괴물을 뜻하는 독일어 'Ungeheur'는 어원적으로 '사랑스러운' 혹은 '친절한'의 의미를 지니고 있는 'geheure'에서 파생된 단어이다.[9] 이 의미를 부정하는 의미의 접두사 'un'을 붙여서 어원적으로 괴물은 사랑스럽거나 친절하지 못하다는 의미를 갖게 된다. 때문에 괴물은 괴상하게 생긴 물체나 괴상한 사람을 비유적으로 이르는 말로, 보통 '크고 끔찍하고, 두려움을 야기하는 신화나 전설 속의 동물 혹은 물체'란 뜻으로 사용된다. 대개는 그 생김새가 크고 힘이 세며 혐오감을 일으킬 정도로 험악하게 생긴 것이 보통이다.[10]

그러고 보면 어원적으로 드러나는 괴물의 모습은 괴물의 구체적인 형상화에 그대로 영향을 미친다. 동서양의 괴물 서사에서는 거대하고 끔찍하고 기괴하고 파괴적이거나 어둡고 거친 어떤 것이 괴물의 속성에 부여되고, 그로 인해 괴물에게는 이러한 속성에 합당한 서사적 기능과 역할이 맡겨졌다. 그래서 이야기 속에 등장하는 괴물은 생명과 자연을 파괴하고 질서를 어지럽히며 인간에게 해를 끼치는 존재로 그려졌다. 그리고 평범한 인물이 지니지 못한 엄청난 힘과 능력의 존재로 표현되기도 한다.

8　앞의 책. 42쪽 참조.

9　Duden Universal Wörterbuch 2003.

10　김요한(2016). 괴물열전-그리스 신화의 여성 괴물, 『브레히트와 현대연극』. 212-213쪽 참조.

2

괴물, 그 존재 의미

인간 사회에서 괴물로 인식되는 존재는 항상 접하는 익숙함과는 동떨어진 낯설고 이질감을 느끼게 하는 타자이며 두려움을 느끼게 하는 대상이다. 인간은 어떤 존재가 친구인지 적인지를 구분할 수 없는 처음 만나는 낯선 대상을 쉽게 이웃으로 받아들이기 어려워한다. 이렇게 익숙한 범주 안에 들어오지 않은 인식의 대상을 괴물로 여기는 것은 나와 다른 존재를 받아들이는 과정에서 타자를 부정하면서 자기중심적인 사고에 묶여 있을 때 일어나는 것이다.

그러고 보면 어원적으로 드러나는 괴물의 모습은 괴물의 구체적인 형상화에 그대로 영향을 미친다. 동서양의 괴물 서사에서는 거대하고 끔찍하고 기괴하고 파괴적이거나 어둡고 거친 어떤 것이 괴물의 속성에 부여되고, 그로 인해 괴물에게는 이러한 속성에 합당한 서사적 기능과 역할이 맡겨졌다. 그래서 이야기 속에 등장하는 괴물은 생명과 자연을 파괴하고 질서를 어지럽히며 인간에게 해를 끼치는 존재로 그려졌다. 그리고 평범한 인물이 어찌할 수 없는 엄청난 힘과 능력을 지닌 존재로 표현된다.

괴물이라는 것의 철학적 개념에 대하여 고찰해 보면 미학적 논쟁이 시작되었던 고대 그리스 시대부터 살펴볼 수 있다. 서구사회에서는 외면의 아름다움, 혹은 육체의 완벽함을 내면의 덕목과 동일시하는 생각이 지배하고 있었다. 플라톤에서부터 비롯되는 이러한 생각은 중세, 르네상스를 거치며 면면히 내려오다가 18세기에도 신플라톤주의 전통의 한 미학적 측면으로 자리 잡게 되었다.

그런데 플라톤적인 미에 대한 관점으로 본다면 '미'란 완벽한 균형·비례·질서를 갖춰야 하는 것이고, 이를 충족시키지 않거나 욕보이면 '추'라고 간주하게 된다. 추한 것을 볼 때 느끼는 충격과 공포와 무기력감이, 미를 보는 또 다른 시각을 제공하게 된다는 것이다. 고야의 작품 〈거인: The Giant〉(1814-1818)에 등장하는 거인은 자연의 오류로 생겨난 잘못된 형상이다. 이 괴물의 모습은 친숙한 아름다움과는 거리가 멀며 쾌의 감정과도 거리가 멀다. 〈거인〉이라는 그로테스크한 작품을 통해 '미'와 '추'에 대한 관점을 새롭게 제기한 프란시스코 고야는 "이성에 의해 유기된 상상력은 믿기 어려운 괴물을 생산한다."고 하였다.

낭만주의를 대표하는 빅토르 위고의 소설 『노트르담의 곱추』는 프랑스의 파리 노트르담 대성당을 배경으로 벌어지는 미스터리한 사건을 프랑스 사회와 결부시켜 묘사했다. 소설의 주요 인물들은 하나같이 전통적인 관점의 아름다움과는 거리가 멀다. 클로드 프롤로 부주교는 괴물이고, 콰지모도는 위고의 상상력이 만들어 낸 보기 흉한 난쟁이다.

이 작품에는 서사시적 신화의 웅장함과 환상적 요소, 인간의 추하고 아름다운 면이 동시에 갖추어져 있다. 위고는 이성적으로 통제할 수 없다고 하여 부정하다 여기고 악이라 칭하며 금기시했던 것들, 어긋나고 비정상적인 기형, 예측할 수 없는 모든 추한 것들에게서 새로운 괴물의 이미지를 창조하고 미적 경험을 발견한 것이다. 추는 자연의 합법칙성에 반하는 결과물이라는 기존의 관점에서 새로운 인식의 전환을 가져온 것이다.

[그림 1] 고야의 〈거인〉과 영화 〈노트르담의 곱추〉 포스터

〈거인〉
프란시스코 호세 데 고야 이 루치엔테스
(Francisco José de Goya y Lucientes)
소장: 프라도 미술관

영화 〈노트르담의 곱추〉 포스터[1]
프랑스어 원제: Notre-Dame de Paris
출처: https://namu.wiki

---

1 안소니 퀸이 콰지모도로 나오고 이탈리아 배우 지나 롤로브리지다가 에스메랄다로 나온 1956년작 영화가 가장 유명하다. 이 영화는 프랑스와 이탈리아 합작이다.

1818년에 발간된 메리 울스턴크래프트 셸리의 『프랑켄스타인』2에서 괴물성은 장엄함보다는 추함이나 비정상에 더 긴밀하게 관련된다. 실상 이 작품 속에서 일어나는 사건들의 추동력은 괴물의 추함이다. 괴물의 추한 모습 때문에 결국 그는 자신이 만든 피조물에 대해 창조자로서, 또는 일종의 아버지로서 갖는 책임을 저버리게 되고 이로 인해 이후의 '끔찍하고(monstrous)' 비극적인 사건들이 비롯된다.

이상에서 살펴본 괴물의 주된 특징을 이루는 추함에 대해 심미적인 고찰을 해 볼 필요가 있다. 흄(David Hume)은 「심미안의 기준에 관하여」 ("of the Standard of Taste")에서 아름다움과 추함에 대한 미적 기준이 있다고 말한다.

> 어떤 특별한 형태 혹은 자질은 원래 내부의 구조에 따라 기분 좋게 만들도록 의도되고, 다른 형태나 자질은 불쾌하게 만든다. 만약 어떠한 특정한 상황에서도 이들이 그들의 의도한 효과를 주지 못한다면 그것은 신체 기관의 어떤 명백한 결점 혹은 불완전 때문이다.

흄(David Hume)에 따르면 추함은 아름다움의 부정적 형태 혹은 아름

---

2 부제 '근대의 프로메테우스(The Modern Prometheus)'. 1818년 간행. 무생물에 생명을 부여할 수 있는 방법을 알아낸 제네바의 물리학자 프랑켄슈타인은 죽은 자의 뼈로 신장 8피트 (244cm)의 인형을 만들어 생명을 불어넣는다. 이 괴물은 드디어 인간 이상의 힘을 발휘하고, 추악한 자신을 만든 창조주에 대한 증오심에서 프랑켄슈타인의 동생을 죽인다. (출처: 두산백과 http://www.doopedia.co.kr)

다운 물체 속에 있는 결점이나 흠이다.[3] 추함은 아름다움과 대조되는, 아름다움이 가진 요소들의 결여로 보는 것이다.

칸트는 제3비판인 「판단력 비판」에서 미를 하나의 관념으로 보는데 미의 이상은 사람의 몸에서 구현되며, 이때의 이상은 도덕성의 표현에 있다고 보았다는 점에서 플라톤에서부터 비롯되는 전통을 계승하고 있다. 칸트의 심미론에서 추함은 주어진 범주, 즉 아름다움이나 숭엄함 속에서 표현되어야 한다고 생각했다. 왜냐하면 만약 추함을 추함으로 나타낸다면 보는 사람들이 역겨워서 다 도망갈 것이고 그로 인해 모든 심미적 판단이 불가능해지기 때문이라고 하였다.

현대에 이르러 아도르노 같은 이는 "추함에 대한 심미적 비난은 추함을 고통의 표현과 동일시하고, 또 동일시가 정당하다고 보며, 그를 투사함으로써 그를 경멸하려는, 사회적 심리에 의해 입증된 경향에 의존한다."[4]고 주장한다. 이 말에서 추함이라는 관점이 사회적으로 정의되고 이용되고 있는 가능성이 제기되는 것이다.

이런 관점에서 본다면 추함 또는 시각적인 측면의 괴물성은 외형과 관련하여서는 심미적인 범주이지만 정상과 비정상의 잣대로 비정상의 사람들에 대해 갖는 편견의 측면에서 본다면 다분히 정치적·문화적이기도 하다. 따라서 개인적인 차원으로서 자기 자신의 모습에 관한 것인 나르시시즘과 달리 추함은 사회적으로 규정되는 경향이 있다.

그렇다면 '괴물' 혹은 '괴수', 즉 'monster'는 비단 흉물스럽고 기이하게

3　Gigante, Denise, Facing the Ugly: The case of Frankenstein, ELH 67(2000), p565.

4　Adorno, Thedor W. Aesthetic Theory. Trans. Robert Hullot-Kentor. Minneapolis: University of Minnesota Press, 1997.

생긴 특정 생명체만을 가리키는 것이 아니라 역사와 문화 속에서 등퇴장을 반복하는 '괴물 같음' 혹은 '괴기스러운 것', 즉 'the monstrous'까지도 포함하는 광범위한 개념이 된다. 즉 인간의, 혹은 인간이 행하는 행동이나 사건의 흉물스러움 또한 '괴물 같은 것'으로 정의될 수 있다.

  우리는 괴물을 이야기하면서 괴물에 대해 잘 아는 것 같지만 다른 한편으로는 괴물을 잘 알지 못한다. 1818년에 발표된 18세기 고딕소설의 전통을 바탕으로 한 『프랑켄슈타인』에 등장하는 괴물은 전형적인 예이다. 이 괴물은 환영이 아니라 인간의 손에 의하여 제작된 과학적 산물이다. 때문에 몸을 갖추고 있으며 그 몸이 추한 모습이라고 하더라도 작가인 메리 셸리의 언어 묘사를 통해서도 시각적 존재로 그려진다.

  괴물은 인간이 대상으로 놓고 바라보는 자리에서 구체적인 대상으로 구조화되지 못하고 가상적이면서도 자연현상과도 같은 이미지를 불러일으킨다. 괴물의 외모는 보는 사람에게 더없이 추한 충격 요소이다. 괴물의 피부는 가까스로 근육과 동맥을 덮고 있으므로 시각을 공포와 불안 속에 가둔다.

  미는 앞에서 언급한 칸트에 따르면 단지 '추'와의 대비적 "개념을 떠난 보편적 만족을 주는"[5] 형식으로서의 의미를 갖는다. 대비의 차원 이전에 미는 보편적으로 인식이 가능하다는 것이다. 이와 달리 추함을 설명할 때에는 추함 자체가 아닌 악과 상통한다는 미에 관한 원론적 이론에 힘을 빌린다. 이렇게 해서 괴물은 '괴물'로 명명되고 부당하게도 미

---

5 칸트(2009). 「판단력 비판」. 백종현 역. 아카넷.

와 선에 대치되는 것으로서의 존재성을 지닌다.

외모는 더 이상 설명이나 지시가 필요 없다. 프랑켄슈타인이 만든 괴물이 습득하고자 한 언어는 그 외모를 덮어쓰거나 떼어 내는 것이 아니라 어울리지 않게 붙어 있는 과잉의 산물로 괴물을 더욱 기이하게 만들 뿐이다. 미적 대상과 달리 추함은 인간이 현실에서 욕망하는 대상 중에서 '원치 않는 물(物)'인 것이다.

200년이 지난 지금까지도 영화나 공연으로 지속적으로 각색되고 있으며 작품에 대한 연구도 관점을 바꾸어 지속적으로 이루어지고 있는 『프랑켄슈타인』을 예로 괴물에 대한 인간주의적 관점에서 또 다른 고찰을 해 볼 수 있다.

자신의 의지와는 전혀 상관없이 창조된 뒤 인간들로부터 배척당하게 된 괴물이 제기하는 문제는 현대 사회에 끊임없이 제기되고 있는 타문화·타자·소수자에 대한 차별과 배타의 문제를 상기시키는 점에서[6] 현대 사회에서도 여전히 의미 있는 질문을 불러일으킨다.

『프랑켄슈타인』에 등장하는 괴물은 허구 속 괴물이며 현실 속 어떤 대상에 비유되더라도 완벽하게 동일시될 수 없는 창안된 존재이지만, 또다른 시각으로 보았을 때 어떤 관점에서 유사성이 있는 현실의 대상이라면 동일시되어 논의될 수도 있다. 괴물은 인간이면서 동시에 인간이 아닌 문제적 존재이다. 이러한 점을 고려하면 괴물 혹은 인간이 창조한 인조인간을 어떤 정체성으로 대할 것인가는 아직도 탐구해야 할 문제라

6　고장원(2017). 『SF의 힘』. 추수밭, 9쪽.

고 할 수 있다.[7]

또 다른 관점에서 보면 오늘날에는 괴물이 '뭔가 공포스러울 정도로 비자연적이거나 거대한 규모의 것'을 지칭하지만 전통적으로는 '생리학적' 의미보다는 '도덕적'인 의미로 구분하여 사용하였다. 선과 악의 문제는 아주 오래된 인류의 기본 판단 범주이다. 현실에서 선과 악을 구분하는 일은 매우 어렵지만, 서사 속에서는 비교적 분명한 것처럼 보인다.

일상생활 속에서 사람들은 도덕적 의미의 '선하다', '악하다'라는 표현 대신 '좋다', '나쁘다'는 표현을 사용한다. 이러한 표현법은 판단 주체의 주관적 입장이나 취향을 감안하는 것인 동시에 판단 대상의 유용성에 대한 판단을 포함한다. 이는 선악의 문제를 유용성에 차원에서 파악하게 되었다는 것을 의미한다. 그래서 제대로 작동하거나 좋은 결과를 가져오면 좋은 것(선)이고, 그렇지 않으면 나쁜 것(악)이다.

19세기를 거치면서 자아와 타자, 정상과 비정상의 이중성을 중심으로 구조화된 환상물들은 타자의 '내적' 기원을 드러내면서 악마, 즉 괴물적인 것은 초자연적인 지점을 넘어 개인적이고 상호적인 삶의 한 국면이자 무의식적 욕망의 표현이 되었다. 브램 스토커(Bram Stoker)는 『드라큘라』에서 드라큘라 백작이라는 괴물을 통해 위반의 문학적 전략[8]을 수행하고 있다.

문학적 전통과 기존 질서에 대한 저항에서 작품 안에서 위반 행위를

---

7 Cho Ai-Lee(2011), The development of the Creature's Mind and Exclusion in Frankensein, 신영어영문학 50, 신영어영문학회, 157–169쪽.

8 서사 장르는 소통을 위한 특정한 규약을 가지고 있다. 장르 규약으로 서사의 기본 패턴을 공유함으로써 소통의 효율이 높아지지만 상상력을 제한하는 부작용이 있다. 그에 대한 반동으로 규약을 위반하는 서사가 꾸준히 출현하고 있다.

하는 주체는 주로 '괴물(the monster)'[9]이다. 괴물은 시각적인 두려움을 주는 기이한 존재이자 악한 동기를 가지고 악을 행하는 주체로 여겨지지만, 괴물의 자기동일성(identity)은 '악'이라는 단일한 속성으로 파악될 수 없다. 『드라큘라』에 등장하는 괴물을 통해 인간 내면에 자리 잡고 있는 욕망의 극단이 드러나고 있기 때문이다.

괴물은 창조된 순간부터 인간질서 외부에 존재하게 되고 질서 안으로 환원되지 않으며, 일반적인 분류나 범주화가 불가능한 일탈된 존재이기 때문에 괴물성을 내재한 저항과 위반을 행하는 살아 숨 쉬는 새로운 주체가 된다. '나'와 '나 아닌 존재'의 주제는 낯선 방식으로 상호작용하기에 이르렀다. 이런 과정을 통해 확인하는 것은 '드라큘라'라는 괴물을 통해 '타자'는 더 이상 초자연적인 것이 아니라 자아의 일부가 밖으로 드러나게 됨[10]을 경험하는 것이다.

현대 괴물로 새롭게 등장한 좀비를 예를 들어 보면, 살아 있어도 살아 있지 않은 삶을 사는 사람들과 죽었어도 죽지 않은 좀비는 상호 대체되며 유사한 존재로 해석된다. 영화 〈부산행〉에서 주인공 석우는 많은 대한민국의 직장인들처럼 일에서 오는 성취감이나 목표 의식을 느끼지 못한다. 돈을 벌기 위해 혹은 가족을 부양하기 위해 일하는 표면적인 이유는 있겠지만 그는 무의식적 세력에 이끌려 주식을 사고팔기를 반복하며 개미들에게 피해를 입히고 딸에게도 같은 선물을 반복해서 사 주는 것

9　괴물(monstre)은 '예고하다'를 의미하는 라틴어 동사 'nomere'에서 파생되었다고 한다. 괴물은 또 다른 세계의 표식이고 우리의 세계 속으로의 초자연적인 침입이 된다.

10　Jackson, Rosemary. Fantasy: The Literature of Subversion. London & Newyork: Routledge, 1998, p77.

으로 마음의 상처를 주는 인물이다. 그러므로 주체적인 자각으로 삶을 살아가는 것이 아니라 살아 있지 않은 삶을 반복하는 모습인 것이다.

좀비에 관하여 슬라예보 지젝(Slavoj Žižek)은 죽음 육동에 관한 해석을 하였다. 그에 따르면 죽음 육동은 죽음, 자기 멸절, 무(無)의 상태에 대한 갈망이 아니라 죽음의 반대인 죽지 않은(undead) 불멸의 삶 자체를 의미한다.[11] 그는 삶과 죽음이라는 단순한 이분법에 따르지 않고 삶은 정상적인 삶과 끔찍한 '죽지 않은' 삶, 죽음은 정상적인 죽음과 '죽지 않은' 죽음으로 구분한다.[12] 좀비를 지칭하는 영어의 형용사와 명사가 바로 '죽지 않은' 혹은 원어 그대로 '언데드'이다. 그들에게 '정상적인 죽음'이라는 안식이 주어지지 않기에 죽지 않은 채로 영원히 반복되는 쳇바퀴를 돌며 고통스러워한다.

영화 속에 등장하는 여성 인물의 괴물성, 즉 여성 괴물에 대한 논의는 주로 씨네 페미니즘으로 분류되는 영화 텍스트의 페미니즘적 분석을 통해 이루어져 왔다. 여성 인물의 선택 및 분석에 있어서도 주로 남근 중심적 신화의 질서를 받아들여 여성 인물의 영웅성에 대해서 조망한 경우가 많다.

생명의 잉태를 상징하는 모성성과 유혹 및 금기의 상징인 처녀성을 제거하고 남은 경계적 여성의 이미지들은 마치 메리 셸리의 소설『프랑켄슈타인』(Frankenstein, 1818)에 등장하는 인조인간처럼 기괴하고 낯선 괴물의 형상으로 나타나게 된다. 모성성과 처녀성의 아우라와 신비감

11   Žižek, S.(2009). The Parallax View. Cambridge, Massachusetts: The MIT Press. p62.
12   앞의 책. 121쪽.

이 제거되고 남은 괴물성은 관객들에게 시각적 공포감을 불러일으키는 것이다.

영화에서 응시란 이미 남성의 시선을 통해 구조화되어 있기 때문에[13], 여성 관객들일지라도 이미 여성의 눈이 아닌 남성의 눈을 통해 영화 텍스트를 접하게 된다. 이때 남성의 경우 '남성 = 보는 자 = 주체'가 되고 '여성 = 보여지는 자 = 타자, 대상'으로 양분된다. 때문에 여성의 눈으로 영화를 보면서도, 정작 여성의 눈이 아닌 남성의 눈으로 세상을 보게 될 수밖에 없다.[14] 이처럼 위계화한 이분법을 통해 여성의 육체는 남성보다 결핍되고 열등한 것으로 인식되어 왔다.

서구 철학 전통에 있어서 몸은, 오랫동안 이성을 방해하는 감성이나 열정과 같이 불완전한 존재로 인식되었다. 정신과 이성을 중시하는 근대 학문에 있어서도 정신은 높은 평가 가치를 부여받았지만, 몸은 그보다 하등의 것으로 여겨 경시해 왔다. 이와 더불어 정신은 남성과, 몸은 여성과 연결시킴에 따라 몸과 여성을 가치 절하한 항으로 연결시키는 몸-정신 이원론으로 확립되었다.[15]

영화에서는 여성 인물이 아름다운 희생자로 표현되는 경우와 달리 추악한 가해자로 표현되는 경우도 빈번하다. 바바라 크리드는 이러한 여성 인물을 '여성 괴물(monstrous feminine)'로 지칭한다.[16] 예를 들면 영화

---

13 한혜원 · 강윤정(2010). 애니메이션에 나타난 여성 인물의 괴물성 연구, 문학과 영상 11(1), 209쪽.

14 앞의 논문. 234쪽.

15 김진아 외(2005). 『여성의 몸-시각 · 쟁점 · 역사』. 창비. 21쪽.

16 Creed, Babara(1993). The Monstrous Feminine: Film, Feminism Psychoanalysis, Routledge

〈메트로폴리스〉(Metropolis, 1927)에 나오는 기계인간은 젠더화되어 표현되기도 한다. 여성화된 근대성이 괴물로 그려지는 이유는, 여성들의 정체성이 단일하거나 고정되지 않고 유동적이라는 점에 있다.[17]

〈엑소시스트〉(The Exorcist, 1973)에서 악령 들린 소녀인 리건의 경우, 그녀의 몸을 조종하는 목소리는 남성임을 암시하지만, 실체는 불분명하며 일반적인 사춘기 소녀와는 부합하지 않는 욕설과 폭력적인 행위를 통해 괴물성이 강조된다.

주로 주인공보다 이를 위협하는 적대자에게 여성의 괴물성을 찾아볼 수 있었던 실사영화에서 나아가 애니메이션에서는 주인공의 위치에서도 괴물성을 지닌 여성 인물들이 등장한다. 〈공각기동대〉에서의 쿠사나기는 외적으로는 인간 여성의 모습을 하고 있지만 기계로 이루어진 몸과 이러한 몸을 통해 적과 싸우거나 최첨단 기술을 쓰며 죽지 않는 불멸성을 보이는 행동은 전통적인 남성성으로 여겨졌던 물리적인 힘을 보여준다.

'괴물성'이 함축하고 있는 언어 작용에는 '괴물'에 대한 다양한 해석이 요구되는데, 자기 모순적인 공간으로부터 억압해 왔던 괴물들의 의미가 출몰하여 자신이 감추고 있는 괴물의 다양한 양태에 스스로를 노출시킨다. 지금까지 살펴본 괴물이라는 존재를 통해, 고대사회부터 현대까지 부여된 괴물에 대한 다양한 의미는 사회문화적 현상에 따라 존재 의미가 변화해 온 것을 확인할 수 있다.

---

17 백문임(2008). 『월하의 여곡성』. 책세상.

3

괴물을 보는 다양한 시선

괴물은 일반적으로 인간이 가지고 있는 무의식적 두려움과 관련이 있는데, 그것은 낯선 존재에 대한 미지의 인식이 불러일으키는 감정이다. 인류가 묘사해 온 괴물의 모습은 대체로 거대한 크기의 야수의 모습이거나 인간과 동물이 뒤섞인 형태의 모습을 띠고 있다.

그리스 신화에 등장하는 거인족이나 외눈박이 키클로패스, 구약성서에 등장하는 바다 괴물인 리바이어던, 빅토르 위고의 소설 『파리의 노트르담』에 등장하는 콰지모도 등은 전자에 속하고, 사자의 머리와 염소의 몸, 뱀의 꼬리를 하고 있는 키메라나 인간과 황소의 모습을 하고 있는 미노타우로스는 후자에 속하는 괴물이다.

괴물이 불러일으키는 감정은 정상의 바깥 영역에서부터 비이성의 영역에서 온다. 낯선 곳으로부터 반복적으로 등장하는 괴물은 우리에게 속하지 않는 타자로서 낯섦과 두려움을 일으킨다. 괴물은 낯선 이방인이고 평화로운 세계의 교란자이며 때때로 이름조차 부여되지 않은 변종들이다.[1]

---

[1] 리처드 커니(2004). 이지연 옮김, 『이방인, 신, 괴물』 개마고원, 12–44쪽.

괴물은 "사회 안에 너무나 분명하게 드러나 있는 적대관계와 공포를 사회 자체의 바깥에 있는 것으로 대체"[2]시키는 기제라는 것이다. 그리하여 자신들이 두려워하는 괴물들을 만들어 낸 사람들은 바로 자신들이라는 자각을 통해 사회 안에 자리 잡고 있는 이질적 존재에 대한 두려움을 혐오나 배타의 감정으로 대체하려는 시도로 나타난다.

20세기 초 독일의 표현주의 영화들에서는 괴물스러운 타자의 모습들이 거울상(도플갱어·분신)이나, 최면술사, 흡혈귀, 기계인간 등의 모습으로 빈번히 등장한다. 그리고 이것들이 관객에게 공포감을 주는 이유는 영화 속에서 이들의 관계가 인간 내부의 억압된 무언가를 대신 드러내 주는 역할을 수행하고 있기 때문이다.

무시무시한 타자, 흉측한 괴물, 낯설고 두려운 외부의 대상이 사실은 우리의 내부, 즉 무의식 깊숙이 존재하는 무언가를 감추고 있는 것이라면 실제로 정말 낯설고 두려운 것은 인간의 내부에 존재하는 것이다. 줄리아 크리스테바(Julia Kristeva)는 인간은 "우리 안의 낯선 것을 감지하도록"[3] 되어 있고 낯선 것으로 인지되는 것은 바로 우리의 무의식이자 우리 내부에 존재하는 타자라는 결론을 이끌어 낸다.

> 두렵고 낯선 것으로서의 타자는 우리 내부에 있다. 우리가 우리 스스로의 타자이다. (중략) 우리가 타자로부터 도망치거나 대항하고자 할 때, 우리는 우리 스스로의 무의식적인 것과 싸우고 있

---

2 앞의 책. 224쪽.

3 "er(Freud)lehrt uns, die Fremdheit in uns selbst aufzuspüren"줄리아 크리스테바 (2001). 서민원 옮김, 『공포의 권력』, 동문선.

는 것이다.[4]

우리의 무의식이 타자이자 괴물이라면, 괴물이 출몰하는 이유는 무의식에 여전히 남아 있는 과거의 기억과 화해하지 못하고 감추어 버린 일이 있기 때문이다. 또 지금 현재의 우리가 인정하지 못하는 감추어 둔 무언가가 있기 때문이다.

괴물이라는 존재는 바로 "어둠 속에 있어야 할 것들"[5]이 갑작스럽게 등장한 것이다. 따라서 괴물과의 조우는 다른 한편으로는 나 스스로의 혹은 우리 내부의 비밀스럽고 암묵적인 동의하에 감추어져 있던 것들의 해체이자 누설이다.

세계는 예나 지금이나 끊임없는 전쟁과 테러 그리고 살인, 납치, 강간과 같은 범죄가 난무하고 있다. 인간 사회의 철학 사상이나 도덕적 규범의 가르침에도 불구하고 전쟁과 범죄는 혹독하게 그치지 않고 일어난다. 인간은 그러한 세계 안에서 생존과 존재 가능성을 위해 경계 존재로서의 치열한 삶을 살아야만 한다.

괴물은 인간적·인간주의적 범주를 뒤흔드는 모든 존재들이고, 괴물 영화 속의 서사 구조는 인간 중심적이고 주류 사회라 일컬어지는 범주 바깥의 타자에 대한 이야기들이다. 프로이트가 '낯선 두려움'[6]이라는 용어로 말하듯이, 괴물이라는 낯선 존재들은 원초적으로 낯익고 익숙했던 것들이 다른 모습으로 바꾸어 회귀한 존재들이기도 하다.

4 앞의 책. 198–209쪽.
5 앞의 책. 198–209쪽.
6 R.Gray, Freud and Literary Imagination(Lecture note), Washington univ, 2003.

이제부터 괴물이 존재하는 사회의 징후에 대한 문화적 의미를 살펴보고자 한다. 먼저 한국 사회에서 괴물이라는 존재가 갖는 문화적 함의를 더듬어 보고, 고대 그리스로부터 비롯된 서구 사회의 관점에서 괴물의 의미와 문화적 배경을 살펴보겠다. 그리고 힌두교를 문화적 배경으로 하는 인도의 괴물과, 한국과 문화적 연원이 가까운 몽골의 괴물 '망가스'를 통해 동양사회에서 보는 괴물을 이야기해 보고자 한다.

1) 한국의 괴물

한국 고대의 서사, 특히 신화적 서사에 가까울수록 신성과 괴물성 사이의 명백히 나누어지지 않는 유동적 경계를 보게 된다. 인류 문명의 초기 단계에서부터 괴물은 신성한 것들과 대립하기도 하고 뒤섞이기도 하면서 공존해 왔을 것이다. 예컨대 신과 괴물의 공동 기원이 되었을 자연의 힘에 대해 생각해 볼 수 있다. 이러한 특징은 고대 이집트의 괴물 모양을 한 신들과 유사한 인식을 하고 있는 것이다.

어떤 의미에서 괴물이란 '괴상한 형태'라는 외형적 특질보다, '불안이나 공포를 불러일으킨다'는 인지적·심리적 특질에서 더 잘 정의될 수 있다. 왜냐하면 형태적 이질성을 가지고 있다고 해서 한국의 전통사회에서 모두 괴물로 취급된 것은 아니기 때문이다. 그것이 본래의 속성을 가지고 있는 경우라면 괴물로 여겨지지 않았다.

괴물은 그 본성을 알 수 없거나 본성을 초과해 버린 존재라고 인식될 경우, 낯선 영역으로 두려움의 대상이 되었다고 할 수 있다. 그래서 그것은 질서를 파괴하고 인간을 해칠 수 있는 위험한 사물로, 가급적 멀리해야 할 사물로 여겨졌던 것이다. 그런데 이렇게 괴물의 속성을 파악하면 괴물의 속성 중 일부는 곧 신성(神性)과도 연결되어 있음을 감지할 수 있다.

한국의 전래 설화에서 영웅에 대적하는 괴물은 별로 출현하지 않지만, 신성을 묘사하는 가운데 신성과 공존하는, 괴물성이라고 부를 수 있을 법한 과잉이나 기괴함이 드러나는 경우는 있다. 예컨대 '선문대할망'이나 '마고할미' 같은 창조여신의 그로테스크한 형상과 괴팍한 성격이 괴물성을 지니고 있다.

선문대 할망과 마고할미의 거대한 신체는 세상을 창조한 지모신(地母神)으로서의 성격을 드러내지만, 동시에 짧은 치마 길이나 쓸데없는 키 자랑 등은 신성성과 어울리지 않는 기괴함을 부각시킨다. 물론 이런 기괴함은 문명화된 이후의 괴물이 보여 주는 기괴함이나 폭력성과는 분명히 다르다. 그것은 인간으로서 불가해(不可解)하고 불가측(不可測)한 신의 창조 행위와 연결되어 있다는 점에서 굳이 이름 붙이자면 '신성한 괴물성'이라고 부를 수 있겠다.

신의 형상을 표현하기 위하여 동물 혹은 괴물의 속성이 서로 연결될 때에는 이러한 자질들이 상호 배타적으로 존재하기도 하지만 경우에 따라서는 서로 깊은 관련을 맺으면서 존재하기도 한다. 예를 들어 신·인간·동물의 세 가지 존재 요소를 공유하는 존재를 가정한다면 반신반인(半神半人), 반신반수(半神半獸), 반인반수(半人半獸)가 있을 수 있다.

하지만 외형을 중심으로 볼 때 인간의 감각으로 신의 형상을 확정할 수 없었기에 신의 형상은 동물이나 인간의 모습으로 나타날 수밖에 없다. 그리하여 신화에는 동물형 신과 반인반수형 신, 인간형 신의 형태로 등장한다.[7] 범세계적으로 신화 속에 동물신 내지 동물의 형상을 한 신들이 많이 등장하는 것을 알 수 있다. 이렇듯 신화 속에서 신·인간·동물의 관계는 복잡하고 다양한 양상을 보여 준다. 한국의 고대 서사 속에서도 이러한 양상을 보이는 경우가 있다.

한국 신화를 보면 고구려 벽화에는 소의 머리와 사람의 몸을 지닌 형상의 존재가 등장하기는 하지만, 실제 신화 속에서 이 같은 반인반수형을 찾는 일은 쉽지 않다. 고구려 건국신화에 등장하는 유화, 신라의 건국 신화에 등장하는 알영이 동물의 형상을 하는 것으로 나온다. 또 제주도의 「칠성본풀이」 속 주인공이 인간에서 뱀으로 변해 신으로 좌정된다.

국가에 의해 의례화·제도화된 건국신화에서 주인공은 환웅과 단군, 해모수와 주몽처럼 인간의 모습을 한 신성한 부계 혈통을 지닌 남성 영웅이다. 하지만 이런 건국신화들에서도 괴물성의 흔적을 찾아볼 수 있다. 곰 여자(熊女), 금빛 개구리 모양의 아이(金蛙), 잉어·수달·사슴·승냥이로 변신하는 해모수와 하백, 세 자나 길어진 입술을 가지고 우발수에서 물고기를 먹고 사는 유화, 무정형한 형태의 알에서 태어난 주몽, 닭의 부리를 가지고 태어난 알영 등이 그 예이다.[8] 이런 형상에는 신성과 동물성 안에 괴물성이 혼합되어 있다.

---

7 이상일, 『변신 이야기』, 밀알, 1994, 58쪽.고대의 신은 처음에는 동물이었으며, 이후 동물형 신관(theriomorphism), 최종적으로 인간형 신관(anthropomorphism)의 단계를 보인다.

8 강상순(2016), 『괴물은 무엇을 표상하는가』, 우리어문학회, 우리어문연구 55집, 51쪽.

유교나 불교의 문명화 과정에서 신성과 괴물성이 분리되는데, 성리학은 이를 극단적으로 밀어붙인 사유 체계이다. 성리학적 지식인들이 받아들인 천(天)이란 괴물성을 완전히 소거해 버린 절대선이자, 자연의 조화로운 질서 속에 내재되어 버린 신성을 의미했다. 반면 괴물은 조화로운 질서 속에서 어그러진 동물이나 식물, 사물이 변형된 것으로, 인간보다 더 높은 덕성을 지닌 것으로 여겨지지 않았다. 그래서 아무리 뛰어난 능력을 가지고 있다 하더라도 자연과 도덕의 이치에 맞지 않으면 괴물로 여겨졌고, 괴물은 그것을 두려워하지 않거나 미혹되지 않는 사람들에게 어떤 영향도 끼칠 수 없는 것으로 받아들여졌던 것이다.

조선 후기 야담 중에는 괴물이 도덕적 인륜의 관념으로는 설명할 수 없는 참혹한 역병이나 무차별한 재난, 도덕적 인간관으로는 납득하기 어려운 주체 내부의 충동 등을 설명할 때 주로 출몰한다. 마마로 불렸던 천연두는 17세기에 유행한 대표적인 역병으로, 18세기 이후에 이르러 토착화되어 어린이들이 주로 걸리는 병으로 알려졌다. 그래서 조선 후기 야담에는 역병에 관한 이야기가 많이 실려 있는데, 그 가운데 역병을 일으키는 원인을 귀물(鬼物) 혹은 괴물로 설정한 이야기들이 많다.

역병을 일으키는 존재에 대하여 『국당배어』에서는 '고양이같이 생긴 괴물'이나 '고목이 변한 괴물'을 지목하기도 했고, 『천예록』에서는 '머리를 흐트러뜨린 험상궂은 사내아이'나 '똬리를 튼 뱀'을 지목하기도 했으며, 『학산한언』에서는 '밀짚모자를 쓰고 도롱이를 걸친 외다리 귀물'로 묘사하기도 했다.[9] 이런 역귀들은 모두 비인간적인 형상과 속성을 지닌

9　앞의 논문. 63쪽.

괴물로서 '역병' 하면 떠오르는 혐오스러움과 비정함, 무차별성 등을 잘 설명해 준다는 점에서 역병에 대한 당대인들의 상상세계를 보충해 주는 존재라고 할 수 있다.

한국의 괴물 서사에서는 괴물이 신성의 다른 얼굴로 인식되다가 점차 사회나 주체 내부의 이질성을 표상하는 존재로 변해 간다. 이런 경향은 근대문화에 이르면 더욱 심화되어 기괴한 외형보다는 인간 내면의 통제 불가능한 측면을 지시하는 것으로 심화되어 간다. 현대의 대중문화는 사이코패스 등 보통 사람들과 동일한 외양을 지닌 어쩌면 대부분의 사람들이 포함될지도 모르는 진짜 괴물들이 주변에 있음을 보여 준다.

괴물에 대한 역사적 연원에 대한 관점은 한국의 다양한 사료를 통해 확인해 볼 수 있다. 괴물 이야기는 고대의 단군신화로부터 시작하여 『삼국유사』와 같은 역사서나 개인 문집 등에서도 등장한다. 괴물에 관한 이러한 자료는 괴물이 등장한 시대의 좁게는 문학, 넓게는 문화 전반의 특징을 살펴볼 수 있는 표본이 되기도 한다.

한국 신화에는 그리스 신화나 중국 신화 등에 비해 괴물이 그렇게 많이 등장하지는 않는다. 괴력난신(怪力亂神)을 불온시하는 유교적 관념이 오랫동안 지식인들의 관념을 장악한 탓에 신화적 영웅에게 흔한 괴물과의 투쟁 같은 화소가 많이 전승되지 않은 것이다.

한국의 전통사회에서는 '괴물'을 '이물(異物)' 혹은 '물괴(物怪)'로도 불렀다. 이 용어는 약간의 의미 차이가 있지만 인간과 사회를 위태롭게 만드는 위험한 사물, 안정된 질서를 어지럽히는 이질적이거나 혼종적인 사물, 그래서 비도덕적이기 쉬운 비정형적 사물을 지시해 왔다. 이런 존재들은 설화나 소설, 필기, 야담 속에서 꾸준히 등장한다. 그것은 옛사람들의 정신세계 혹은 심리적 현실 안에 괴물이 서식할 자리가 계속 있어 왔음을 의미한다.

'귀신'은 한국 · 중국 · 일본 등 동양 삼국에 두드러지는 요괴로서 서구 영화에서는 흔히 찾아보기 힘든 괴물이다. 그런데 최남선은 「괴담(怪談)」[10]이라는 글에서 한국의 귀신 이야기를 "도깨비 이야기"로 한정하고 있다. 이때 도깨비는 "장난꾸러기, 찌드럭쟁이" 노릇을 하기는 해도 잔인성과 심각미, 이른바 긴장미는 지니지 않은 존재로서 두렵기보다는 친근하고 명랑한 존재로 그려진다.

최남선은 여성 귀신에 대해서는 언급하고 있지 않은데, 실제로 문자로 기록된 전래설화에서도 여성 귀신은 그다지 비중을 차지하지 않는다. 『장화홍련전』으로 대별되는 여성 귀신 이야기는 가부장적 가족관계 혹은 봉건적 성 규범에 희생당한 여성들을 그리고 있다. 이를 통해 볼 때 한국에서 여성 원귀는 유교 질서가 지배하던 조선 시대에 생성되거나 유포된 것으로 볼 수 있다.[11]

괴물 이야기는 흔히 신앙, 자연환경, 사회적 갈등, 문화적 영향을 받게 되므로[12] 조선 시대의 괴물 이야기를 조사한다면 실록을 적극적으로 활용할 수 있다. 『조선왕조실록』은 조선 조정에서 공식적으로 기록하고

---

10   최남선. 「괴담」. 『매일신보』. 1939.10.10.―1939.10.―22.자: 고려대학교 아세아문제연구소 육당전집 편찬위원회 엮음. 『육당 최남선 전집』5. 현암사. 1973.

11   백문임(2008). 『월하의 여곡성』. 책세상. 서울.

12   서울대학교 종교문제연구소 (2003). 『신화와 역사』. 서울대학교 출판부.

편찬한 자료로 그 자료의 정확성과 신뢰성이 대체로 높은 것으로 인정받고 있다.

성리학적 관점에서 괴력난신(怪力亂神)을 논하지 않는다고 했던 조선 시대에도 괴물에 관한 기록이 남아 있음을 확인하는 과정을 통해 괴물은 어느 시대에도 인간의 삶과 무관하지 않았음을 확인할 수 있다. 『조선왕조실록』 속에서 괴물 이야기를 살펴보았을 때, 가장 쉽게 찾을 수 있는 특징은 괴물 이야기 보고의 형태 중에 직접 보았다는 형태의 이야기가 차지하는 비중이 크다는 점이다.[13] 곽재식·최서희(2019)의 연구에서 보면 "직접 보았다는 형태의 이야기"로 분류된 것이 전체 22건 중 13건에 해당된다.[14] 각 이야기를 보는 관점에 따라 분류가 약간 변동될 수 있다는 점을 감안하더라도 목격담으로 분류되는 것이 59%라고 할 수 있다.

실록 속의 괴물 이야기를 토대로 조선 시대 괴물의 모습과 활동 성향에 일괄적인 특성이 나타난다고 보기는 어렵다. 오히려 실록에 나타나는 괴물의 형태는 다채롭고 개성적인 쪽에 가깝다. 이는 유교 문화의 바탕 위에서 실록을 작성한 기록자가 신이한 특성을 지니는 괴물 이야기의 세부 사항에 대해 구체적인 방향을 갖고 개입하거나 종교적인 권위에 따라 세부적인 내용을 구성하며 집필했다기보다는, 당시 시대 상황에서 어쩔 수 없이 발생하여 보고되거나 유포된 괴물의 이야기가 수집된 경우가 많았기 때문으로 보인다. 이러한 설명은 괴물 이야기의 보

---

13 곽재식, 최서희(2019). 조선왕조실록 소재 괴물이야기에 대한 연구, 『인문콘텐츠』 제52호, 113쪽.

14 앞의 논문. 131–132쪽.

고 형태에서 직접 보았다는 형태의 이야기가 많다는 점과도 부합한다.

2) 서양의 괴물

세계 여러 민족의 설화는 고대로부터 현대까지 다양한 형태로 재생산되어 왔다. 그 속에 괴물 소재의 서사도 끊임없이 변형되면서 인간의 삶을 담아 왔다. 서양에서 괴물이 등장하는 이야기는 고대 그리스 신화와 이집트의 신화 속에서 대표적으로 살펴볼 수 있다.

고대 이집트 사람들은 모든 자연의 움직임과 원리에 신들의 힘이 작용한다고 보았다. 그들은 단지 신들이 자연의 현상만 조종하는 것뿐만 아니라 그 자연의 요소 속에 신성이 있다고 믿었다.[15] 그래서 고대 이집트 사람들은 자연과 사회의 모든 관점에서 수반된 신 다수를 믿었다.[16] 이 다신교 형태는 매우 복잡해서 어떤 신들은 수많은 다른 모습으로 표현되었으며, 역할도 다양하였다.

고대 이집트 예술에서 신들은, 만약 신들이 보인다면 어떤 모습으로 보일지 글자 그대로 묘사하기보다는 '미지'와 '신비'의 모습으로 묘사되어야 한다고 믿었다. 그래서 신들을 자연의 상징물에 비유함으로써 추상적인 신들을 알아볼 수 있는 형태로 그렸다.[17] 현대인의 관점에서 보

---

15 Assmann, Jan(2001). The Search for God in Ancient Egypt. Cornell University Press. pp. 63–64, 82.

16 Allen, Middle Egyptian, pp. 43–44.

17 Wilkinson, Richard H. (2003). The Complete Gods and Goddesses of Ancient Egypt. Thames &Hudson. p. 60.

앉을 때, 고대 이집트의 신들을 모두 괴물의 형상을 하고 있다고 볼 수 있다. 예를 들어 죽음의 신 아누비스는 인간들의 시신을 훼손하여 먹이를 먹는 자칼의 머리를 한 모습으로 묘사된다. 그의 검은 피부는 고기를 바짝 말린 색의 상징이자 이집트 사람들이 부활의 상징으로 보았던 기름진 검은 토양의 색이다.

하지만 이러한 상징은 표준화된 것이 아니므로, 많은 신이 다양한 형태로 표현된다.[18] 이집트인들은 각기 다른 자연현상들이 서로 연관 있다는 사실을 인지하고 있었기 때문에[19] 몇몇 신들을 연계하기도 하였다. 때때로 신들은 한 쌍으로 묶였는데, 이는 남성·여성과 같이 두 가지 요소가 자연현상에 개입한다고 보았기 때문이다. 신들 간의 연대는 혼합주의의 과정 속에서 최소 2명의 신이 자웅동체의 모습으로 묘사되는 경우도 보인다.

이 과정에서 이집트인들은 외국의 신과 자국의 신을 합치기도 하였고, 때때로 이 혼합주의는 하나의 신 안에 여러 인격체를 포함함으로써 하나의 신으로부터 여러 종류의 관점을 보이게 하는 때도 있다. 가령 바람과 공기의 신 아문과 같은 경우에는 투탕카멘 치하에 테베의 사제들에 의하여 태양신 라와 함께 '아문-라'로 합쳐졌으며, 그 결과 자연세계에서 보이는 그 무엇보다도 더 강력한 숨겨진 힘을 상징하는 신으로 숭배받았다.[20]

---

18 koc.chunjae.co.kr/main.do

19 Shafer, Byron E., ed (1991). Religion in Ancient Egypt: Gods, Myths, and Personal Practice. Cornell University Press. pp. 5657.

20 koc.chunjae.co.kr/main.do

[그림 2] 이집트의 신들

| 무덤 벽화에 그려진 오시리스와 아누비스, 호루스 | 암사자의 머리를 한 파괴의 여신 세크메트 |

한편 그리스 신화를 통해 고대 그리스인들의 괴물에 대한 인식을 살펴볼 수 있다. 고대 그리스의 페르세우스(Perseus) 신화[21]에는 용사가 괴물을 죽이고 절망에 빠진 공주를 구하여 사랑을 완수하는 이야기가 등장한다. 이 이야기는 신화, 전설, 민담과 동화 등을 통하여 사랑에 관한 '낭만적 신화'로 만들어져 계속해서 전승되어 오면서 마치 인류의 보

---

21 제우스와 아르고스의 왕녀 다나에의 아들이다. 여신 아테나와 헤르메스 신의 도움으로 보는 자는 그 자리에서 돌이 된다는 괴물 메두사의 목을 베고, 괴물의 제물이 될 뻔한 에티오피아 왕녀 안드로메다를 구해 아내로 삼았으며, 하늘을 떠받치는 고통에 있던 아틀라스를 돌로 바꿔 고통에서 해방시켰다. 대회에서 던진 원반에 아크리시오스 왕이 맞아 목숨을 잃음으로써 예언이 실현되었다. 메두사의 목은 여신 아테나의 방패에 부착되었다.(출처: https://100. daum.net/encyclopedia/view/192XX76300035)

편적인 사랑의 원형처럼 되어 버렸다.

님프나 여신처럼 아름다운 공주를 괴물로부터 구하는 용사의 이야기는 집단 무의식 속에 들어 있는 가장 보편적인 낭만적 사랑의 원형이다. 용과의 싸움은 악을 물리치고 본래적 질서와 평화를 회복한다는 보편적이고 일반적인 원리[22]를 상징하기도 한다. 페르세우스 신화는 인간의 근원적인 욕망을 담고 있는 '낭만적 신화'의 원형으로 고대로부터 현대에 이르기까지 수많은 예술 작품의 소재가 되어 왔다.

그리스 신화에 등장하는 페르세우스 전설은 중세 시대에도 인기 있는 소재로서 중세기 전설과 로맨스[23]의 원형이 된다. 중세기의 전설과 민담에 보면, 서양의 용들은 입으로 불을 뿜어내며 처녀를 납치하고 금과 보석을 지키기도 한다. 중세 초기인 8세기 말에서 11세기 초엽에 앵글로 색슨인들의 서사시인 『베어울프(Beowulf)』[24]에서 용사가 보물을 지키는 용을 죽이는 이야기가 나온다.

12세기경의 작품인 『트리스탄과 이졸데(Tristan und Isolde)』[25]에서 용이

---

22 Järv, Risto. The Three Suitors of the King's Daughter: Character Roles in the Estonian Versions of The Dragon Slayer(AT 300) Folklore. An Electonical Journal of Folklore. vol.22.December 2002.

23 Huizinga, Johan. The Autumn of the Middle Ages. trans. Rodney J. Payton & UlichMammitzsch. Chicago UP, 1996.

24 700~750년 사이에 쓰인 것으로 추정되며 1815년에 처음 책으로 인쇄되어 나왔다. 원래는 제목이 붙어 있지 않았으나, 주인공의 이름을 따서 제목을 붙였다. 전반부는 베오울프라는 왕자가 헤오로트에서 그 괴물을 없애는 이야기이다. 후반부는 베오울프가 왕위를 이어받은 지 50년의 태평성대를 누린 후 용을 이기고 자신도 치명상을 입어 죽는 내용이다. 운율·문체·주제 면에서 예로부터 내려오는 게르만족의 서사시 전통에 속한다. 이 작품에서 추구하는 윤리적 가치는 분명히 족장과 부족에게 충성하고 적에게 복수하라는 게르만족의 계명이다. 많은 비평가들은 이 시가 그리스도교적 우화이며, 베오울프는 악과 어둠에 맞서 싸우는 선과 빛의 투사라고 보았다. (출처: https://100.daum.net/encyclopedia/view/b09b2214a)

25 고대 픽트족의 한 왕의 이야기로 원래 시의 주요 내용은 다음과 같다. 젊은 청년 트리스탄은

위협하자 국왕은 용을 잡는 자에게 공주를 주겠다고 약속하였고 이에 트리스탄은 용을 죽이고 공주를 얻게 된다. 스펜서(Spenser)의 『선녀 여왕 (The Faerie Queene)』[26]에서도 마을을 수년간 공포로 몰아넣었던 무시무시한 용을 기독교 기사가 죽이고 평화를 되찾게 해 주는 이야기가 나온다. 페르세우스의 신화는 이렇게 중세의 전설과 서사시 등으로 재창조된다.

괴물은 서양의 환상 문학에서 빼놓을 수 없는 소재이다. 환상문학은 현실의 도피를 조장하거나 감각적 쾌락을 지향한다는 혹평을 받는 수난의 시절을 지나 이제는 현실과 대화하고, 때로 현실을 위반하며 더 나은 미래를 지향해 온 생산적 기능을 가진 문학으로 자리매김하기에 이르렀다. 환상 문학의 큰 획을 이루는 '고딕(Gothic)'은 리얼리즘과 낭만주의의 전통으로부터 새로운 것을 재현해 낸다. 특히 19세기의 고딕 문학은 현대 대중문화와 끈끈한 유대 관계를 이루고 있다. 수많은 고딕 작품들 가운데서 『드라큘라』는 시대를 넘어 대중적 성공과 더불어 새롭게 재탄생되고 있다.

괴물 드라큘라는 단일한 인물이 아니라 여러 등장인물들과 다양한 중첩된 관계를 이룬다. 타자성과 괴물성의 문제와 연관 지어 중첩성을 연구

이졸데 공주의 도움을 얻어 그의 아저씨이자 콘월의 왕을 도와 거대한 용을 퇴치하고 돌아오던 중에 사랑의 묘약을 마셔 깊은 사랑에 빠지게 되고 그 사랑은 모든 고난을 이겨 내지만 그들의 충성심만은 변치 않는다는 이야기다. 19세기에 들어와 옛 시들을 발굴하면서 전설에 대한 관심이 다시 살아난다. 바그너의 오페라 〈트리스탄과 이졸데〉는 폰 슈트라스부르크의 시에서 영감을 받아 만들어진 것이다.

26 16세기 말에 스펜서가 지은 장편 서사시. 엘리자베스 일세와 영국 국교회를 은유적으로 등장시킨 종교적·도덕적·정치적 우화로 구성되었다. 12권으로 구상되었으나 스펜서의 죽음으로 완결되지 못했다.(출처: https://dic.daum.net/word/view.do?wordid=kkw000619437&supid=kku010496272)

하는 일은 인간 본성에 편재한 괴물성을 기반으로 다양한 인간의 모습들이 드라큘라와 같은 초월적 존재와 닮아 있다는 결론에 다다를 것이다.

괴물 드라큘라는 공포와 환상이 뒤섞인 "산 자의 피를 빨 수 있는 초자연적인 존재"로 변신하여 20세기 이후 서사에서 뱀파이어로 탄생된다. 즉 타인의 생명을 손쉽고 냉혹하게 앗아 가는 존재로 아주 오래전부터 떠돌아다녔던 뱀파이어가 뿜어내는 공포는 사라지고, 뱀파이어는 이제 패러디가 되었다.[27]

보통 인간이지만 타인에게 결정적인 영향력을 행사할 수 있는 은유적 의미의 뱀파이어가 문학에 등장한 지 이백여 년이 지난 지금, 19세기 초 엘리트 계층을 대상으로 하던 낭만주의 시로 시작한 뱀파이어 문학은 SF, 판타지, 추리소설, 로맨스 소설 등 언뜻 보기에 무관해 보이는 여러 분야의 독자층을 결집시켜 장르를 넘어 대중적 유행 현상이 되었다.[28] 현대의 뱀파이어는 문학의 범위 내에만 머무르지 않고 영상을 이용하는 영화로 확장되었다.

1922년 빌헬름 프리드리히 무르나우 감독의 〈노스페라투, 공포의 교향곡〉의 주인공 막스 슈레크, 1931년 토드 브라우닝 감독의 〈드라큘라〉의 주인공 벨라 루고시, 1958년 테렌스 피셔 감독의 〈드라큘라의 공포〉의 주인공 크리스토퍼 리, 1992년 프랜시스 포드 코폴라 감독의 〈드라큘라〉의 주인공 게리 올드먼에 이르면서 끔찍하고 음산했던 뱀파이어의 이미지는 점차 우아하고 에로틱하기까지 한 존재로 거듭나 여인들이 기

27 Beresford, Matthew. From Demons to Dracula: The Creation of the Modern VampireMyth. London: Reaktion Books, 2008. p 140.

28 마리니, 장. 『뱀파이어의 문학』, 김희진 옮김, 파주: 문학동네, 2012, pp145–147.

꺼이 그 앞에 굴복하도록 하는 매력의 유혹자로 바뀌었다. 그리고 스테 프니 메이어의『트와일라잇』의 동명 영화, 샬레인 해리스의 〈어두워지면 일어나라〉와 드라마 〈트루 블러드〉에 이르면 뱀파이어는 인간의 친구, 연인, 배우자가 되기도 한다.

뱀파이어를 소재로 한 오페라로는 마르슈너의 〈뱀파이어〉가 있고, 소설『드라큘라』와『카르밀라』를 각색한 뮤지컬 몇 편이 있으며, 미국과 캐나다에서는 뱀파이어를 다룬 여러 편의 발레가 제작되었다. 더불어 문학만큼이나 오랜 역사의 미술, 현대에 새로운 위치를 점하고 있는 만화에 이어 라이트 노블(Light novel)[29] 등의 새로운 양식으로까지 뱀파이어는 확장되어 출현하고 있다.

서양 괴물 중에도 여성 괴물이 자주 등장한다. 그리스 신화에 등장하는 메두사는 남성 영웅에 의해 목이 베어 죽었지만 메두사가 여전히 후세의 예술적·문학적·문화적 상상력을 자극하듯이, 여성 문학 텍스트에 등장하는 분노와 공포의 여자 괴물들 또한 주변화되고 타자화된 이들에게 새로운 이야기를 만들 수 있는 토대를 제공한다.

중세 서구 사회는 기독교가 지배하는 남성 중심의 사회였으므로 여성은 천사가 아니면 마녀, 즉 괴물이라는 이분법적 틀에 갇혀 있었다. 20세기 자본주의 현대 사회에 들어서도 여성들에게 요구되는 천사 같은 이미지는 효율적으로 여성을 감시하고 규제하는 기제로 자리하고 있

---

29 가벼운(light) 마음으로 즐길 수 있는 소설(novel)이라는 뜻. 현실적 개연성보다 재미를 추구하는 가벼운 소설을 말한다. 줄여서 '라노베'라고도 하는데, 일본의 대표적인 문화상품이기도 하다.

다. 즉, 순종적인 집안의 천사라는 이미지를 거부하는 여성들은 흔히 여자 괴물로 불리며 혐오와 제거 대상이 되어 왔다.

고대 그리스의 남성 중심적 신화에서 전복적 여성을 대표하는 신화 속의 메두사와 초월적 여성을 상징하는 아테나는 여성의 '괴물'과 '천사'라는 양극단의 이미지를 보여 준다. 하지만 메두사는 악령이나 재앙을 막는 수호자 또는 보호자(protectress)를 뜻하며 성폭력 희생자와 그녀의 자유를 상징한다는 점은 주목할 만하다.

남성들에게 찬사의 대상이 되었던 메두사의 아름다운 머릿결은 혓바닥을 날름거리는 뱀들로 바뀌었으며, 성적 욕구로 가득 찬 남성의 시선에 맞선 메두사의 시선은 죽음의 공포를 불러왔다. 남성 중심적인 가치를 중시하는 사회에서 순종과 정숙이라는 여성적 절대 미덕의 반대 항에 서 있는 독립된 주체로서 그리고 남성을 대상화하는 응시의 주체로서 메두사는 여자 괴물로 재탄생한다.

그리스 시대부터 서구 사회에서는 외면의 아름다움과 내면의 아름다움을 동일시하는 생각이 지배적이었다. 또한 육체의 완벽함을 내면의 덕목으로 보는 생각은 플라톤으로부터 비롯되어 중세, 르네상스를 거치면서 면면히 내려오다가 18세기에도 신플라톤주의 전통의 한 미학적 측면으로 자리 잡게 되었다. 그래서 괴물은 그러한 외면의 아름다움과 극단적으로 배치되는 추함과 관련이 있다.

고대 그리스 신화 속의 세계는 아름답고 이상적인 세계로 그려지고 있지만 그 이면은 수많은 추와 사악함으로 가득 차 있다. 아폴론적인 것과 디오니소스적인 것의 대립에 관한 논의는 더 이상 말할 필요도 없을 정도로 많다. 고대 그리스 문화 속에는 아폴론적인 밝은 세계와 디오니소스적인 어두움의 세계가 있었다. 신화 속 세계에는 가장 아름다운 존재마저도 추한 극악무도함을 저지르는 악이 지배하는 영역이 있다. 신화 속의 우주를 방황하는 존재들은 끔찍하고도 부정한 요소들을 지니고 있는 자연형태의 법칙을 거스르는 부조리한 존재이다.

원래 호메로스의 시에 등장하는 사이렌(세이렌)들은 훗날 묘사된 것처럼 물고기 꼬리를 가진 매력적인 여인이 아니라 추잡하고 탐욕스러운 새였다. 바다 괴물인 스킬레와 카립디스, 외눈박이 폴리페모스, 신화 속의 키메라도 모두 인간의 몸과 짐승의 몸이 결합하여 만들어진 괴물 형상이다.

[그림 3] 바다괴물 스킬레와 사이렌

스킬레-바다괴물
(출처: https://blog.naver.com/tropro/220174438368)

Ulysses and the Sirens
John William Waterhouse
(1849–1917, British)

서구 사회에서 일반적으로 괴물은 그로테스크한 외양과 거대한 자질들로 인해 장엄함을 드러내고 있다고 볼 수 있다. 장엄함은 괴물성의 한 요소라고 볼 수도 있는데, 장엄함의 긍정적인 측면보다는 부정적 혹은 파괴적인 측면[30]과 연결되어 있다. 예를 들어 영화 〈프랑켄슈타인〉에서 괴물은 장엄함이라는 자질을 가지고 있을지 모르지만 그 외양은 추함이나 비정상에 더 가깝다.

괴물의 주된 특징을 이루는 추함에 대해 심미적인 고찰을 해 볼 필요가 있다. 플라톤적인 사유에 의하면 추함은 심미적 범주도 되고 도덕적 범주도 되면서 많은 경우에 이 두 가지가 함께하기도 한다. 이를 바탕으로 고대 그리스적 사고에서는 괴물의 외양이 보여 주는 추함은 내적인 악과 연결된다고 본 것이다.

플라톤은 『국가』에서 추(조화의 결여로 이해되는)란 영혼의 선과 반대된다고 주장했고, 젊은이들에게는 추한 것들에 대한 묘사를 삼가라고 권고했다. 그러나 근본적으로는, 각각에 해당하는 이데아에 적합한 한, 모든 사물에 어울리는 미의 등급이 존재함을 인정했다. 스토아학파의 마르쿠스 에우릴리우스는 심지어 추조차도, 빵 한 덩이에 생긴 균열 같은 불완전함조차도, 전체의 만족감에서 한몫한다는 것을 인정했다.[31]

이후 그리스도교에서는 괴물을 이용해서 신을 정의하기도 하였다. 신의 모습이 아무리 경이롭다 한들 어떤 표현으로도 신을 말할 수 없으므

---

30 Freeman, Barbara Claire (1995) Frankenstein with Kant: A Theory of Monstrosity or the Monstrosity of Theory. Fred Botting, ed Frankenstein, New York: St Martin's Press p191.

31 움베르토 에코, 오숙은 옮김, 『추의 역사』, 열린책들, 2008.

로 신과 전혀 다른 동물이나 괴물 같은 이미지로 신을 가리키는 것이 낫다고 생각한 것이다. 즉, 괴물의 부정적 요소를 부정함으로써 인간의 능력으로 표현할 수 없는 신의 영역을 그려 보고자 한 것이다. 이러한 이유 때문에 성경에서는 에제키엘의 환영으로 천국의 존재들이 동물 형상으로 묘사되어 결국 사도 요한에게 거룩한 왕좌에 대한 영감을 제시한다.

그러나 괴물들은 르네상스 시대에 와서도 추한 외모 때문에 건물에 새겨지거나 조각상들의 무시무시한 모습으로 장소를 상징하는 역할을 하고, 연금술사들에 의해 현자의 돌이나 불로장생의 약을 제조할 때 다양한 과정을 상징하게 되었다. 근대 이후 드라큘라, 프랑켄슈타인, 하이드 씨, 킹콩을 거쳐 마침내 살아 있는 시체들과 외계 생명체들에게 둘러싸이게 된 현대 사회에서는 새로운 괴물들이 주변에 있어도 그들을 두려워할 뿐 신의 전령으로 보지는 않는다. 괴물의 모습에 대하여 처음에는 낯설었던 것에 친숙해지면서 점차 새로운 의미로 탈바꿈되고, 새롭게 등장하는 현대적 괴물에 대해서는 낯선 선뜩함을 발견하게 되는 것이다.

3) 동양의 괴물

괴물에 관한 논의를 할 때 인도의 종교와 분리하여 생각할 수 없다. 인도는 다신교이고 그중에서 힌두교의 영향이 가장 크다. 힌두교의 경전인 베다와 리그베다를 보면 인도 신화에 등장하는 신의 숫자가 6억이나 된다. 인도에 존재하는 자연과 우주의 현상은 신으로 설명할 수 있다. 힌두교 안에서는 원시적인 정령 숭배와 주술, 다신교와 일신교, 고행, 신비주의 그리고 고도로 발달된 사변적 체계에 이르는 거의 모든 형태의 종교를 발견할 수 있다. 힌두교는 단순히 하나의 종교라기보다는 힌두의 사회·관습·전통 등 모든 것을 포괄하는 힌두의 생활 방식이자 문화의 총체이다.

그런데 힌두교 신의 형상은 모두 평범한 인간의 모습이 아니라 반인반수이거나 동물의 형상에 가까운 이질적 존재로 묘사되고 있다. 힌두교 신화에 등장하는 가장 유명한 신은 브라마[梵天]·비슈누·시바 등 세 신이다. 이 세 신은 삼위일체적으로 '트리무리티(trimriti: 三柱의 神)'라고 불리며, 각각 우주의 창조·유지·파괴를 주관한다고 한다. 이 가운데 브라마는 신자를 모은 일도 드물었으나, 비슈누와 시바 두 신은 많은 교도를 모아 힌두교의 2대(大) 종파를 형성하였는데, 이에 관한 수많은 신화가 전해지고 있다.

[그림 4] 힌두교의 3대 신의 형상

| 브라마 | 비슈누 | 시바 |

(출처: https://100.daum.net/encyclopedia/view/87XX78100004)

먼저 창조의 신 브라마는 우주가 시작될 때 비슈누의 배꼽에 있는 연꽃 속에서 스스로 태어났다고 한다. 동서남북을 향한 4개의 얼굴과 연꽃 위에 앉은 모습으로 표현된다. 다음으로 비슈누는 태양신으로서 제식(祭式)과 관련이 있어 명랑하고 정통적인 색채가 농후한 데 비해, 시바는 산중에 있으면서 가축 떼의 우두머리로서의 원래의 성격이 반영된 탓인지 제사의 적이며, 흉폭하고 음산한 양상을 띠고 있다.

대해(大海)의 바닥에서 신비(神妃) 슈리 라크슈미[古祥天女]를 껴안고 뱀의 왕 셰샤를 베개 삼아 편안히 잠자고 있는 비슈누는 여러 신들의 근원이라고 할 수 있는데 보통 4개의 팔에 각각 연꽃, 소라 껍데기, 원반, 철퇴를 들고 커다란 금시조인 가루다를 타고 다니는 것으로 묘사된다. 세상의 모든 선을 보호하고 지속시키는 평화의 신으로 힌두교도들에게 가장 인기가 많다. 유사시에는 신들의 청을 받아들여 악마를 물리치고 정의를 지킨다.

시바 신은 파괴와 창조의 신으로 여겨지는데 링감(남근상)의 모습으로 숭배된다. 파괴는 곧 창조이며 창조는 남근 숭배로 이어지기 때문이다. 눈이 셋이고 피부가 파란색인데, 이는 세상을 구하기 위해 악마가 풀어 놓은 독을 마셨기 때문이다. 목에 뱀을 두른 채 삼지창을 들고 난디(Nandi)를 타고 있는 모습으로 묘사된다. 시바 신은 요괴와 괴물의 우두머리로서, 화장터를 방황하며 전신에는 시체의 재를 바르고 코끼리 가죽을 걸치고 있으며, 대사(大蛇)를 띠로 두르고 심산영봉인 카이라사에서 심한 고행을 하는가 하면, 히말라야산의 딸 우마와 파르바티 등을 아내로 삼는다.

인도에서의 신은 복잡하고 부조리한 인간의 삶을 이해하기 위하여 인간을 초월한 존재에 대한 믿음으로 형상화한 것이다. 논리의 세계, 즉 이성의 세계와는 차원을 달리하여 설명할 수밖에 없는 자연과 인간의 모순을 괴물 형상을 한 초월적 존재를 통해 받아들이고자 한 것이다. 이렇듯 인간과 괴물 형상을 한 신, 자연은 인도인의 삶에 공존하고 있다.

한국과 문화적 연원이 가까운 몽골의 괴물 '망가스'를 통해 괴물이 갖는 사회·문화적 함의를 또 다른 관점에서 살펴볼 수 있다. 몽골 영웅 서사시의 주요한 신화적 형상 중에서 괴물(Mangas) 캐릭터를 대상으로 그 형상적 특징과 상징적 의미를 살펴보고자 한다.

몽골의 망가스 캐릭터는 영웅서사시뿐만 아니라 도목(신화·전설), 울게르(설화·민담) 등 몽골의 구비문학 장르에서 다양하게 형상화되어 왔다.[32] 망가스는 원래 형체가 없는 영적 존재로 본다. 망가스 형상은 무형무체인 정령(Сунс)의 상징물체이기 때문에 열린 신화적 상상력의 기회를 제공한다.

망가스는 몽골의 영웅 서사문학에서 선한 영웅의 적대 세력인 '악'의 상징물로 그려진다. '악'은 사람들에게 공포의 대상이면서 경외의 감정을 느끼게 하는 '독쉰(догшин: 사나운·잔혹한)'의 성향이 강하게 그려지고 있다. 망가스의 형상을 논하기 위해서는 '쉬데트(ШИДЭТ: 환상성·마법성)'와 '독쉰(догшин: 사나운·잔혹한)'의 요소를 추출하여 보아야 한다.

망가스의 개념과 관련해서는 그 어원에 대한 몽골 학자들의 몇 가지

---

32 이선아, 이성규(2010). 몽골 영웅 서사시에 나타나는 괴물의 형상과 의미 연구. 『몽골학』 제 31호, 188쪽.

논의를 언급할 수 있다. 통상 알려진 망가스에 대한 기본적인 개념은 '악'이다. 이와 관련하여 몽골의 대표적인 신화학자인 돌람(С.Дулам)은 망가스라는 단어가 어원상 '모(Mayu: 나쁜 · 악)'라는 단어에서 기원하였다고 보았고, 현대 오이라트 방언에서 아직까지 여자 망가스를 '모오스(Myyc: 불 · 도둑 · 여자 · 요괴)'라고 부르는 것에 주목하였다.[33]

망가스 형상에 대한 문학적 해석은 유럽의 영웅 신화에서 보이는 영웅의 적대 세력 '몬스터'에 대한 이해와 같은 관점으로 볼 수 있다. 유럽의 중세 시대에는 규범에서 벗어나 일반적이지 않은 범주를 '악'이라고 간주하였고 기형적 인간의 형상을 극대화시켜 '추'의 범주로 지칭하였는데, 이러한 '악'과 '추'의 개념이 몬스터와 같은 괴물을 표상하는 것이다.

돌람(С.Дулам) 역시 이러한 시각에서 '망가스'는 이 세상 사람들에게 재앙과 재난을 불러오는 상상의 형상으로, 주로 몽골의 서사시와 구비문학 자료에서 주인공의 적대 세력으로 등장한다[34]고 하였다. 내몽골 학자 자가르(Жагар)는 몽골 문학에서의 주동인물인 영웅의 형상이 진 · 선 · 미를 대표하는 대상이라면, 망가스 형상은 거짓 · 악 · 추를 대표하는 당대인이 혐오하는 미학적 정서를 드러내는 구체적인 표현으로 보았다.[35]

몽골 영웅 서사시에서 몽골 설화의 '쉬데트(ШИДЭТ: 환상성 · 마법성)'에 의해 극대화된 망가스 형상의 본질은 '아무리 좋은 선이라도 악

---

33 앞의 논문. 190쪽.

34 센덴자브 돌람 저. 이평래 역, 『몽골신화의 형상』, 태학사, 2007, 273쪽.

35 이선아, 이성규(2010). 몽골 영웅 서사시에 나타나는 괴물의 형상과 의미 연구, 『몽골학』 제31호, 193쪽.

의 그림자가 드리워져 있고, 아무리 나쁜 악이라도 선의 광명이 있다'
는 관점에 의하여 이분법적인 선악의 관념으로부터 보다 자유롭게 해
석될 수 있다.

몽골의 창세신화에서 보이는 다양한 신격들의 양상에서 보면, 원래부
터 '악한 신격'이 있는 것이 아니라 '선한 신격'이었던 것이 부조리한 상
황에서 쫓겨나는 신격이 되는 경우가 있다. 이들 쫓겨난 신격은 지상에
서 갈기갈기 찢겨져 '선한 신격'을 신봉하는 인간에게 위해를 가하는 마
법의 정령, 망가스로 부활하게 된다. 그런 관점에서 보면 망가스의 본
질은 '악'이 아니라 원래는 '선한 신격'이었으나 하늘나라에서 '쫓겨난 신
격'으로 보아야 하겠다. 인도 신화의 인드라[36]나 힌두신화의 아수라[37]처
럼 신화적인 차원에서 보았을 때 망가스 형상은 절대적인 적대 세력으
로 볼 수만은 없다.

괴물 서사에 대한 일본의 대표적인 논의를 살펴보면 '백귀야행(百鬼
夜行)'이라는 단어가 친숙한 일본의 사회문화적 배경에서는 다양한 요
괴들의 이미지가 민담이나 출판물로 생산되었다. 서민 대중들 사이에

---

36 산스크리트어로 '강력한', '강한'이라는 뜻이며, '인다라(因陀羅)'라고 음역된다. 고대 인도신
화에 나오는 전쟁의 신이다. 인도에 침입해 원주민들을 정복한 아리아인들의 수호신으로서,
천둥과 번개를 지휘하고 비를 관장한다. 천공(天空)의 신 디아우스와 대지(大地)의 여신 프
리티비의 아들로 알려져 있다. 다갈색의 건장한 체구로 우주를 제압하고 폭풍우의 신 마루
트(Marut)를 수행원으로 거느린다. 천둥과 번개, 금강저(金剛杵)를 무기로 악마를 물리치며
천계(天界)를 수호한다. [인드라(Indra, 帝釋天)](두산백과)

37 전쟁이 끊이지 않는 아수라도에 머무는 귀신들의 왕이다. 아수라는 아소라(阿素羅)·아소락
(阿素洛)·아수륜(阿素倫) 등으로 음역되며 수라(修羅)라고 약칭하기도 한다. 귀신들의 왕으
로 얼굴이 셋이고 팔이 여섯이며 아귀의 세계에서 싸우기를 좋아한다고 한다. [아수라(阿修
羅)](문화콘텐츠닷컴 '문화원형백과 한국의 불화', 2002, 한국콘텐츠진흥원)

서 괴물 이야기가 즐겨 소비되었고, 전통 예능의 소재로 많이 사용되어 왔다.

등이나 촛불을 켜 놓고 둘러앉아 돌아가며 괴담 이야기를 하는 햐쿠모노가타리(百物語)가 무로마치 시대부터 인기를 끌었고, 에도 시대에도 괴담 붐이 일었을 정도로, 이계(異界)·이형(異形)의 존재는 일본어 문화권의 상상력 속에서 중요한 자리를 차지해 온 것이 사실이다. 이와 같은 이형의 존재들을 둘러싼 상상력은 주로 원한, 죽음, 혼령, 복수 등의 장치를 사용한 괴담의 형태로 유형화되었다.

괴물을 소재로 한 일본의 대표적인 SF 문학 작가인 아베 고보(安部公房)는 괴기 취미와 SF의 차이를, 그 괴물이 단순한 괴물인가 아니면 현실을 도려내기 위한 '가설'[38]인가로 구분하며, 포우의 괴물이나 셸리의 『프랑켄슈타인』에 등장하는 괴물을 단순한 괴물이 아니라 과학적 상상력에 앞서 비판적 상상력이 요구되는 '가설'적인 존재로 보았다. 일본의 근대 인기 괴담 작품의 하나인 라쿠고가엔초(落語家円朝)의『신케이카사네가부치』(1859)[39]는 '가설'이 없는 괴담의 한 예로 등장한다.

---

38 이선윤(2014).『아베 고보와 이형의 신체들』. 서울. 그린비. 174쪽. 가설은 본래 과학 용어로서 현상이나 법칙을 발견하기 위해 설정하는 임시적인 설을 말한다. 이 '가설'을 문학에 적용함으로써 기존의 규범적 질서를 의문에 부치고 또 그 이면을 폭로해 낼 수 있다는 것이다. 괴뢰국가 만주에서 유년기를 보내고, 전후 일본의 허위성에 분노하며 공산당 당원으로 활동하기도 했던(당 내부 모순 비판을 계기로 1962년 제명) 아베 고보는 "혁명의 예술은 예술의 혁명이어야 한다."는 마니페스토를 내걸고 자신의 전위 정신을 오롯이 표현해 주는 방법론으로서 '가설의 문학'을 제시했던 것이다. 따라서 가설의 문학에서는 과학적 상상력에 앞서 비판적 상상력이 중요하다. 이는 전후 일본 최초의 본격 SF 장편소설로 평가받는 『제4간빙기』(1958-1959)에서도 명료하게 드러나고 있다. 아베는 이 작품에서 기계에 의해 인간의 출산과 보육마저도 관리되는 미래를 그려 보임으로써, 미국과 소련의 냉전이 본격화한 1950년대, 자본과 테크놀로지가 결합해 변화해 가는 지배의 양상을 반영하고자 했던 것이다.

39 1859년 첫 상연되었으며 1888년에는 단행본으로 출판되었다. 살인사건을 발단으로 자손들이 차례로 불행한 삶을 걷게 되는 전반부와 영주의 아내에 대한 연모를 발단으로 전개되는

'괴물' 소재의 서사 텍스트는 유령의 등장이나 신체의 이상이나 변화, 관습적으로 예측 가능한 서사 구조를 파괴하는 돌발적 사태의 배치 등을 통해서 효과적으로 형성된다. 아베는 문학사상의 공상적 작품군 중 상투적 괴담 등을 제외한 비판적 상상력의 가능성을 지닌 텍스트들을 '가설의 문학'이라고 명명하였다. 아베는 남들은 전혀 리얼리티를 느끼지 않던 공상과학 소설에 깊은 관심과 지지를 표명하고[40] 괴물이라는 소재를 통해 공상이나 비현실의 세계를 현실에서 출발한 또 하나의 가능성으로 보았다.

괴물을 소재로 한 설화는 여러 지역에 걸쳐 공통적 화소를 갖고 있다. 한국과 러시아의 설화를 비교해 보면 동서양 괴물의 역사적 연원과 유사성을 발견할 수 있다. 불멸의 코시체이[41]는 러시아 민담에 자주 등장하는 요괴 중 하나이다. 코시체이는 인간에 대한 적대감, 사회 질서의 파괴, 폭력 등과 연관되는 부정적 등장인물이며 특히 공주 혹은 여성 주인공을 납치하거나 감금하는 요괴로 묘사된다.

그런가 하면, 한국의 설화 중에도 러시아의 코시체이 민담과 대단히 유사한 정보 탐색 과정과 역동적인 적대자 제거 과정이 나타나는 이야기가 존재한다. 한국의 지하국대적제치설화(地下國大賊除治說話)[42]는

복수극인 후반부로 구성되어 있다.

40 이선윤(2013). 아베고보와 '괴물성'의 문학. 『일어일문학연구』 제88집. 184쪽.

41 잔인하고 파괴적인 혼돈 악 성향의 거인. 최대 수명은 250세. 신장은 평균 15피트(약 457 cm), 체중은 평균 2,800파운드(약 1톤)다. 거주지로는 폭설이 휘몰아치는 혹한의 극지방을 선호하며, 얼어붙은 동굴이나 거친 성채를 그들의 보금자리로 삼고 '야를(Jarl)'이라 불리는 지도자를 따른다.(출처: https://namu.wiki/w/%EC%84%9C%EB%A6%AC%20 %EA%B1%B0%EC%9D%B8)

42 지하국에 사는 괴물을 퇴치하고 납치된 여자를 구해 내어 혼인하게 된다는 내용의 설화. 신

제목에 나타난 것과 같이 남성 주인공이 납치된 여성 주인공을 구출하기 위하여 땅 밑으로 적대자를 찾아가 제거하고 여성 주인공을 되찾아오는 이야기이다.

러시아와 한국 설화 양쪽에서 공통적으로 지하세계는 인간이 거주하는 이승의 공간과 유사한 자연을 배경으로, 주로 건축물들이 더욱 신비하거나 크고 훌륭한 모습을 하고 있다. 그러나 그곳에서 주인공이 맞서게 되는 적들은 인간이 아니다. 그러므로 비인간 괴수인 적들이 주로 살아가는 공간은 인간 세계의 지형과는 질적으로 다른 저승의 형상을 하고 있는 것이다.

4) 현대 괴물관의 변화

시대에 따라 괴물의 형상은 변해 간다. 하지만 근본적으로 괴물은 그 사회가 채 소화할 수 없는 이물적인 요소, 동화될 수 없는 타자에 대한 불안감을 표상하고 있다. 그것이 신성일 수도 있고 광기일 수도 있고 적대일 수도 있다.

괴물이 언급되는 사회를 들여다보면, 사회적 트라우마로 인해 불합리한 공포가 만들어진 것을 볼 수 있다. 허물어져서는 안 되는 것이 무너지고, 구조될 수 있는 사람들이 구조되지 못하는 불합리함이 주는 공포

이담(神異譚)에 속하는 설화 유형이다. 자료집에 따라서는 「괴물(혹은 독수리)에게 납치되어 간 세 미녀」·「금돼지(혹은 미륵돼지)의 자손 최치원」 등으로 되어 있기도 하다. (출처: 조희웅(1996). 『한국설화의 유형』. 일조각.)

와 마주했을 때 인간은 압도적인 무기력감을 느끼게 된다. 안전망이 확보된 사회가 아니라 러시안 룰렛과 같은 확률의 세계에서 살고 있다고 느끼는 불합리한 공포야말로 세상에서 만날 수 있는 괴물인 것이다.

중세의 마녀 사냥에서 수많은 사람이 마녀로 몰려 무고하게 불타 죽은 것은 십자군 원정 실패로 인한 사회적 불안의 짐을 지울 희생양이 필요했기 때문이다. 기형아가 태어나거나 전염병이 돌거나 대기근이 닥쳤을 때, 사람들이 찾았던 것은 '위로'가 아니라 '이유'였다. 감당하기 어려운 거대한 불행이 닥치면, 그것이 아무리 허황된 것이라도 자신에게 닥친 사건을 납득할 만한 이유가 필요했던 것이다.

근대문화에서 괴물은 그 기괴한 외형보다 인간 내면의 통제 불가능한 측면을 지시하는 것으로 심화되어 간다. 오늘날의 대중문화는 우리가 사이코패스, 정신병자, 소시오패스, 분노조절장애자 등 보통 사람과 동일한 외양을 지닌 어쩌면 인간 모두가 포함될 수 있는 진짜 괴물들에 둘러싸여 살고 있음을 보여 준다. 브램 스토커의 서사에 등장하기 시작하는 드라큘라 백작은 독점 자본가로 진화하고 있는 괴물이다. 드라큘라 백작은 일반 노동자뿐만 아니라 다른 자본가들에게도 위협이 되는 존재이다. 부르주아마저도 두려워하는 독점 자본의 상징이 드라큘라 백작의 모습이다.

뱀파이어는 좀비와 더불어 현대 괴물 서사의 주인공으로 가장 많이 등장하는 존재이다. 괴물이라는 표현이 어색할 정도로 아름다운 외모를 갖추고 있다. 공작이 암컷을 유혹하기 위해 비단보 같은 깃을 펼치듯이 뱀파이어들은 먹잇감을 끌어들이기 위해 성적 매력을 발산한다.

대중문화 속의 뱀파이어는 성별과 상관없이 유혹자로 여겨진다.

그리고 새롭게 등장한 괴물인 좀비는 다양한 함축성을 지닌다. 서구 문화의 영향으로 2000년대 이후 한국 영화에 등장한 좀비에 관한 사회문화적 분석은 한국 사회의 사회문화적 현상에 대한 심층적인 통찰을 요구한다. 좀비에 관한 논의는 뒤에서 영화 속 좀비의 이야기를 통해 좀 더 다루어 보겠다.

괴물이 갖는 다양한 의미는 두려운 자연과의 만남, 사회적인 갈등 등을 겪으며 그것을 감내해 가는 인간 집단의 무의식 속에 자리 잡고 있는 인간 스스로를 통찰하는 인식의 방식으로 드러나게 된다. 괴물에 대한 분석과 이해는 결국 세상과 만나며 인간이 접하는 낯선 존재와 관련된 태도를 보여주는 것이다. 결국 괴물이 무엇인가 하는 질문은 인간은 어떤 존재인가 하는 질문과 연결되어 있으며, 괴물이 나타나는 사회에 대한 통찰은 시대에 나타나는 징후에 대한 문화적 인식이라고 볼 수 있다.

5) 영상 콘텐츠 속 괴물

영상이란 한편으로는 직접 지각되거나 물질적으로 존재하는 상(picture)을, 다른 한편으로는 시각적 자극 없이도 환기될 수 없는 정신적인 상(image)을 지칭한다.[43] 현대에는 다양한 영상 콘텐츠가 괴물의 이미지를 형상화하고 있는데, 게임 캐릭터는 문학이나 예술 속 등장인

---

43 강인규 외(2002), 기호학으로 세상 읽기, 서울: 소명출판, 340쪽.

물과는 성격을 달리한다.

문학 작품 속 등장인물은 독자나 관객이 그를 바라봄으로써 동일시나 감정몰입이 이루어지지만, 게임 캐릭터가 게이머에게 가져다주는 일체감과는 거리가 멀다. 게임 캐릭터는 기존 스토리텔링과 달리 자신의 캐릭터를 성장시키고, 게이머의 감정이입과 컴퓨터 또는 이용자 간의 상호작용을 통해 이루어진다는 점에서 몰입과 일체감이 가장 강한 서사 구조라 할 수 있다.

게임 속 괴물은 제거해야만 하는 동시에 게이머가 선택한 캐릭터를 성장시키고, 서사를 진행시켜 나가기 위해 수행해야 할 목표이기도 하다. 목표 달성을 통해 캐릭터를 성장시키는 게임의 특성을 감안한다면, 괴물은 제거해야만 하는 타자로서의 역할뿐만 아니라 공간성이 강조된 게임 서사를 구축하는 주요 장치로 작용하고 있다.

'바람의 나라'(넥슨)의 구미호는 전우치와 함께 무녀의 잃어버린 기억을 찾아 나서는 괴물 캐릭터로, 인간들의 배신에 마음의 상처를 입고 달빛 동굴에 숨어 지내던 도중 주인공을 만나 새로운 모험을 떠나게 된다는 것이 게임의 주된 서사이다. 이러한 게임에 등장하는 괴물의 이미지는 기존의 설화나 소설 속에 등장하는 괴물의 특성과 매우 다르게 나타난다. 또한 같은 영상매체인 영화에 등장하는 괴물의 특성과도 다르다. 게임 콘텐츠 속에 등장하는 괴물과 같은 장치는 관객의 입장에서 보면 공포라기보다는 쾌락의 성격이 강하다.

한국의 괴물 영화에 등장하는 괴물은 대부분 악한 존재로 묘사된다. 괴물은 또한 시대의 징표이기도 하다. 예를 들어 〈대괴수 용가리〉

(1967)의 용가리는 한국전쟁의 공포를 재현하고, [44] 〈괴물〉(2006)의 돌연변이는 산업화 및 경제개발 과정에서 나타난 문제점, 나아가 왜곡된 자본주의적 욕망을 보여 주고 있다. [45]

1960년대 후반에 제작된 〈우주괴인 왕마귀〉(1967)와 〈대괴수 용가리〉부터 2000년대 작품인 〈괴물〉, 〈차우〉(2009), 〈7광구〉(2011)에 이르기까지 괴물 영화의 기본 구도는 영웅적인 인간과 괴물의 대결로 압축된다. 이들 영화에서 괴물은 강력한 적대자로 등장한다. 이로 인해 괴물 퇴치는 주인공의 최대 업적이 되며, 괴물 퇴치 과정은 영웅 모험담의 성격을 지니게 된다. [46]

그런데 〈옥자〉(2017)와 〈미스터 고〉(2013)는 국내 괴물 영화의 새로운 양상을 보여 주는 작품이다. 두 영화의 특징은 착한 괴물과 소녀 영웅의 출현으로 요약할 수 있다. 〈옥자〉와 〈미스터 고〉에서는 10대 소녀 영웅과 착한 괴물이 짝을 이루어 왜곡된 자본주의적 욕망에 사로잡힌 '인간 괴물'과 맞서 싸운다. 리처드 커니는 우리가 괴물에 응답하는 방식은 괴물을 악마화하거나 혹은 신격화하는 것이라고 말한다. [47] 〈옥자〉와 〈미스터 고〉는 괴물의 악마화에 치중해 온 전형적인 괴물 영화와 달리 사악한 인간과 맞서 싸우는 착한 괴물을 선보인다.

한국 괴물 소재의 서사 중에는 여자 괴물이 등장하는 경우가 있다.

44 허지웅(2010). 『망령의 기억: 1960−80년대 한국공포영화』, 한국영상자료원, 61쪽.

45 임정식(2017). 괴물 영화에 나타난 영웅 탄생의 새 양상−〈괴물〉, 〈차우〉, 〈7광구〉를 중심으로, 『한민족문화연구』 59집, 한민족문화학회, 10쪽.

46 장덕순(1995). 『한국설화문학연구』, 박이정, 37쪽.

47 리처드 커니. 앞의 책, 78쪽.

억압된 사회에서 자아를 드러내는 기능성을 보여 주는 소재인 것이다. 1960년대 이전까지 한국의 괴물은 가부장제 안에서 억압받던 여성이 귀환한 여성 괴물이었으며, 여성 괴물 대 남성 희생자의 대립 구조도 취하고 있지 않다. 굳이 분석의 틀을 적용해 본다면, 여성 괴물과 여성 희생자가 중첩되는 독특한 서사 전략을 채택하고 있다. 한국 영화의 괴물 서사는 여성이 유발하는 경계적 성향을 적극적으로 활용하여 구축된 서사물이라 할 수 있다.

한국의 괴물 영화 가운데 한국 사회의 구조 내에서 기획되고 규정되는 여성의 젠더적 특징을 잘 드러내는 영화가 있다. 박찬욱의 〈박쥐〉(2009)와 봉준호의 〈마더〉(2009), 장철수의 〈김복남 살인 사건의 전말〉(2010)에 등장하는 여성들을 통해 보여 주는 젠더적 특징이 한국 영화에서 여성 괴물 서사를 구축하고 있다.

앞에서 괴물을 소재로 한 서사물이 서양과 동양에서 어떻게 생산되어 왔는지, 고대로부터 현대까지 끊임없이 재생산되는 양상에 대해 살펴보았다. 그리고 동서양의 괴물에 대한 관점에 대해서 비교해 보았다. 괴물에 대한 인식의 변화를 살펴보면 다양한 장르의 콘텐츠 속에서 괴물은 선과 악, 혹은 정상과 비정상의 이분법적인 구도로서 파악하기에 너무나 복잡한 이질적인 존재로 나타나고 있다.[48]

고대 이집트와 그리스 · 로마에서는 괴물에 대해 서로 다른 태도를 보

---

48 "괴물은 선/악과 같이 이분법적 체계로 환원되지 않고 그 대립항들을 넘나드는 이중적인 존재이다.", "정치적 공간에서의 괴물은 새로운 사회 질서가 가져다주는 혼란과 무질서의 상징이다." 권선희(1998). 괴물성의 정치학: 프랑켄슈타인을 중심으로, 경희대학교 대학원 영어영문학과 석사논문, 5쪽, 12쪽.

였다. 서사물 속에 그려진 괴물에 대한 관점에도 차이가 있는데, 이는 자연철학의 차이에서 비롯된다. 이집트 문화권에서는 여러 종(species)들 간 친족성을 받아들인 반면, 그리스·로마에서는 종족들 간 분류에 큰 관심을 가졌다. 그리스도교를 기반으로 하는 서구의 중세 시대에는 신의 영역을 표현하기 위해 괴물의 영상을 사용하기도 했지만 반면에 괴물을 악의 영역이나 범죄자와 연관하여 생각하기도 했다. 그러면서 동시에 괴물 개념은 악마성을 토대로 풍성함을 얻을 수 있었다.

인간의 인식에서 실체적 개념으로 생성되었던 괴물은 점차 상상의 영역으로 자리를 옮기게 된다. 특히 18세기 괴물의 존재는 자연에 대한 다양한 사고를 자극시키는 계기가 되었다. 괴물의 존재는 여러 종들 간 연결성이 있다는 증거로서 제시되었다. 즉, 괴물은 자연의 실수나 결함이 아니라 자연을 관찰할 수 있는 일종의 도구로서 간주되었던 것이다. 19세기 이후 괴물은 좀 더 다양한 양상으로 문학 텍스트 속에서 재생산되었으며, 20세기 이후에는 영상 콘텐츠를 통해 확산되어 갔다.

6) 괴물에 대한 다양한 관점

괴물로 지칭되는 존재는 앞에서 본 것처럼 다양한 관점으로 규정되고 다양한 의미로 사용되고 있음을 알 수 있다. 이를 정리하면 [표 6]과 같다.

[표 6] 괴물에 대한 다양한 관점

구분	괴물로 지칭되는 대상	의미 용례
monstre (라틴어) Ungeheure (독) monster (영어) 괴물 이물 물괴 (한국어)	비정상적인 사람으로 정상의 사람에게 경고하는 존재	미래에 닥쳐올 재난을 경고
	기이한 존재, 사람들의 시선을 끄는 낯선 존재	낯설음과 혐오감을 일으키는 부정적 의미
	외면상 드러나는 놀라운 시각적 요소를 지닌 존재	
	괴상하게 생긴 물체나 괴상한 사람, 크고 끔찍하고 두려움을 야기하는 동물·물체	생명과 자연을 파괴하고 질서를 어지럽히며 인간에게 해를 끼치는 초월적 능력
	참혹한 역병, 무차별한 재난	
	질서를 파괴하거나 인간을 해칠 수 있는 위험한 사물	
	추한 존재	이질적 존재를 타자화
	흉물스럽고 기이하게 생긴 특정 생명체	
	공포스러울 정도로 비자연적이거나 거대한 규모의 존재, 본성을 알 수 없거나 본성을 초과해 버린 존재	초월적 존재
	괴물 같은 사람, 괴기스러운 존재	인간이 행하는 행동이나 사건의 흉물스러움
	고대 이집트의 신과 같은 미지의 존재 혹은 신비한 존재	초월적 존재, 신성한 존재
	동양의 신화 속에 나오는 반인반수, 반신반인, 반신반수	
	고대 그리스 신화에 등장하는 반인반수 혹은 반신반인, 베어울프에 등장하는 용	적대자, 악
	드라큘라, 뱀파이어, 하이드, 귀신, 좀비 등	자아와 타자/정상과 비정상의 이분법적 경계를 벗어난 미지의 존재
	도덕적 관념으로 납득하기 어려운 내부의 충동	무의식적 욕망, 자아의 일부가 밖으로 드러남

지금까지 논의된 괴물에 대한 개념을 정리해 본다면 다음과 같은 결론을 내릴 수 있다. 죽음과 삶, 창조자와 피조물, 자연과 문명, 인공과 자연, 남성과 여성, 주체와 객체, 인간과 자연 등 세상의 이분법적 경계를 벗어난 미지의 존재이다. 이는 "애매모호한 미결정적 존재"의 "위협적 타자성"이나 "피조물의 타자성에 대한 공포와 혐오"[49]로 표현된다.

즉, 괴물은 어떤 단일한 개념으로 설명되지 않는 "잉여"[50]의 존재이자 고립되고 일관된 규정을 회피하는 존재이다.[51] 이런 맥락에서 괴물의 괴물성을 이질적 존재를 타자화하는 경향, 즉 하층 계급에 대한 억압, 여성에 대한 적대감, 인종차별주의, 이방인 배척과 관련시킨 설명[52]들은 적합하다.

그리고 괴물성이란 다른 존재와의 관계성 결여, 즉 격리[53]라 할 수 있다. 애초에 괴물은 그 타자성으로 인해 철저히 홀로 존재하는 외로운 존재라는 점이다. 다수의 집단 안에서 홀로 드러나는 비정상성, 미지의 존재로서 규정할 수 없는 '그 무엇'으로 인해, 다수라고 지칭되는 다른 존재와 소통할 수 없고 그 사회 안에 수용되지 못하는 이질적 존재를 괴물로 인식하는 것이다.

49 홍성주,(2003). 『프랑켄슈타인』과 〈메리 셸리의 프랑켄슈타인〉에 나타난 출산의 괴물성. 문학과 영상 4.2.

50 Botting, Fred. Reflections of Excess: Frankenstein, the French Revolution andMonstrocity. Reflections of Revolution. Eds. Yarrington and Everest. London & New York: Routleddge, 1993.

51 Lipking, Lawrence. Frankenstein, the True Story: Or Rousseau Judges Jean-Jacques.Frankenstein. Ed. Paul Hunter. New York: Norton, 1996.

52 이선주(2017). 포스트휴먼 관점에서 본 『프랑켄슈타인』. 19세기 영어권문학 21.1

53 Brooks, Peter. Body Work: Objects of Desire in the Modern Narrative. Cambridge:Havard UP, 1993.

3부

영화 속
괴물의 양상

1

∼

영화 속 괴물의 여러 모습

시대의 변화에 따라 등장하는 괴물이 갖는 다양한 의미는 두려운 자연과의 만남, 사회적인 갈등 등을 겪으며 그것을 감내해 가는 인간 집단의 무의식 속에 자리 잡고 있는 인간 스스로를 통찰하는 인식의 방식으로 드러나게 된다. 괴물에 대한 분석과 이해는 인간이 세상과 만나며 접하는 낯선 존재에 대한 태도를 보여 주는 것이다. 결국 괴물이 무엇인가 하는 질문은 인간은 어떤 존재인가 하는 질문과 연결되며, 괴물이 나타나는 사회의 통찰은 시대에 나타나는 징후에 대한 문화적 인식이라고 볼 수 있다.

괴물에 대한 세계 여러 지역과 역사적인 인식의 변화를 더듬어 보면 다양한 장르의 콘텐츠 속에서 괴물은 선과 악, 혹은 정상과 비정상의 이분법적인 구도로 파악하기에 너무나 복잡한 존재로 나타난다. 괴물의 외형에서 이질성을 인식한 고대 서구 세계의 관점에서 본다면, 추한 괴물은 악한 존재로 형상화되는데 이때 괴물은 인간 내면에 자리 잡고 있는 악한 본성이 극대화된 존재라는 것이다.

플라톤은 『국가』에서 추(醜)는 조화의 결여로 이해되는 것으로 영혼의 선(善)에 반대된다고 주장했고, 젊은이들에게는 추한 것들에 대한 묘사를 삼가라고 권고했다. 그러나 근본적으로는, 각각에 해당하는 이데아에 적합한 한, 모든 사물에 어울리는 미의 등급이 존재한다는 것을 인정했다. 스토아학파의 마르쿠스 에우릴리우스는 추(醜)조차도, 빵 한 덩이에 생긴 균열 같은 불완전함조차도, 전체의 만족감에 한몫한다는 것을 인정했다.[1]

괴물의 외형에 관련된 이질성은 정상과 비정상의 잣대를 적용하여 비정상이라고 분류하는 대상에 편견을 갖도록 유발하는데, 이는 다분히 사회문화적인 측면이 있다. 따라서 개인적인 차원에서 자기 자신의 인식에 관한 정서적인 반응인 나르시시즘과 달리 괴물성에 대한 인식은 사회적으로 규정되는 측면이 있다.

괴물이라는 존재에 대한 인식은 사회 안에서 구성원과 정서적으로 단절된 상태에서 다수의 집단 안에서 홀로 드러나는 비정상성, 미지의 존재로서 규정할 수 없는 '그 무엇'이라고 할 수 있다. 이로 인해 다수라고 지칭되는 다른 존재와 소통할 수 없는 사회 안에 수용되지 못하는 이질적 존재가 괴물로 인식되는 것이다. 괴물에 대한 이러한 인식은 사회 안에서 이질적 존재를 타자화하는 경향이 나타날 때 경제적 지위나 사회적 계급에 따른 억압, 여성에 대한 적대감, 인종차별주의, 이방인 배척과 관련된 현상으로 나타날 수 있다.

2000년 이후의 한국 영화에서는 전통적인 괴물에 대한 관점을 계승하면서 한편으로는 새로운 문화적 현상으로 괴물에 대한 관점의 변화를

---

1 에코, U.(2008). 『추의 역사』. 오숙은 옮김. 열린책들. 30쪽.

나타낸다. 한국 영화 속의 괴물은 사회적인 상황과 문화적인 현상의 변화와 이슈를 제시하고 있다.

그러므로 전통적인 귀신이나 외형적으로 이질감을 주는 괴생명체나 좀비 같은 존재만이 아니라, 외형적으로는 정상적이지만 현실 속에서 만나는 사이코패스와 같은 존재도 새로운 관점의 괴물이 될 수 있다. 사이코패스는 일상 속에서 요구되는 공공의 신뢰를 저버리는 통제할 수 없는 대상으로서 인간 내면의 괴물성을 드러내는 존재이기 때문에 공포감을 유발한다.

그중에서 서구 문화의 영향으로 2000년대 이후 한국 영화에 등장한 좀비에 관한 사회문화적 분석은 한국 사회의 사회문화적 현상에 대한 심층적인 통찰을 요구한다. 예를 들면 좀비가 등장하는 영화 〈부산행〉이나 〈곡성〉을 보면 바이러스로 인한 공포 상황을 그려 내고 있다. 바이러스를 통한 감염과 확산은 특정 상황에서 인과관계의 논리로 전개되는 것이 아니라 불확실한 상황에서 돌발적으로 발생하는 것이다. 여기에서 기인한 공포는 타인에 대한 불신을 낳고, 불신은 공포를 재생산하는 기제가 된다.

추하고 기괴한 외형의 괴생명체는 여전히 대중에게 공포감을 주는 위협적인 존재로 영화 속에 등장한다. 이질적 존재를 타자화하는 사회 내의 불평등과 차별의 대상으로서의 괴물과 소외와 배제의 대상인 괴물은 영화 속에서 끊임없이 제기되고 있는 문제이다. 현대의 영상매체에서 종종 이것은 전통적 관점의 초월적 신의 모습이나 악의 화신으로 등장하는 것이 아니라, 현실에는 존재하지 않지만 허구의 세계 속 낭만적 환상과 연결된 경우가 있다.

2000년 이후 영화와 텔레비전 드라마와 같은 영상 매체에서 매력적이고 개성 있는 존재로 변신한 괴물은 인간의 특성과 동물의 특성을 함께 지닌 다중적 존재로서 반인반수의 형태로 등장하기도 한다. 예를 들면 영화 〈늑대소년〉에 등장하는 늑대인간과 텔레비전 드라마 〈푸른 바다의 전설〉에 등장하는 인어, 〈내 여자 친구는 구미호〉에 등장하는 여우 인간 등이 그것이다. 또한 현대 영상 서사물에서는 근대의 흡혈귀 드라큘라가 화려한 외모의 뱀파이어로 변신하면서 대중에게 매혹적인 존재로 다가가기도 한다.

그런가 하면, 현대의 대중문화는 사이코패스 등 보통 사람들과 동일한 외양을 지닌, 어쩌면 대부분의 사람들이 포함될지도 모르는 진짜 괴물들이 주변에 있음을 보여 주기도 한다. 괴물은 그 기괴한 외형보다 인간 내면의 통제 불가능한 측면을 지시하는 것으로 심화된 것이다. 오늘날의 대중문화는 우리가 사이코패스, 정신병자, 소시오패스, 분노조절장애자 등 보통 사람과 동일한 외양을 지닌, 어쩌면 인간 모두가 포함될 수 있는 진짜 괴물들에 둘러싸여 살고 있음을 보여 준다.

2

✺

괴물 영화와 공포

영화는 우리 사회가 가지고 있는 감정의 굴곡을 드러낸다. 그리고 인간의 감정을 만드는 것은 영화의 중요한 작업이라고 할 수 있다. 괴물이 등장하는 영화는 관객에게 공포감을 불러일으킨다.

괴물이 등장하는 공포 영화의 기원은 '고딕(Gothic) 문학'에서 찾는 것이 일반적이다. 공포 영화는 에드가 앨런 포(Edgar Allan Poe, 1809-1849), 브램 스토커(Bram Stoker, 1847-1912), 메리 셸리(Mary Wollstonecraft Shelle, 1797-1851)와 같은 작가들로부터 영감을 받아 제작된 작품을 통해 영화의 한 장르로 자리 잡게 되었다.

1910년대 무성영화 시대부터 폴 위그너 감독의 〈프라하의 대학생〉(Der Student von Prag, 1913)[1]을 시작으로 에른스트 감독의 〈미이라 마의 눈〉(Die Augen der Mumie Ma, 1918)[2], 로베르토 비네 감독의 〈칼리가리 박사의 밀실〉(Das Kabinett des Dr. Caligali, 1919), 폴 위그너 감독의

---

1   Workman, Christopher; Howarth, Troy (2016). Tome of Terror: Horror Films of the Silent Era. Midnight Marquee Press. p.307.

2   The German Silent Period (19171922). Pola Negri Filmography. The Pola Negri Appreciation Site. nd. Archived from the original on 2 November 2013. Retrieved 28 November 2012.

〈골렘, 그는 어떻게 세상에 나왔나〉(Der Golem, wie er in die Welt kam, 1920) 등 많은 공포 영화가 제작된다.

20세기 초 독일의 표현주의 영화들에서는 타자의 모습들이 거울상으로 등장하기도 한다. 도플갱어나, 최면술사, 흡혈귀, 기계 인간, 분신 등 쉽게 수용하기 어려운 괴물성을 지닌 존재가 영화 속에 빈번히 등장한 것이다. 그리고 이런 존재들이 관객에게 공포감을 주는 이유는 영화의 서사 전개 과정에서 괴물로 등장하는 이들의 모습이 인간 내부의 억압된 무언가를 대신 드러내 주는 역할을 수행하고 있기 때문이다.[3]

또한 미국에서는 영화 〈프랑켄슈타인〉 이후, 고딕 문학에서 영감을 얻은 공포 영화 작품들이 제작되는데 1913년에는 허버트 브래논 감독이 〈지킬 박사와 하이드〉를, 1914년에는 D. W. 그리피스가 에드가 알란 포의 원작인 〈어벤징 컨션스(Avenging Conscience)〉를 발표하면서 무성영화 시대의 공포 영화 명맥을 이어 가게 된다.[4]

괴물은 독일 표현주의 영화에 영향을 받으면서 사회적으로 의식 있는 영화들이 제기한 이슈를 통해 상징적 구현으로 발전했다. 인간 내면의 야만성에 대한 재현은 괴물 캐릭터의 재현으로 넘기고, 미국의 삶에 실존하는 사회적 악으로부터 주의를 분산시키는 역할을 하였다. 예를 들면 마약중독자의 정신적 상태를 묘사한 독일 영화 〈칼리기리 박사의 밀실〉(1919)에 영향을 받은 〈휴먼 레키지〉(Human Wreckage, 1923)와 같은 영화가 그것이다.[5]

---

3 강인규 · 안정오 외(2002). 『기호학으로 세상 읽기』, 소명출판. 44쪽 참조.

4 안정오 (2012). 텍스트언어학적 상호텍스트성에 대하여, 『독일문학』 참조.

5 폴 웰스(2011). 『호러 영화 – 매혹과 저항의 역사』, 손희정 옮김, 커뮤니케이션북스. 63–67

그리고 1차 세계대전 동안 잠시간의 휴식기를 거친 미국 공포 영화계는 1925년에 발표된 루퍼트 줄리안 감독의 〈오페라의 유령〉으로 비약적인 발전을 이룩하게 되며, 그 이후 다양한 작품들이 나오면서 공포 영화가 본격적으로 영화의 한 장르로서 주목받게 된다.

유성 호러 영화의 시대가 열리게 된 것은 토드 브라우닝 감독의 〈드라큘라〉, 제임스 웨일 감독의 〈프랑켄슈타인〉이다. 미국 공포 영화에서 빼놓을 수 없는 토드 브라우닝(Tod Browning, 1880-1962)의 작품들은 괴물을 인간 내면의 동물성 안에서 정의하고, 참다운 인간이 된다는 것은 무엇인가에 대한 질문을 던진다. 〈자정 후의 런던〉(1927), 〈드라큘라〉(1931), 〈프리크스〉(Freaks, 1932) 등의 작품에서 도덕적 · 성적 혼란 상태의 괴물을 묘사하여 유사 인간 캐릭터에서 느끼는 공포감과 흥미를 유발한다. 괴물은 타자성으로 인해 공포감을 유발하는데, 그의 영화 속 괴물들은 인간과 유사한 면이 있어서 더욱 공포를 느끼게 한다.[6]

1930년대 〈화이트 좀비〉(1932)는 몽환적인 느낌을 고통스럽고 초현실적인 서사에 결합하여 죽지 않는 시체인 좀비를 처음으로 영화에 등장시켰다.

1940년대에는 밸 류턴(Val Lewton, 1904-1951)이 스릴러 장르의 영화를 다수 제작하면서 당시 관객을 공포로 몰아넣었다. 그는 영화 〈캣 피플〉을 시작으로 〈일곱 번째 희생자〉, 〈표범 남자〉 등의 B급 스릴러 영

쪽 참조.

6 앞의 책. 73쪽.

화를 양산해 내며 대중의 폭넓은 지지를 받는다.[7] 류턴의 영화에서 괴물은 육체적인 괴물성은 줄어들고 공포 영화에 등장하는 변형의 개념을 원시적 명령을 환기시키는 정신적이고 감정적인 행위로 변화시켜 이성(理性)에 대한 다양한 관점을 제시하였다.

이 시기에는 스릴러의 비중이 매우 증가했는데, 1944년에 발표된 조지 쿠커(George Cukor, 1899-1983) 감독의 〈가스등〉은 이러한 스릴러 영화의 대표적인 작품이며, 르네 클레르(René Clair, 1898-1981) 감독의 〈그리고 아무도 없었다〉 등도 공포 스릴러 영화의 중요 작품으로 인정받고 있다.

1950년대에는 전쟁 이후 사회문화적 영향이 생활에 변화를 가져왔기 때문에 괴물에게도 재설정이 이루어진다. 공포 영화에서 괴물의 스타일과 문화를 변화시키면서 크기가 과장된 괴수가 등장한다. 이 때문에 2차 세계대전을 끝내고 공산주의와 대치하는 냉전의 사회현상에서 괴물이 은유하는 바를 찾기도 한다.

1960년은 알프레드 히치콕(Alfred Joseph Hitchcock) 감독이 영화 〈사이코〉를 발표한 해이다. 이 영화에서 그려진 괴물은 은유나 신화로서의 괴물이 아니라, 인간의 자의식이 점차 강해지며 이미 결정된 사회적 구조 안에서 소외되는 현대 사회의 현실 속에서 만들어지는 것임을 보여준다. 영화 〈사이코〉는 공포 영화 장르의 포스트모던 시기의 도래를 예고하였다. 인간 스스로 통제를 넘어선 기괴한 힘과 마주하면서 영화 속 서사가 제공한 것을 제외한 도덕이나 윤리의 잣대를 적용할 수 없고,

---

7   Edmund G.B.(1995). Fearing the Dark: The Val Lewton Career. Jefferson, NC:McFarland &Co. 참조.

영화 속에서 〈사이코〉 이전에 지니고 있던 합의와 억압도 거부한다.[8]

포스트 〈사이코〉 시기는 신체적 학대와 절단이 주는 공포의 수문을 열었다. 그리고 이 시기의 영화는 가족과 보수적인 가족 가치의 고양이나 확인에 대해서는 전폭적인 붕괴를 가져온다. 순수와 이데올로기적인 중립성을 지닌 존재라고 여겨졌던 아이들이 부분적으로 자연 현상인 '악'의 증식을 묘사하거나 '악'을 지닌 존재임을 보여 주는 괴물로 등장하기도 한다.[9]

이후에 다양하게 전개되는 공포 영화의 양상을 보면, 먼저 슬래셔 영화는 폭력적인 수단으로 사람들을 체계적으로 살해하는 연쇄살인범과 관련된 이야기를 담는 공포 장르이다. 대표적인 작품으로는 〈텍사스 전기톱 살인 사건〉, 〈13일의 금요일〉 등이 있다.[10]

바디 호러 영화는 신체의 그래픽 파괴나 퇴화로부터 기인하는 공포를 다룬 장르다. 신체 공포증을 통해 부자연스러운 움직임을 포함하거나 인체의 신체 부위에서 괴물을 창조하기 위해 해부학적으로 사지를 흉측하게 재배치한다. 대표적인 작품으로는 〈비디오드롬〉, 〈데드 링거즈〉 등이 있다.

그리고 탐험, 이국적인 장소, 다른 모험 요소들을 공포적 요소와 혼합하는 영화 장르로 어드벤처 호러가 있는데 대표적인 작품으로는 〈킹

---

8 폴 웰스(2011). 『호러 영화 – 매혹과 저항의 역사』. 손희정 옮김. 커뮤니케이션북스. 121–127쪽 참조.

9 앞의 책. 138–139쪽.

10 김광철 외(2004). 『영화사전』. 미디어2.0 참조.

콩〉, 〈죠스〉, 〈카니발 홀로코스트〉 등이 있다.[11]

　이상에서 살펴본 것처럼 공포 영화 속에 등장하는 괴물은 관객을 불러 모으기 위한 단순한 전략 이상의 것을 함축한다. 관객이 경험하는 공포는 기본적으로 그가 위험에 빠진 주인공에게 갖고 있는 책임감의 수위와 관계되어 있으며, 눈앞에 재현되고 있는 두려움과 괴물에 대해 느끼는 위험과 관계되어 있다. 그래서 공포 영화는 고도의 사회적 관계성을 교묘하게 다루는 기괴하고 전복적인 서사를 수행한다.[12]

　그리고 괴물은 현실에서 대면할 수 있는 공포의 대상들을 상징적으로 제시하고 있다. 현실에서 경험하는 공포는 대다수가 형체를 지니고 있지 않은 경우가 많은 데 비해 영화 속 괴물은 관객들에게 시각적 이미지와 언어적 서사를 통해 가시화된 공포감을 경험하게 만드는 것이다. 그리하여 인간이 지니고 있는 원초적 공포를 영화를 통해 드러내는 역할을 한다.

　그런데 관객이 공포 영화에 등장하는 괴물이나 사건을 실제로 존재하거나 위협을 줄 수 있는 것으로 인식하지 않음에도 불구하고 공포의 반응을 보이는 것은 모순된 반응이라고 볼 수 있다. 이러한 문제를 인식한 래드포드(Radford, 1975)는 관객이 영화의 허구적 존재와 사건에 반응하는 것을 모순적이라고 규정하였다. 그는 다음의 세 가지 전제를 제

11　앞의 책 참조.

12　폴 웰스(2011). 『호러 영화-매혹과 저항의 역사』. 손희정 역. 커뮤니케이션북스. 20-29쪽 참조.

시하였다.[13]

① 인간이 감정 반응을 하기 위해서는 감정의 대상이 실제로 존재
   해야 한다.
② 관객이 영화를 볼 때 영화의 사건이나 인물이 실제로 존재한다
   는 믿음이 필요하다.
③ 영화는 관객의 감정을 이끌어 낸다.

이상의 세 가지 전제는 각각 틀림없는 명제이지만 서로를 조합해 보
면 모순된 결과를 낳는다는 것을 알 수 있다. 그러므로 실제로 존재하
지 않는 괴물에 대해 공포감을 느끼는 것은 괴물 그 자체가 아니라 괴물
을 통해 환기시키는 의미작용과 연관되어 있다고 볼 수 있다.

그렇다면 괴물 영화에서 괴물이 환기시키는 공포는 무엇으로부터 기
인하는 것인지 구분해 볼 수 있다.

① 살인마, 흡혈귀, 늑대인간, 살인 동물, 악마/악령, 외계인, 좀비,
   유령, 마녀, 초능력자, 괴물 등의 외부의 존재로부터의 공포
② 자연재해, 재난사고 등의 불가항력적 환경 변화로 인한 공포
③ 질병, 신체 변이, 부패, 기생생명체 등의 신체 훼손에 대한 공포
④ 인물의 내면 및 집단적 심리, 상호 갈등이 불러일으키는 심리적
   공포

13 Radford, C. (1975). How can we be moved by the fate of Anna Karerina?,
    Prceedings of the Aristotelian Society, Supplemental 49, pp67–80.

⑤ 어둠에 대한 공포, 피, 미스터리한 현상, 소리, 죽은 자 등 인간의 본능적 공포

이외에도 연쇄살인마나 정신병자, 미치광이 등도 공포 영화 소재로 자주 등장한다. [14]

이러한 구분을 통해 볼 때 ①로 기인한 공포는 전통적인 괴물 영화에서 흔히 다루는 인간이 제어할 수 없는 외부의 위력적인 존재에 의해서 환기되는 정서적 반응이라고 볼 수 있다. ② · ③ · ⑤로부터 기인하는 공포는 공포를 불러일으키는 미지의 존재나 부정적인 대상을 허구적인 상상물로 대체하는 현상이 나타나는데, 이런 상징물이 괴물로 표현되는 경우가 많다.

④로부터 기인하는 심리적 공포는 현대 공포 영화에서 많이 다루는 소재로, 새롭게 주목하는 괴물이 되고 있다. 인간 내면의 괴물성을 극대화함으로써 눈에 보이지 않는 심리적인 현상인 공포와 불안을 가시적인 존재로 구체화하는 매체로서 괴물이 존재하는 것이다.

영화 속에서는 괴물이라는 소재를 매개로 관객에게 공포감을 느끼게 하고, 인간이 공통적으로 갖는 한계 상황을 식별하게 하고, 더 나아가 영화 속 주인공이 직면하는 두려움과 연민을 자기화하는 과정을 거치게 한다[15]는 것이다.

관객은 괴물 영화를 통해 허구의 괴물이 존재함을 인식하고 괴물의

---

14 https://namu.wiki/w/%EA%B3%B5%ED%8F%AC%20%EC%98%81%ED%99%94

15 한동균(2019). 한국 공포영화의 시대별 캐릭터의 특성 및 의미분석, 『문화와 융합』제41권 3호, 221쪽.

위협적 속성이나 특성에 대한 관객의 인지적 분석 판단 등의 과정을 거쳐 공포 반응을 보이게 된다. 관객이 괴물의 존재감이나 괴물의 위협적 행위에 대한 실재감 등을 경험하는 것과 함께 그러한 존재나 행위의 위협적 의미를 인지적으로 평가하고 분석함으로써 공포 반응이 더욱 강화되고 지속된다고 볼 수 있다.

예를 들어 조지 로메로의 좀비 영화인 〈살아 있는 시체들의 밤〉에서 사랑하는 아이가 좀비가 되어 아빠를 잡아먹고 엄마를 죽이는 사건을 관객이 경험하게 된다면, 그 위협적 사건의 사회적·상징적·문화적 의미를 분석하고 평가하는 과정을 거치게 된다. 아이가 자신을 사랑하는 엄마를 죽이는 사건은 아이를 가진 부모에게는 상상하기조차 싫은 끔찍한 내용이기 때문에 어떤 종류의 살인보다도 공포감을 유발할 가능성이 더 큰 것이다.[16]

괴물이 보여 주는 잔인함, 잔혹함, 폭력성은 인간이 지니고 있는 근원의 불안 혹은 그 시대의 불안을 표현하는 것이다. 그래서 영화 속 괴물은 괴이한 외형이나 서사에 의해 독특한 개성과 이미지를 부여받는다. 그렇다면 괴물은 그 시대의 기존 체제에서 타자로 규정하여 사회적으로 억압된 가치들이 왜곡되고 굴절된 방식으로 귀환하여 표현된 것이라고 볼 수 있다. 그러므로 괴물의 형상은 때로는 사회적으로 소수자나 소외계층을 대변하기도 하며, 괴물의 형상을 통해 기존 통념이나 지배 이데올로기에 대한 면모를 보여 주기도 한다.[17]

---

16 안의진(2013). 관객은 허구에 불과한 공포영화의 괴물을 왜 무서워하는가?, 『미디어, 젠더 & 문화』 26호, 한국여성커뮤니케이션학회, 61–62쪽.
17 한동균(2019). 한국 공포영화의 시대별 캐릭터의 특성 및 의미분석, 『문화와 융합』 제41권 3

괴물 영화는 오랫동안 명맥을 유지하면서 대중과 많은 소통을 하고 있다. 영화 속에는 주제나 내용의 측면에서 다양한 스펙트럼을 보여 주는 것들이 존재하는데, 괴물 영화는 장르적 특성과 사회문화적 맥락 속에서 함의를 지닌다. 영화가 만들어 내는 의미는 심리적·사회문화적 원리도 포함하고 있다. 그러므로 한국 괴물 영화의 서사 구조를 분석하면 내재되어 있는 한국적인 사회문화적 의미작용을 밝혀낼 수 있다.

영화 속에서 벌어지는 상황이 관객 자신에게도 일어날 수 있다고 느껴질 때 더욱 현실감 있게 공포가 가중된다. 앞에서 제시한 래드포드의 주장을 괴물 영화에 적용하면, 인간이 공포감을 경험하기 위해서는 공포의 대상인 괴물이 실제로 존재한다는 믿음이 필요하다. 그러나 관객은 영화를 볼 때, 괴물이 실제로 존재한다고 믿지는 않는다. 그럼에도 괴물 영화는 관객에게 공포감을 조성한다.[18]

그렇다면 영화 속에 재현되는 괴물 이미지는 관객들에게 현실에 대한 기시감(既視感)을 불러일으키고 공감이 커질수록 공포감이 증폭되는 것으로 생각할 수 있다. 그런 의미에서 본다면, 한국 괴물 영화 속 괴물의 이미지는 시대적·사회적 문제점을 환기하는 역할을 하고 있다고 할 수 있다. 그러므로 실제로 존재하지 않는 괴물이 영화에서 보여 주는 공포와 불안은 사회문화적 현상 속에 작용하는 대중적 두려움의 상징적 표현이다.

호, 223쪽.

18 안의진(2013). 관객은 허구에 불과한 공포영화의 괴물을 왜 무서워하는가?, 『미디어, 젠더& 문화』 26호, 한국여성커뮤니케이션학회, 46쪽 참조.

3

영화 속 괴물의 서사적 기능

인간이 행하는 모든 활동이 그렇듯이 서사를 구성하는 데에도 일정한 목표가 있다. 영화의 서사는 관객을 끌어당겨 일정한 메시지를 전달하는데, 메시지의 파급력을 증폭시키는 요인은 정서적 반응이고 마침내 의도한 반응을 발생시키는 동력은 흥미라고 할 수 있다.[1] 영화의 서사에서 괴물은 이질적인 특성으로 인해 흥미를 유발하고 공포감이라는 정서적 반응을 불러일으키게 된다. 그렇다면 괴물을 서사 속에 등장시키는 전략은 메시지를 성공적으로 전달할 수 있는 파급력을 높일 가능성이 있다.

그런데 최근의 영화에 등장하는 괴물의 서사적 기능을 살펴보면, 큰 변화가 감지된다. 그것은 영화 속 이야기에서 괴물을 만나는 것이 결국 인간 내면의 괴물을 만나는 것이라는 점이다. 무엇보다 영화의 서사를 통해 인간 안의 낯선 타자, 인간 내부에 도사리고 있는 것이 결국 괴물임을 일깨워 주는 역할을 괴물이 하고 있다는 것이다. 그것은 인간 스스로 무관한 것으로 치부해 온 외부의 괴물과 인간 자신의 모습이 닮아

---

1 박형서(2016). 서사의 장르규약 위반과 그 함의, 『어문논집』 78, 272쪽 참조.

있음을 발견하는 과정이다.

오늘날 대표적인 대중 서사 장르인 영화의 장르 규약 중 가장 기본적인 것은 영화의 등장인물이 전개하는 사건은 허구라는 것이다.[2] 그리고 괴물 영화 또한 명백하게도 영화 속에 등장하는 괴물이 허구적 존재라는 것을 전제로 서사가 전개된다.

인간이 언어를 사용하면서 이야기가 만들어지고 그 속에 괴물이 등장하게 되었다. 어느 문화권, 어느 언어의 서사에도 괴물들은 존재한다. 장구한 역사와 인간이 사는 모든 곳의 이야기 속에 등장하는 괴물의 성격과 역할에는 공통점이 많다. 바빌로니아 창조신화[3]에 나타나 있듯 대부분의 괴물은 악한 존재로서 제거되어야 할 대상이다. 어떤 경우에는 괴물 퇴치가 특정 인물이 영웅이 되기 위해 거쳐야 하는 필수 과정으로 그려지기도 한다. 괴물은 인간을 정복하기도 하고 인간을 지배하기도 하지만 어떤 경우에는 인간에게 지배당하고 조롱거리가 되기도 한다.

영화의 서사에도 괴물이라는 존재가 자주 등장한다. 판타지의 단골 소재가 되었던 주인공 영웅의 적대자로 등장하는 괴물도 있고, 사람과 비슷하게 생겼지만 사람이 가지지 못하는 초능력을 지닌 괴물도 있다. 말로는 표현할 수 없는 기형적 모습을 가진 괴물들은 인간에게 이질감을 유발하기도 하고, 외모는 정상적인데 악의 화신으로 행동하는 사람의 탈을 쓴 사이코패스는 섬뜩함을 불러오기도 한다.

2　앞의 논문. 275쪽.

3　바빌로니아인들은 새해맞이 집단 통과제의인 아키투 축제에서 우주창조 서사시 「에누마 엘리쉬」를 반복해서 낭송했다고 한다. 축제 참가자들은 두 무리로 나뉘어 마르두크와 괴물 티아마트의 싸움, 마르두쿠의 승리로 혼돈이 끝나고 우주가 창조되는 과정을 재연했다.

영화 속에 등장하는 괴물은 서사에서 중요한 기능을 담당한다. 플롯의 주요 요소로서 서사 전개에 있어서 괴물이라는 존재는 이야기의 주체가 되거나 주체와 대립하는 적대자가 되어 갈등을 유발하는 사건 전개의 추동력이 되는 경우가 많다.[4]

그리고 괴물은 영화 속에서 공포스러울 정도로 비자연적이거나 거대한 규모의 것을 지칭하는 시각적인 이질감으로 생리학적인 차이가 있는 캐릭터로 그려지지만, 또 다른 의미에서는 생리학적 의미보다는 도덕적인 의미로 구분하여 그려지기도 한다.

선과 악의 문제는 아주 오래된 인류의 기본 판단 범주인데, 현실에서 선과 악을 구분하는 일은 매우 어렵다. 하지만 서사 속에서는 선과 악의 구분이 비교적 분명한 것처럼 보인다. 그래서 괴물은 형태적인 면에서 거대한 괴수로 등장하여 외형적인 이질성을 보여 주는 동시에, 도덕적인 기준으로 볼 때 대부분 악한 존재로 나타나기도 한다.

일상생활 속에서 사람들이 사용하는 표현 중에는 도덕적 의미의 '선하다/악하다'라는 표현 대신 '좋다/나쁘다'는 표현을 사용하는 경우가 많다. 사실 '좋다/나쁘다'는 판단 주체의 주관적 입장이나 취향을 감안하는 표현인데, 판단 대상의 유용성에 대한 판단으로 확대 적용되기도 한다. 결국 이러한 의미작용은 선악의 문제를 유용성의 차원으로 환치되는 것이다. 그래서 이야기의 전개 과정에서도 제대로 작동하거나 좋은 결과를 가져오면 좋은 것(선)으로, 그렇지 않은 경우엔 나쁜 것(악)으로 그려지는 경우가 많다.

---

4 안정오(2018). 성주풀이의 서사구조에 대한 기호학적 접근. 『인문언어』 20. 81-104쪽 참조.

그런 관점으로 본다면 영화에 등장하는 괴물이라는 존재는 인간에게 공포를 주는 악한 존재로 형상화되고 유용성의 측면에서 나쁜 존재로 환치될 수 있다. 이러한 서사 전개 과정에서 괴물은 결국 사회에서 쓸모없는 존재이며 배제되어야 하는 존재로 형상화되는 것이다.

　　그런데 괴물 서사의 전통과 기존 질서에 대한 저항으로 작품 안에서 위반 행위를 하는 주체가 등장하였다. 19세기 브램 스토커(Bram Stoker, 1847-1912)의 소설『드라큘라』는 자신의 불로장생을 위하여 다른 이의 희생을 전혀 개의치 않는 존재로서 인간의 피를 빨아 먹어 젊음을 유지하는 악의 화신인 드라큘라 백작이라는 괴물을 통해 위반의 서사적 전략[5]을 수행하고 있다. 괴물인 드라큘라는 시각적인 두려움을 주는 기이한 존재이자 악한 동기를 가지고 악을 행하는 주체로 여겨지지만, 인간이 배척하는 혐오나 배제의 존재로 그려지지 않는다.

　　이후 드라큘라는 소설과 영화의 소재로 끊임없이 등장하면서 현대적인 괴물로 재탄생하고 있다. 드라큘라는 이야기 속에서 창조된 순간부터 인간 사회 시스템의 외부에 존재하면서 사회 안으로 환원되지 않는다. 그리고 일반적인 분류나 범주화가 불가능한 일탈된 존재이기 때문에 괴물성을 내재한 저항과 위반을 행하는 살아 숨 쉬는 새로운 주체가 된다.[6]

　　드라큘라의 특성인 생명의 근원인 사람들의 피를 빨아 먹으며 삶과

5 　서사 장르는 소통을 위한 특정한 규약을 가지고 있다. 장르 규약으로 서사의 기본 패턴을 공유함으로써 소통의 효율이 높아지지만 상상력을 제한하는 부작용이 있다. 그에 대한 반동으로 규약을 위반하는 서사가 꾸준히 출현하고 있다.

6 　이혜진(2007). 브램 스토커의 『드라큘라』에서의 중첩되는 괴물성, 더블들 읽기, 『현대영미어문학회 추계학술발표대회 발표 논문집』, 49쪽.

젊음을 유지하는 모습은 인간 내면의 욕망과 닿아 있다. 이를 통해 확인하는 것은 '타자'는 초자연적인 것이 아니라 자아의 일부가 밖으로 드러난 것[7]이라는 점이다. 다시 말해, 인간이 드라큘라라는 괴물을 만남으로써 극도의 공포를 경험하고 이를 통해 인간의 나약함과 내면의 욕망을 드러내는 계기가 된다는 것이다.

괴물 드라큘라는 산 자의 피를 빨 수 있는 공포와 환상이 뒤섞인 초자연적인 존재로 변신하여 20세기 이후 영화 서사에서 뱀파이어로 재탄생한다. 즉 타인의 생명을 손쉽고 냉혹하게 앗아 가는 존재로 아주 오래전부터 떠돌아다녔던 뱀파이어가 뿜어내는 공포는 사라지고, 이제 뱀파이어는 패러디가 되었다.[8]

매력적인 뱀파이어를 소재로 하는 영화는 끊임없이 재생산되고 있다.[9] 1922년 빌헬름 프리드리히 무르나우 감독의『노스페라투, 공포의 교향곡』에 등장하는 주인공 막스 슈레크, 1931년 토드 브라우닝 감독의『드라큘라』에 등장하는 주인공 벨라 루고시, 1958년 테렌스 피셔 감독의『드라큘라의 공포』에 등장하는 주인공 크리스토퍼 리, 1992년 프랜시스 포드 코폴라 감독의『드라큘라』 등에서 뱀파이어는 변신을 계속해 가고 있다.

기존의 끔찍하고 음산했던 뱀파이어의 이미지는 점차 우아하고 에로

7   Jackson, R.(1998). 『Fantasy: The Literature of Subversion』, London & New york:Routledge, p77.

8   Beresford, M.(2008), 『From Demons to Dracula: The Creation of the Modern VampireMyth』. London: Reaktion Books, p140.

9   이혜진(2013). 이웃집 선택적 (비)괴물: 앤 라이스의 뱀파이어 연대기를 중심으로, 16-17쪽 참조.

틱하기까지 한 존재로 변신하며 여인들이 기꺼이 그 앞에 굴복하도록 하는 매력의 유혹자로 거듭났다. 그리고 스테프니 메이어의 『트와일라잇』의 동명 영화, 샬레인 해리스의 『어두워지면 일어나라』와 드라마 『트루 블러드』에 이르면 뱀파이어는 인간의 친구·연인·배우자가 되기도 한다.

그리고 여성 괴물이 등장하는 영화의 서사를 살펴보면, 여성 인물이 아름다운 희생자로 표현되는 경우와 달리 추악한 가해자로 표현되어 괴물로 등장하는 경우가 빈번하다. 여성화된 근대성이 괴물로 그려지는 이유는, 여성들의 정체성이 단일하거나 고정되지 않고 유동적이라는 점에 있다.[10]

바바라 크리드(Barbara Creed)는 이러한 여성 인물을 '여성 괴물(monstrous feminine)'로 지칭한다.[11] 예를 들면 영화 〈메트로폴리스〉(Metropolis, 1927)[12]에 나오는 기계 인간은 젠더화되어 표현되기도 한다. 〈엑소시스트〉(The Exorcist, 1973)에서 악령 들린 소녀인 리건의 경

---

10 백문임(2008), 『월하의 여곡성』, 책세상, 132쪽.

11 Creed, Babara(1993). 『The Monstrous Feminine: Film, Feminism Psychoanalysis』, Routledge, 25쪽.

12 영화 〈메트로폴리스〉(1927)는 감독 프리츠 랑을 세계적인 감독으로 인정받게 한 작품이었다. 1920년대 초 독일의 예술계 전반에 불어닥친 표현주의의 전통을 고수하면서 공상과학이라는 새로운 장르로 제작하였다. 자신이 속한 지상세계의 편의와 안락함을 위해 평생 노동력을 착취당하고 있는 지하세계를 목격한 프레더는 이들의 편에 서서 아버지와 대립하게 되고, 프레더슨은 과학자를 시켜 노동계급들의 정신적 지주인 마리아와 똑같은 로봇을 만들어 지하세계에 혼란과 파괴를 가져오게 만든다. 로봇 마리아의 선동으로 인해 지하계급의 폭동은 점차 거세지고 댐의 붕괴로 거대한 홍수가 나면서 모든 것이 사라질 위기에 처하지만, 머리(지배자)와 손(노동자)을 이어 주는 것은 심장이라는 (진짜) 마리아의 말처럼 아버지와 아들이 사랑으로 화해하며 끝을 맺는다. (출처: 다음 백과 https://100.daum.net)

우, 그녀의 몸을 조종하는 목소리는 남성임을 암시하지만 실체는 불분명하며 일반적인 사춘기 소녀와는 부합하지 않는 욕설과 폭력적인 행위를 통해 괴물성을 강조한다.

주로 주인공보다 이를 위협하는 적대자에게 여성의 괴물성을 찾아볼 수 있었던 실사영화에서 나아가 애니메이션에서는 주인공의 위치에서도 괴물성을 지닌 여성 인물들이 등장한다. 〈공각기동대〉[13]에서의 쿠사나기는 외적으로는 인간 여성의 모습을 하고 있지만 기계로 이루어진 몸과 이러한 몸을 통해 적과 싸우거나 최첨단 기술을 쓰며 죽지 않는 불멸성을 보인다. 이는 전통적인 남성성으로 여겨졌던 물리적인 힘을 보여 준 것이다.

한국 괴물 소재의 서사 중에도 여자 괴물이 등장하는 경우가 있는데, 대부분 억압된 사회에서 자아를 드러내는 기능성을 보여 주는 소재로 등장한다. 1960년대 이전까지 한국의 여성 괴물은 여귀의 형태로 등장하여 가부장제 안에서 억압받던 여성이 귀환한 여성 괴물로 설정된다. 이러한 영화의 서사 속에는 여성 괴물 대 남성 희생자의 대립 구조도 취하고 있지 않다. 오히려 여성 괴물과 여성 희생자가 중첩되는 독특한 서사 전략을 채택하고 있다.[14] 이러한 점에서 한국 영화의 괴물 서사는 여성이 유발하는 경계적 성향을 적극적으로 활용하여 구축된 서사물이

---

13 1995년 일본에서 시로 마사무네의 만화를 바탕으로 만들어진, 오시이 마모루 감독의 SF 애니메이션 영화이다. 네트워크가 지배하는 2029년, 사이보그들이 인간들 속에 함께 공존한다. 공각기동대(攻殻機動隊)란 별명이 있는 공안 9과(公安9課)는 수상 직속의 특수 실행 부대로, 전뇌 네트나 공안 관계의 테러 대책 등의 공적으론 불가능한 사건의 감사나 해결을 임무로 한다. 영화는 기술적으로 발전된 세계 속의 자기 정체성을 주요한 철학적 주제로 다룬다. (출처: 위키백과 https://ko.wikipedia.org)

14 앞의 논문. 93쪽.

라 할 수 있다.

그런가 하면, 한국 사회의 구조 내에서 규정되는 여성의 젠더적 특징을 잘 드러내고 있는 영화도 있다. 박찬욱의 〈박쥐〉(2009)와 봉준호의 〈마더〉(2009), 장철수의〈김복남 살인 사건의 전말〉(2010)에 등장하는 여성들을 통해 보여 주는 젠더 특성이 한국 영화에서 여성 괴물 서사를 구축하고 있다.[15]

2000년대 중반 이후 한국 영화 속에서는 좀비의 모습이 포착되기 시작했다. 이때쯤에는 며느리의 한과 남녀 간의 치정을 소재로 한 1960-1970년대의 귀신이 등장하는 한국 영화는 관객들의 관심을 끌지 못했다. 2016년에 좀비가 등장하는 영화 〈부산행〉은 1,100만 명이 넘는 관객을 동원하며 당해 흥행 최고작이 되었고 〈부산행〉의 프리퀄이라고 할 수 있는 애니메이션 〈서울역〉은 같은 해 8월에 개봉하여 14만 명의 관객을 동원하였다.

애니메이션 〈서울역〉(2016)과 실사 영화 〈부산행〉(2016)은 각각 좀비 바이러스가 유출된 이후 서울역의 모습과 서울역에서 출발하는 부산행 KTX 속의 이야기를 그려 낸다. 두 작품은 시간적으로나 논리적으로 완전하게 연결되지는 않으며, 일부 설정과 배경을 공유하는 작품들이다. 두 영화의 시간적으로 연결된 점을 보면 서울역에서 좀비가 발발하고 막 퍼져 나간 시점에서 주인공 석우는 자신의 딸을 데리고 부산행 열차에 올라탔을 것이다.

---

15 안의진(2013). 관객은 허구에 불과한 공포영화의 괴물을 왜 무서워하는가?, 『미디어, 젠더& 문화』 26호, 한국여성커뮤니케이션학회, 41-70쪽 참조.

그러나 하나의 시리즈로 구상된 두 영화는 좀비에 대해 전혀 다른 태도를 보여 주고 있다. 〈부산행〉의 좀비들은 느닷없이 인간을 쫓아오기 시작하는 추상적이고 외적인 위협으로 나타나고 있는 반면, 〈서울역〉에서 좀비는 훨씬 개인화되어 있고 스토리를 가지고 있는 위협으로 나타난다.[16]

영화 속에 등장하는 괴물은 일종의 잠재적인 이질성이 외현된 것이다. 영화의 주인공이 되든 적대자가 되든 이질성에 대한 관점은 다수의 동의하에 만들어진 사회적 공감에 의해 형성되므로 사회적 공감의 범주가 바뀌게 되면 괴물의 양상도 바뀔 수 있음을 의미한다. 사회 내부에서 느끼는 이질성에 대한 범주에 의해 규정되는 사회적 징후로서의 괴물은 낯선 이방인으로 존재하기도 하지만, 항상 주변에 가까이 있는 이웃으로 등장하여 더욱 섬뜩함을 불러일으키기도 한다. 그렇다고 하면 괴물은 사회적 의미를 갖는 존재로서 체재 내적이고 시스템적인 현상으로 인해 생겨나기도 하는 것이다.

괴물 소재의 영화에서 괴물이 상징하는 의미는 해석적 상징으로 분석하여야 한다. 각각의 영화에 등장하는 괴물의 이미지는 어떤 습관에 의해 일반적 개념을 생산하는 인식의 틀 안에서 만들어지는 복제물이다. 그리고 영화에서 전개되는 서사구조 안에서 만들어진 괴물의 의미는 개인의 주관적인 해석이라기보다는 사회문화적 맥락과 연관시켜 해석되어야 하고 구조적인 의미작용을 하고 있다는 것을 발견하게 된다.

16 김형식(2017). 한국사회의 예외상태의 지속과 회복되지 않는 일상-연상호론, 〈부산행〉과 〈서울역〉을 중심으로, 대중서사연구 23(2), 대중서사학회.

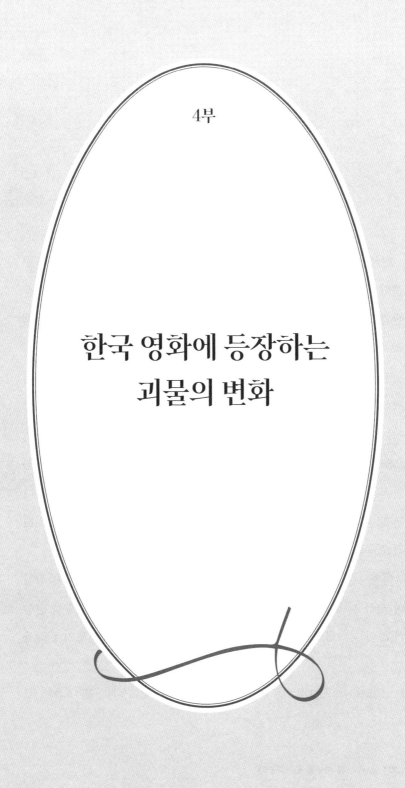

4부

한국 영화에 등장하는
괴물의 변화

1

한국 괴물 영화의 전개 과정

　한국 영화의 산업적인 성장에 발맞추어 2000년 이후 괴물 영화가 꾸준히 제작되어 오는 현상에 주목하면서 괴물 영화들이 보이는 새로운 관습적 특성을 살펴보고자 한다. 이를 통해 괴물 영화가 사회문화적 맥락 속에서 관습 변화를 보이는 데 대한 함의를 검토할 필요가 있다.

　영화의 소재에 있어서 오랫동안 사랑받고 계속 제작되고 있는 괴물 영화는 1960년대 이후 지속적으로 생산되고 있지만 주류 장르로 인정받지는 못하다가 1990년대 후반부터 서서히 변화를 가져오기 시작했다. 1980년대와 1990년대 후반까지는 멜로와 코미디에 가려져 침체되어 있던 괴물 영화가 2000년 이후 1960-1970년대 유행했던 괴물 영화와는 다른 모습으로 변신하고 있다면 그 변화는 이를 소비하는 관객들의 시대적 요구를 반영한 것이라고 할 수 있다.[1]

　여기서는 '괴물 영화'의 범주를 '괴물'이라고 지칭되는 소재가 등장하여 서사 전개 과정에 행위의 주체 혹은 대립자로서 주요한 역할을 담당하고 있는 영화로 한정한다. 괴물 영화 장르의 특성을 살펴보기 위해서

---

[1]　김훈순. 이소윤(2005). 한국 현대 공포영화와 장르 관습의 변화. 『미디어,젠더 & 문화』. (4). 7쪽.

는 일반적인 영화의 분류 기준을 확인해 볼 필요가 있다.

장르는 영화의 기본적인 분류 틀로서 전통적으로 이어 온 영화 제작의 정형화된 패턴을 일컫는다. 그러나 장르의 개념과 분류 기준은 정확하고 엄밀하기보다는 유동적이고 느슨하게 적용되는 범주로 이해된다. 장르에 대한 텍스트적인 정의는 '관객에게 그들이 보는 내러티브의 종류를 빠르게, 다소 복합적으로 파악할 수 있게 하는 약호, 관습 및 시각 스타일의 체계'(Turner, 1988)이다.

장르는 내러티브의 누적적인 반복과 변용을 통해 차츰 정형화되며, 이를 통해 장르로 구분되는 영화는 특정한 캐릭터 · 장소 · 사건들의 정형을 표상하게 된다. 그리고 장르는 특정 사회문화적 맥락에서 지속적으로 구성되는 역사적 과정의 산물이기 때문에 탈역사적으로 정체된 고정물로 볼 수는 없다.

영화의 종류는 특정한 공통분모를 찾아 분류하는 기준에 따라 다양하게 나타난다. 한국영화진흥위원회에서는 영화 장르를 13개의 카테고리로 분류하고 있다. 이를 필자가 정리한 것이 [표 7]이다.

[표 7] 한국 영화의 장르

구분	장르 유형
주제(내용)	멜로(로맨스), 코미디, 공포, 드라마, 범죄, 로맨틱 코미디
배경	사극(시대극), 무협
표현방법	액션, SF(판타지), 애니메이션, 실험(예술영화), 성인(에로)

이러한 장르 유형은 괴물 영화를 포함하지 않고 있다. 하지만 공포나

액션, 판타지 등에서 괴물이 등장하고 있으므로 새로운 괴물 영화라는 장르를 구분해 줄 필요가 있다고 본다. 왜냐하면 현시점에서 주제나 배경 그리고 표현 방법 등에 두루 걸쳐 있는 괴물 영화 장르가 존재하기 때문이다.

이러한 괴물 영화의 새로운 장르 정립이 필요하다는 전제하에 2000년 이전의 괴물 영화는 어떤 양상이었고 2000년 이후에 괴물 영화는 어떤 양상인지 살펴보고자 한다.

한국의 괴물 영화이면서 공포 영화의 효시는 〈장화홍련전〉(1924)으로 보고 있다.[2] 그 후 괴물 영화는 크게 성장하지 못하다가 1960년대에는 매년 한 편 이상씩 만들 정도로 늘어나게 되었다. 1967년 이후로는 10년간 평균 5편씩 제작되다가 1980년대 이후 점점 쇠퇴하여 1988년 이후 제작되지 않다가 1990년대 말에 다시 등장하게 된다.[3]

공포 영화 제작과 관련하여 특이한 현상이 발견되는데, 1967년부터 10년간 영화가 대중과 친숙하여 많은 관람객이 영화관을 찾았는데 이때 제작된 공포 영화는 주로 여성 괴물이 주인공이었다는 점이다. 산업화와 도시화로 인한 사회의 변화에 따라 핵가족화가 빠르게 진행되면서 가정 내의 갈등을 소재로 한 영화가 많았다.

그런데 1988년부터 10년간 공포 영화가 거의 제작되지 않는 시기가 있다. 이때는 한국 사회 전반적으로 정치적·경제적인 변화를 겪고 있었던 시기로, 할리우드 영화 중심의 외화의 수입이 많았고 한국에서는

---

2   김소영(2000). 『근대성의 유령들』. 서울: 씨앗을 뿌리는 사람.
3   김훈순. 이소윤(2005). 한국 현대 공포영화와 장르 관습의 변화, 『미디어, 젠더 & 문화』. 2005(4). 13-14쪽.

다양한 장르의 영화가 제작되지 않았던 시기이다. 이를 정리하면 [표 8]과 같다.

[표 8] 2000년 이전 한국 공포 영화의 전개 과정

시기	전개 과정	작품의 예
1920년대 – 1960년대 초반	한국 공포 영화의 시작 시기	〈장화홍련전〉(1924) 최초의 공포 영화
	1960년대 한국 공포 영화의 점진적 발전 – 연 1편 이상 제작 – 여성 원귀가 등장하는 영화가 주류를 이룸	〈하녀〉(1960), 〈흡혈화–악의 꽃〉(1961), 〈무덤에서 나온 신랑〉(1963), 〈목단등기〉(1964), 〈살인마〉(1965)
1960년대 중반 1970년대 중반 (10년간)	한국 공포 영화의 융성 시기 – 연 5편 이상 제작 – 대부분 여성 괴물이 주인공 – 가정 내의 갈등을 주로 다룸	〈목 없는 미녀〉(1966), 〈월하의 공동묘지〉(1967), 〈백골령의 마검〉(1968), 〈몽녀〉(1968), 〈사녀의 한〉(1971), 〈화녀〉(1971), 〈충녀〉(1972) 등
1970년대 후반 – 1980년 중반	공포 영화 제작 침체기 – 공포 영화 제작 편수가 감소함	〈살인 나비를 쫓는 여자〉(1978), 〈괴시〉(1980), 〈여곡성〉(1986), 〈하녀의 방〉(1987) 등
1988 – 1997 (10년간)	공포 영화가 거의 제작되지 않음	〈강시훈련전〉(1988), 〈공포특급〉(1994), 〈천년환생–월하의공동묘지〉(1996) 등
1998 –	공포 영화의 부활	〈여고괴담〉(1988) 이후 공포 시리즈물 등으로 공포 영화가 새롭게 제작됨

한국 괴물 영화의 전개 과정을 살펴보면, 사회적인 문제의식을 드러낸 1960–1970년대에 괴물은 모두 여성이었다는 점을 알 수 있다. 한을 품고 죽은 여성 원귀, 원귀의 복수의 대상이 되는 여성, 평화로운 가정

의 파괴자로 낙인찍히는 여성, 이 여성이 복수하게 되는 주인 여자들 등, 영화 속 피해자 대 가해자의 대결 구도의 대척점에는 모두 여성이 있다. 이 시기의 괴물 영화들은 지배질서의 반란이라는 전복적인 의미를 함축하지만 여성의 사랑과 모성을 부각시키면서 성역할의 고착화, 여성 대 여성의 대립 구도를 만들어 내며 남성 중심적인 가부장제를 사회질서로 통합시키는 기능을 하고 있다.[4]

전통적인 귀신이 등장하는 영화와는 달리 1960년대 이후 만들어진 영화들[5]에서는 일상적인 인물이 괴물로 등장하기도 한다. 어느 날 한 가정에 등장한 나이 어린 가정부가 우연한 기회에 주인과 내연의 관계를 맺고 점차 가정을 파괴해 간다는 〈하녀〉의 이야기에서도 알 수 있듯이 괴물은 평범한 일상 속에 존재하는 이웃의 모습으로 표현된다. 평범한 일상에서 볼 수 있는 평범한 인간이 모두 괴물이 되는 설정은 한국 사회가 근대화되는 과정에 나타나는 계급 간의 갈등과 중산층의 위기의식을 드러내고 있다.[6] 그리고 2000년 이전의 괴물 영화는 모두 공포감을 동반하는 것이 특징이었다.

2000년 이후 제작된 많은 괴물 영화 속에서 괴물은 공공기관과 공적 영역의 갈취와 폭력을 일삼는 거대한 악의 이미지로 그려지기도 했다. 영화들이 괴물을 처벌하는 방식은 공적 조직의 내적 붕괴라든가 작은 악으로 큰 악을 처벌하는 형태 등으로 나타났다.

2006년 상반기에 제작된 영화들 가운데 공적 영역에 대한 비판이 괴

---

4   김양지(2000). 「한국 공포영화 관습의 반복과 변화」. 이화여자대학교 석사학위 논문
5   〈하녀〉(1960), 〈화녀〉(1971), 〈충녀〉(1972): 김기영 감독.
6   이효인(2002). 「영화감독 김기영: 하녀들 봉기하다」. 서울: 하늘아래.

물 영화의 주제가 된 영화로는 〈흡혈형사 나도열〉, 〈형사 공필두〉가 있다. 경찰 신분인 주인공이 금전 문제로 조직 폭력배와 내통하고 그 죄를 씻기 위해 싸운다는 줄거리이다. 비리 경찰은 민중의 흡혈귀와 같은 존재이다. 이 영화 속에 등장하는 괴물인 비리 경찰이 진짜 흡혈귀가 된다는 설정은 민중으로부터 사회봉사 명령을 받은 전직 경찰의 측은한 운명을 희화화한 것이다.

학교 폭력이라는 소재는 한국 사회에서 만성적 증상이 되어 영화에서 다루어졌다. 영화 〈선데이 서울〉은 왕따 학생이 늑대인간으로 변신함으로써 자신의 힘든 처지를 극복하는 판타지를 다룬다.

2006년에 개봉된 괴생명체가 등장하는 영화 〈괴물〉은 1000만 이상의 관객을 동원한 대중성이 있는 영화로, 2000년 이후 한국 괴물 영화의 부활에 전환점을 마련한 작품이다. 괴물이 등장하여 전개하는 서사 속에 한국의 사회문화적 현상을 반영한 작품이다.[7]

〈옥자〉(2017)와 〈미스터 고〉(2013)는 한국 괴물 영화의 새로운 양상을 보여 주는 작품이다. 〈옥자〉(2017)와 〈미스터 고〉(2013)에 등장하는 동물의 특성은 '괴이한 생명체'라는 괴물의 사전적인 의미에 부합한다. 유전자 변형 실험에 의해 탄생한 영화 〈옥자〉의 옥자는 하마와 돼지의 얼굴이 합성된 상상 동물이다. 생물학적으로는 고릴라인 〈미스터 고〉의 링링은 프로 야구 홈런 타자로 활약한다.

7　〈괴물〉(2006)은 봉준호 감독이 제작한 영화로 영화진흥위원회 통합전산망에서 집계에 의하면 13,019,740명의 관객이 관람하였다. 괴생명체가 등장하여 서사를 전개하는 과정에서 형성된 괴물 이미지와 의미를 사회문화적 관점으로 분석하기 위해 뒤의 논의에서 다루고자 한다.

옥자와 링링은 비정상적인 돌연변이이며, 거대한 덩치와 괴력을 가지고 있지만 인간에게 위해를 가하지 않는다. 두 영화 속에서 괴물은 악마로 그려지지 않는다. 그들은 '괴이한 생명체'이지만 인간에게 위해를 가하지 않는다는 점, 그리고 10대 소녀 영웅의 등장도 중요한 특징이다.

〈옥자〉와 〈미스터 고〉는 '착한 인간 대 나쁜 괴물'이라는 괴물 영화의 전형적인 대립 구도에서 벗어나 있다. 이 영화 속 인물들이 싸우는 대상은 추악한 자본주의적 욕망에 사로잡힌 다국적 기업 경영자와 프로야구 에이전트이다. 이때 그들의 무기는 용기와 도덕성, 순수함이다. 옥자와 링링은 '착한 괴물'이라는 점에서 국내 괴물 영화의 지형도 안에서 독특한 위상을 차지한다.

〈옥자〉와 〈미스터 고〉에서는 오히려 타락한 자본주의적 욕망에 사로잡힌 인간들이 전통적인 의미에서의 괴물 역할을 담당한다. 이를 통해 괴물과 인간을 구분하는 범주화에 대하여 자기중심적인 세계관에 빠져있는 현대인에게 괴물성에 대한 성찰을 요구하고 있는 것이다.[8]

영화 〈돼지의 왕〉은 소수의 가혹한 폭력에 의해 지배되고 있는 중학교를 그린다. 대부분의 학급 구성원들은 부당한 폭력에 저항하지 못하지만 철이는 그런 지배에 순응하지 않는 인물이다. 철이가 보기에 자신의 안위만을 걱정하며 폭력에 떠는 나약한 인간들은 그저 '돼지'일 뿐이다. 그는 악에 대항하기 위해서는 더욱 커다란 악이 되어야 한다고 주

---

8 임정식(2018). 한국 영화 속 괴물의 형상과 모험 서사의 변주 – 〈옥자〉와 〈미스터 고〉를 중심으로-,『Journal of Korean Culture』 43, 218-219쪽 참조.

장하면서 스스로 괴물이 되기를 택한다. 영화 속에서는 일상화된 폭력과 일상의 위기, 그리고 그 안에서 드러나는 인간의 괴물성과 나약함을 폭로한다.

영화 〈창〉은 창고를 개조해 만든 '창문' 없는 내무반을 배경으로 군대 이야기를 한다. 폭력이 자행되는 내무반에서 인간을 괴물로 만들어 가는 과정이 부조리한 현실에 대한 깨어 있는 통찰을 요구한다.[9]

2012년 개봉된 영화 〈늑대소년〉과 2013년에 개봉된 〈화이: 괴물을 삼킨 아이〉에서는 각각의 영화에 등장하는 괴물의 특성이 괴물에 대한 새로운 관점을 제시한다.[10] 영화 〈늑대소년〉은 다양한 계층의 관객들의 호감을 샀는데, 특히 여성 관객들의 호감이 돋보였다. 영화가 여성의 감수성과 어울리는 멜로적 성향을 띠기도 하지만 '늑대'라는 낱말이 가지고 있는 야생성에 관심이 모아졌다고 보인다. 영화 〈늑대소년〉에 등장하는 늑대소년은 남성적 욕망을 상징하는 전통적인 늑대인간의 전형적 틀에서 벗어나 있다.

이어서 2013년에 개봉된 영화 〈화이: 괴물이 삼킨 아이〉는 늑대소년처럼 외형은 순진한 모습을 지닌 존재이지만 괴물인간으로 등장한다. 영화 〈늑대소년〉과 〈화이: 괴물을 삼킨 아이〉는 인간이 대상을 통해 인식하게 되는 외형적 이질성보다는 인간 내면에 지니고 있는 괴물성을

---

9   김형식(2017). 한국사회의 예외상태의 지속과 회복되지 않는 일상-연상호론, 〈부산행〉과 〈서울역〉을 중심으로, 『대중서사연구』 23(2), 대중서사학회, 205쪽.

10 영화 〈늑대소년〉(2012)과 〈화이: 괴물을 삼킨 아이〉(2013)는 소년을 주인공으로 한다는 점과 각각의 소년이 지니고 있는 괴물성을 소재로 한 작품이라는 공통성이 있다. 두 영화 속에서 반인반수의 외형과 내면의 괴물성은 상반되는 특성이지만, 두 작품 모두 사회현상과 관련하여 형성된 의미가 있다. 두 작품의 의미작용에 대해서는 뒤에서 서사 구조 분석을 통해 논의하겠다.

직면하게 하고, 영화를 보는 관객에게 인간성에 대한 새로운 성찰을 요구한다.

그리고 〈부산행〉(2016)은 좀비라는 서구의 괴물이 등장하여 본격적으로 영화 서사 속에서 관객과 소통하면서 2000년 이후 한국 사회현상에 대한 문제의식을 제기한다. 서구의 좀비라는 괴물이 한국의 웹툰이나 게임의 서사에서 다양한 캐릭터로 등장하기는 했지만 영화 속에서 그려진 현실은 보다 생생한 이미지로 관객들에게 다가오게 된다.[11]

한국 영화 속에 등장한 '괴물'들은 영화의 맥락 속에서 분석의 대상이 될 수 있다. 그래서 한국 괴물 영화의 서사 분석을 통하여 '괴물'로써 표현하고자 한 의미와 그것을 수용하는 관람객들에 의해 만들어지는 사회문화적 의미작용을 살펴보고자 한다.

---

[11]   영화 〈부산행〉은 연상호 감독의 괴물 영화로 영화진흥위원회 통합전산망에서 집계에 의하면 11,565,078명의 관객이 관람하였다. 같은 감독이 제작한 애니메이션 〈서울역〉에도 좀비가 등장하여 서사적으로 연결되는 부분도 있지만 별개의 작품으로 감상해도 서사 전개에는 무리가 없다. 영화 속에서 바이러스에 의해 좀비가 되는 인간들이 등장하며 그 의미작용에 대해서는 뒤에서 논의하겠다.

2

한국 영화에 등장하는 괴물

　서양의 그리스 신화, 이집트, 인도의 문화권에 비하면 한국 신화에서는 괴물이 별로 등장하지 않는다. 다만 등장하는 소재에 있어서 괴물성이라고 부를 수 있는 요소가 있는데 그것은 신성(神性)의 다른 얼굴로 나타나기도 한다. 이른바 '신성한 괴물'로 볼 수 있는 신화 속 존재는 인간이 통제할 수 없는 자연의 위력을 나타내기도 한다.

　신성과 괴물성이 혼합된 '신성한 괴물성'은 토테미즘이나 애니미즘 같은 원시 사유에 뿌리를 두고 있으며 신화의 원형 속에 깊이 잠재되어 있다. 신성과 괴물성은 인간으로서는 제어할 수 없는 때로는 인자하고 때로는 흉포한 자연의 두 얼굴이기도 하다.

　한국 설화 속에 등장하는 '신성한 괴물성'의 대표적인 예로 호랑이를 들 수 있는데, 사람을 잡아먹는 식인 괴물이면서 영험을 지닌 산신으로 여겨지는 호랑이를 옛사람들은 두려워하는 동시에 숭배하였다. 전통사회에서 호랑이가 지닌 상징성에 관한 연구 자료들을 보면 조선 후기까지도 호랑이를 산군(山君)으로 숭배하며 돈을 모아 제사를 지냈음을 알

수 있다.[1]

그렇다면 한국 영화 속에 등장하는 괴물의 양상을 살펴봄으로써 괴물의 존재가 인간 사회에서 어떤 문화적 의미를 재현하고자 하는 것인지 알 수 있다. 한국 괴물 영화에서 재현하고 있는 사회문화적 현상에서 괴물이 보여 주는 관습적 특성과 사회문화적 맥락 속에서 그 관습 변화가 갖는 함의를 살펴볼 수 있을 것이다.

전통적으로 괴물 영화의 효시가 된 작품과 그 이후 작품을 보아도 알수 있듯이 초기의 한국 괴물 영화의 근간을 이루는 것은 전통적인 민담과 전설이다. 1960-1970년대 괴물 영화의 특징은 여귀를 소재로 한 영화로서 전통사회를 배경으로 초자연적인 현상을 다룬 영화들과 근대화가 낳은 현대 중산층 핵가족을 배경으로 하는 정신병적 징후를 공포로 표현한 두 가지로 나누어 볼 수 있다.[2]

구전으로 전해져 내려오는 수많은 귀신 이야기와 TV 드라마로 방영된 〈전설의 고향〉[3]을 통해서도 살펴볼 수 있듯, 한국인에게 고전적으로 관념화되어 있는 공포는 '사연을 품고 죽은 귀신'이다. 특히 여성 캐릭터의 이미지로 집약되는 괴물은 할리우드 영화에서 표방하는 괴물의 특성과는 다르다. 한국의 여성 원귀가 불러일으키는 공포는 서구의 공포 영화에서 보이는 이질적 존재로서의 괴물성이나 미지의 주체에 의해 환

---

1 박은정(2015). 근대 이전 호랑이 상징성 고찰, 『온지논총』 43, 온지학회, 123쪽 참조.

2 김양지(2000). 『한국 공포영화 관습의 반복과 변화』, 이화여자대학교 석사학위 논문, 32쪽.

3 〈전설의 고향〉(傳說의 故鄕)은 한반도 지역에 걸쳐 전해지는 전설, 민간 설화 등을 모티브로 KBS 드라마 제작국에서 제작된 고전 형식의 시추에이션 드라마이다.

기되는 공포와는 전혀 다른 양상으로 나타난다.

1980년대 장기적인 침체기에 있던 한국 영화는 1988년 직배사의 진입으로 할리우드 영화가 다량으로 유입되어 더욱 진통을 겪게 된다. 이 시기부터 영화는 단순한 예술작품으로 간주되기보다는 부가가치가 높은 사업으로 인식되기 시작하며 영상산업의 대표적인 주자가 것이다. 1960-1970년대 괴물 영화들이 B급 영화의 특징을 가지고 비교적 영세적으로 제작되고 소비되었다면, 부활한 1990년대 후반의 괴물 영화들은 기획력 있는 제작사들에 의해 흥행을 겨냥하고 만들어진다.

1990년대 이전의 영화에서 억울하게 죽음을 당한 여성이 귀신이나 악령으로 재현되는 양상은 1990년대 괴물 영화에서도 여전히 진행되지만, 갈등의 노골적인 중심이 되어 온 가부장제에 대한 억압은 줄어들고 대신 귀신의 원한이 다양한 개인적·사회적 억압과 모순에 의한 것으로 확대된다. 이는 영화 〈여고괴담〉 시리즈에서 학교교육과 이성애 중심의 사회적 억압과 개인의 욕망이 충돌하는 데서 갈등이 생성되어 이야기가 진행되는 것으로 나타난다.

2000년 이후 한국 괴물 영화의 제작은 꾸준히 증가하였다. 또한 괴물의 형상도 1960-1970년대 유행했던 기존의 여귀에서 벗어나 인간의 내면에 잠재되어 있는 다양한 유형의 괴물이 등장하기 시작하였다. 2000년 이후 사회에 대한 불안감은 대중 속에서의 고독감과 불특정 다수를 향한 분노의 표출을 비롯하여 종교나 이념의 대립이 낳은 테러나 과학의 발전이 가져온 부작용으로 인한 자연 재해, 그리고 세계적으로 번지는 바이러스로 인한 전염병 등 다양한 원인으로부터 생겨났다.

이에 따라 2000년 이후 한국 사회에서는 미래에 대한 예측과 안정성을 잃어버린 사회에서 살아남는 것이 중요한 가치가 되었다.[4] 동물 전염병으로 인한 집단 폐사, 세계적인 바이러스 전파로 인한 질병에 대한 불안, 사회적 불평등의 심화, 청년실업과 비정규직 문제 등이 많은 사람들에게 종말적 상상력을 불러일으켜 현실적 공포로 다가오게 만든 것이다.

그리하여 2000년 이후 괴물 영화 속 괴물들은 자본주의 사회의 부정적인 측면을 포함하고 있다는 점이 특징적이다. 〈괴물〉과 〈차우〉, 〈7광구〉의 괴물들은 산업화 및 경제개발 과정에서 나타난 문제점, 나아가 자본주의적 욕망의 폐해를 드러낸다. 괴물 영화의 서사 공간이 산업화 및 경제개발과 관련된 지역이라는 공통점을 갖는 배경이다.

영화 〈괴물〉의 한강이라는 배경은 우리나라의 비약적인 경제발전을 상징하는 공간이고 〈7광구〉의 이클립스호는 제주도 남쪽에 위치한 석유탐사 전진기지이다. 〈차우〉의 식인 멧돼지가 출몰하는 마을인 삼매리에서는 온천과 관광농원 개발이 한창 진행되고 있었다. 세 영화 속에 등장하는 괴물은 산업화와 극단화된 자본주의 체제에서 출몰하는 인간 사회의 부조리를 보여 주는 존재이다.

한국 사회에서 좀비에 대한 문화적 재현이 본격적으로 생산된 것은 2000년대 이후로 영화, 소설, 웹툰, 장르 문학 등 다양한 매체를 넘나들며 폭넓게 시도되었다. 2000년대 한국 문화의 두드러진 특징은 재

---

4   한동균(2019). 한국 공포영화의 시대별 캐릭터의 특성 및 의미 분석. 『문화와 융합』 제41권 3호, 239쪽.

난 · 파국 · 종말의 세계를 그려 낸 아포칼립스적⁵ 상상력이 적극적으로 나타나고 있다는 점이다.

새롭게 등장한 괴물을 논하는 것은 그것을 탄생시킨 사회에 대한 고찰이다. 그래서 최근 한국 괴물 영화에 등장한 좀비들은 한국의 귀신과는 다른 양상으로 나타나고 있다는 점에서 먼저 등장 자체에 의미를 부여할 수 있다. 서구 영화에 등장한 좀비는 살았을 때의 기억을 가지고, 자신들을 억압하는 질서를 고발하며 좀비가 된 후 더욱 적극적인 모습으로 가족들과 소통하는 행위가 공포를 유발한다. 반면에 한국의 좀비는 서구의 좀비와는 전혀 다른 특징을 보이는데, 살아 있는 인간과는 적대적 관계이고 무의미한 행위를 반복적으로 하면서 사회와는 소통할 수 없는 존재로 등장한다.

좀비 못지않게 2000년대 들어 가장 많이 등장한 새로운 괴물은 사이코패스이다. 사이코패스는 현대 사회에서 새롭게 규정되는 '괴물'이다.⁶ 괴물은 대개 흉악하고 악마적이면서 특별한 파괴의 능력을 갖고 있어서 인간을 해하는 존재로 묘사되곤 한다. 사이코패스는 외양은 평범하지만 내면에서 뿜어 나오는 냉혹함과 인간세계의 윤리적 질서를 파괴하는

---

5 https://100.daum.net/encyclopedia/view/47XXXXXd1486 현대 대중문화에서 아포칼립스는 세계 멸망이나 대참사를 뜻한다. 대규모 전쟁(핵전쟁)이나 자연재해, 전염병, 기타 초자연적인 사건으로 문명이 멸망하는 모습을 그려 낸다. 아포칼립스로 문명이 멸망한 이후의 세상은 포스트 아포칼립스(Post-Apocalypse)라 한다. 아포칼립스와 포스트 아포칼립스를 배경으로 하는 장르를 종말물(終末物)이라 한다. 각각 아포칼립틱 픽션(Apocalyptic fiction), 포스트 아포칼립틱 픽션(Post-apocalyptic fiction)으로 구분할 수 있다. 둘 다 일반적으로 SF의 하위 장르로 여겨지지만, 다양한 소설과 영화, 만화, 게임 등에서 아포칼립스와 포스트 아포칼립스를 배경으로 하는 작품이 만들어지고 있다.

6 Federman, Cary Holems, Dave Jacob, Jean Daniel (2009) Deconstruction the Psycopath: A Critical Discursive Analysis, Cultural Critique 72권 1호, 75쪽.

존재로서 흉악한 범죄와 연결되어 있다는 편견으로 인해 일상적 사회 안에 이질적 괴물로 인식된다.

그래서 영화 속에 등장하는 사이코패스에 대해서도 새로운 관점으로 바라보게 된다. 사이코패스는 가까운 이웃 속에도 존재할 수 있는 친숙한 외모와 특정 분야의 우수한 능력을 가지고 사회 안에서 공존하고 있다. 무관심과 극단적인 자기중심성으로 주변과 소통하지 못하고 단절된 세계 속에서 욕망만이 극대화될 때 등장하기도 한다.

또한 사이코패스라는 '괴물' 만들기의 또 다른 이면은 대중매체가 중요한 역할을 담당하고 있는 것으로 보인다. 대중매체를 중심으로 사이코패스라는 흉악하고 이질적인 '괴물'의 이미지가 계속 증폭되어 대중들에게 끊임없이 각인되고 있다. 사이코패스는 '괴물'의 이미지가 갖는 그 대중적 매력으로 인해 매우 잘 팔리는 상품이기 때문이다. 그래서 사이코패스가 등장하는 영화와 드라마가 우후죽순처럼 만들어지고, 흉악범죄의 피의자는 아무런 검증이 없는 상태에서도 사이코패스로 기정사실화되어 해당 범죄의 관련 기사들이 프레이밍되어 버린다.[7]

괴물은 인간의 상상에 의해서 그리고 특정 사회의 문화적 맥락 속에서 만들어진 존재이다. 이러한 점에서 사이코패스를 '괴물'로 칭하는 것은 매우 적절하다. 사이코패스라는 '괴물'은 실재적 존재이기보다는 현대 사회에서 만들어지는 허구적 대상일 수 있기 때문이다. 대중매체를 중심으로 지식과 기술의 체계가 결합하여 과거의 괴물을 대신할 수 있

---

7   양정혜(2010). SBT, 미디어가 재현하는 범죄현실: 아동대상 성폭력 범죄의 프레이밍. 『언론과학연구』 10권 2호, 43쪽.

는 사이코패스라는 존재가 만들어진 것이다.[8]

그리고 사이코패스라는 괴물은 어떠한 비정상적인 존재이기보다는 우리가 사는 현대 자본주의사회의 문화적 토양이 만들어 낸 어쩌면 정상적 인간형일 수도 있다. 왜냐하면 자본주의 사회가 지향하는 성공적 인간형은 돈과 같은 물질이나 인기 혹은 명예를 좇기도 하면서 이웃도 돌아보지 않고 자신의 이익을 위해 집중하는 태도에서 만들어질 수 있기 때문이다.

8　양정혜(2010). SBT, 앞의 논문, 134쪽.

3

2000년 이후 영화 속 괴물의 변화

영화는 문화이면서 산업, 예술이면서 상품이라는 다면적 성격으로 받아들여진다. 영화 산업이라는 용어에서 알 수 있듯이 고유한 산업으로 인정받으면서도, 매년 개최되는 수많은 영화제에서는 예술적 성취가 뛰어난 작품들이 소개되어 예술 장르로서의 영화의 위상이 높아지고 있다.[1]

2000년대 한국 영화의 급성장으로 영화의 위상은 상승했지만 그와 비례하여 영화를 대하는 인식 역시 산업이라는 관점으로 빠르게 전환되었다. 우선 멀티플렉스의 등장은 전통적으로 영화를 관람하는 극장의 개념이 외식과 쇼핑 등이 동시에 이루어지는 몰(mall)의 개념으로 전환되었음을 의미한다. 관람 환경의 변화가 관람 문화의 변화를 초래했으며 영화를 바라보는 인식의 변화로까지 이어진 것이다.

또한 2000년대 한국 영화의 중심에 위치한 미디어 기업은 이윤 극대화를 위해 투자 · 제작 · 배급 · 상영 등 영화의 전 분야를 아우르는 전략에서 알 수 있듯이 철저하게 자본의 논리를 따른다. 멀티플렉스와 미디어 기업 중심의 영화 산업 재편은 한국 영화 산업의 규모 확대와 안정화

---

1   이현진(2014), 문화에서 산업으로, IMF 이후 한국 영화의 위상 변화와 인식의 전환, 『현대영화연구』 Vol. 19. 181쪽.

에 기여한 것이 사실이지만, 이 과정에서 영화에 대한 인식 또한 문화에서 산업의 영역으로 급속도로 전환되는 데 큰 영향을 미쳤던 것이다.[2]

영화의 대중화와 산업화를 기반으로 2000년 이후 2019년 말까지 한국 영화의 제작은 수적인 면에서 급격하게 증가하였고[3] 전국의 관객 수가 1,000만을 넘는 대중적으로 흥행한 영화의 수도 무려 18편이나 된다. 그중 괴물이 등장하는 영화로 관객 수 1,000만 명을 넘은 영화는 4편[4]으로, 괴물을 소재로 한 영화가 흥행성이 있음을 알 수 있다. 관객 수 500만 명 이상-1,000만 명 미만의 관객을 동원한 영화도 3편이나 된다.[5]

특히 기술적인 측면에서 컴퓨터 그래픽의 발달이 괴물의 외형을 자유롭게 표현할 수 있게 되었으며, 창의적인 발상으로 보다 더 다양한 유형의 괴물을 탄생시킬 수 있게 되었다. 또한 영화의 제작과 배급 과정의 기업화와 대규모 자본 형성으로 더 큰 이익을 창출하기 위하여 많은 제작비를 들여 더 다양한 아이디어와 규모의 대형화를 통해 이전에는 상상하지 못한 새로운 형태의 괴물을 등장시킨 것이다.

영화 속 괴물은 언어적 서사와 시각적 이미지로 표현되고 있다. 그러나 그 특성은 단일한 의미로만 나타나는 것이 아니라 여러 가지 특성이 복합적으로 그려지면서 괴물을 통해 인간이 가진 다양한 측면의 모습을

---

2 앞의 논문. 181–183쪽 참조.

3 2019.12.31. 기준 한국 영화의 제작 편수는 3,021편이다.

4 영화진흥위원회 통합전산망(http://www.kobis.or.kr) 조회기간: 2000.1.1.–2019.6.30.〈신과 함께–죄와 벌〉(14,410,754명), 〈괴물〉(13,019,740명), 〈신과 함께–인과 연〉(12,253,247명), 〈부산행〉(11,565,078명)

5 영화진흥위원회통합전산망(http://www.kobis.or.kr) 조회기간: 2000.1.1.–2019.12.31.〈디워〉(8,426,973명), 〈곡성〉(6,878,264명), 〈늑대소년〉(6,654,837명)

대비적으로 보여 주고 있다.

그렇다면 2000년부터 2019년 말까지 영화진흥위원회 통합전산망에
등록된 영화는 전체 3,021편이다. 2000년대 이후 20년간 제작된 영화
중에서 100만 이상의 관객이 관람한 영화 437편이다. 그중에서도 괴물
이 등장하는 영화는 30편에 이른다. 2000년 이후 100만 명 이상의 관객
이 관람한 괴물 영화를 연도순으로 배열해 보면 [표 9]와 같다.

[표 9] 2000년 이후 괴물 영화 현황[6]

순번	영화명	감독	개봉일	전국 관객 수	등장 괴물
1	여고괴담 세 번째 이야기: 여우계단	윤재연	2003.8.1.	1,784,479	귀신
2	분신사바	안병기	2004.8.5.	1,001,125	귀신
3	귀신이 산다	김상진	2004.9.17.	2,890,000	귀신
4	흡혈형사 나도열	이시명	2006.2.9.	1,824,822	뱀파이어
5	괴물	봉준호	2006.7.27.	13,019,740	괴생명체
6	디워	심형래	2007.8.1.	8,426,973	괴생명체
7	추격자	나홍진	2008.2.14.	5,071,619	사이코패스
8	공공의 적	강우석	2008.6.19.	4,300,670	사이코패스
9	박쥐	박찬욱	2009.4.30.	2,237,271	뱀파이어
10	차우	신정원	2009.7.15.	1,799,356	괴생명체

6 영화진흥위원회 통합전산망(http://www.kobis.or.kr) 조회기간: 2000.1.1.–2019.12.31. 검
색조건: 조회기간:2000–2019, 국적: 한국, 영화명: 전체, 개봉일: 전체, 영화구분: 일반영화,
영화유형: 개봉영화

11	악마를 보았다	김지운	2010.8.12.	1,848,418	사이코패스
12	헬로우 고스트	김영탁	2010.12.22.	2,897,477	귀신
13	7광구	김지훈	2011.8.4.	2,232,179	괴생명체
14	오싹한 연애	황인호	2011.12.1.	3,001,530	귀신
15	하울링	유하	2012.2.16.	1,612,554	괴생명체
16	이웃사람	김휘	2012.8.22.	2,434,099	사이코패스
17	늑대소년	조성희	2012.10.31.	6,654,837	반인반수
18	화이: 괴물을 삼킨 아이	장준환	2013.10.09.	2,391,963	사이코패스
19	곡성	나홍진	2016.5.12.	6,878,264	미지의 존재, 좀비
20	부산행	연상호	2016.7.20.	11,565,078	좀비
21	브이아이피	박훈정	2017.8.23.	1,373,316	사이코패스
22	살인자의 기억법	원신연	2017.9.6.	2,656,694	사이코패스
23	신과 함께 – 죄와 벌	김용화	2017.12.20.	14,410,754	괴생명체
24	조선명탐정: 흡혈괴마의 비밀	김석윤	2018.2.8.	2,424,330	괴생명체
25	곤지암	정범식	2018.3.28.	2,675,559	귀신
26	마녀	박훈정	2018.6.27.	3,189,091	괴생명체
27	신과 함께 – 인과 연	김용화	2018.8.1.	12,253,247	괴생명체
28	암수살인	김태균	2018.10.23.	3,772,620	사이코패스
29	창궐	김성훈	2018.10.25.	1,599,290	야귀(夜鬼) – 조선 좀비
30	사바하	장재현	2019.2.20.	2,397,792	괴생명체

앞에서 언급한 30편의 영화를 등장하는 괴물의 유형을 통해 분류해 보면 [표 10]과 같다.

[표 10] 2000년 이후 영화에 등장하는 괴물의 유형

구분		구체적인 특성 유형	대표적인 괴물
좀비와 귀신	경계적 존재	좀비, 귀신, 뱀파이어 등	영화 〈부산행〉 좀비 바이러스, 영화 〈박쥐〉, 영화 〈신과 함께〉 1 · 2에 등장하는 주인공 등
괴생명체	비정상적 존재	괴생명체, 괴수, 요괴 등	영화 〈괴물〉의 괴생명체, 영화 〈신과 함께〉 1 · 2 에 등장하는 캐릭터 등
사이코패스	극단적 존재	연쇄살인마 등	영화 〈화이: 괴물을 삼킨 아이〉의 화이 등
반인반수	다중적 존재	늑대소년 등	영화 〈늑대소년〉의 늑대소년

[표 10]의 분류를 통해 확인해 볼 수 있는 점은 괴물의 유형을 분류하는 기준이 단순하지 않다는 것이다. 괴생명체와 반인반수는 전통적인 괴물의 개념에 부합하는 소재로서 지속적으로 영화 속에서 다루어지고 있으며, 외형적인 이질성으로 인해 시각적으로 구분이 가능한 존재이다. 그리고 현실적으로 존재하지 않는 허구적 존재라는 괴물의 전형적인 특성을 가지고 있다.

그런데 괴물로 인식하는 존재 중에 두드러지는 것은 좀비와 뱀파이어, 귀신과 같은 경계적 존재에 대한 인식이다. 귀신은 한국 괴물 영화에서 1960년대 이후 지속적으로 등장한 소재이다. 1960-1970년대 중반까지 공포 영화가 대중에게 친숙한 시기에 공포를 불러일으키는 소재로 가장 많이 등장한 것이 여성 원귀였다.

그러나 좀비와 뱀파이어 같은 소재는 〈흡혈귀- 악의 꽃〉(1961), 〈괴시〉(1980) 같은 영화를 제외하고는 한국 공포 영화에는 거의 등장하지 않던 소재이다. 또한 뱀파이어도 2000년 이후 한국 괴물 영화에 자주 등

장하기 시작한 소재로서 삶과 죽음 그리고 서로 다른 존재의 경계를 넘나드는 존재로 한국 영화에서 괴물의 새로운 의미양상을 보여 주고 있다. 좀비와 귀신, 뱀파이어 등은 시각적으로 이질적이고 폭력적인 이미지로 공포를 환기하면서 서사 전개 과정에서 주인공과 적대적인 관계로 퇴치의 대상이 되는 괴물의 특성을 보여 준다.

그런데 새롭게 인식되고 있는 인간 내면의 괴물성을 상징하는 사이코패스는 외형적으로는 이웃에 있는 친숙한 인간의 모습을 하고 있으면서 내적으로는 낯섦과 섬뜩함을 주는 괴물이다. 현대 사회에서 인간 내면의 괴물성을 극대화한 존재로 인식되는 사이코패스를 소재로 한 영화는 계속해서 증가하는 추세이다.

앞에서 언급한 30편의 영화에 등장하는 괴물의 유형에 따른 제작 편수를 표로 나타내면 [표 11]과 같다.

[표 11] 2000년 이후 영화에 등장하는 괴물 유형별 제작 편수

구분	제작 편수	비율(%)
좀비와 귀신	12	40
괴생명체	9	30
사이코패스	8	26.7
반인반수	1	3.3
계	30	100

괴물의 유형에 따른 제작 편수를 비교해 보면 좀비와 귀신과 같은 경계적 존재의 비율이 40%로 가장 높고, 그 다음이 외형적인 이질성을 지

닌 괴생명체를 소재로 한 영화가 30%, 그리고 주목할 만한 현상은 사이코패스를 소재로 한 영화가 26.7%의 비율을 차지하고 있다는 것이다. 앞으로 괴물 영화에 등장하는 괴물의 모습이 변화해 가는 양상을 지켜보는 것도 의미가 있겠다고 할 수 있다.

아울러 2000년대 이후 괴물이 등장하는 한국 영화 30편의 장르별 현황을 영화진흥위원회의 분류 기준을 참고하여 살펴보면 [표 12]와 같다.

[표 12] 2000년 이후 100만 관객 괴물 영화의 장르별 분류

장르	제작 편수	비율(%)	영화 제목
판타지	2	6.7	신과 함께 1 · 2
액션	4	13.3	부산행, 디워, 화이, 차우
S.F	2	6.7	괴물, 7광구
미스터리	4	13.3	곡성, 마녀, 사바하, 분신사바
멜로	1	3.3	늑대소년
범죄	5	16.7	하울링, 추격자, 암수살인, 살인자의 기억법, 브이아이피
공포	4	13.3	오싹한 연애, 곤지암, 박쥐, 여고괴담
코미디	3	10	헬로우 고스트, 귀신이 산다, 흡혈형사 나도열
사극	2	6.7	조선 명탐정, 창궐
드라마	1	3.3	공공의 적
스릴러	2	6.7	이웃사람, 악마를 보았다
계	30	100	

일반적으로 괴물이 등장하는 영화는 공포 영화로 분류되지만 하위 장르로서 괴물이 등장하는 영화의 장르를 세분화한다면 공포(13.3%), 액

션(13.3%), 미스터리(13.3%)의 비율이 39.9%이다. 그리고 사이코패스가 등장하는 범죄 장르에 해당하는 영화가 16.7%로 가장 비율이 높다. 공포와 액션, 미스터리, 범죄 장르는 관객들에게 정서적으로 긴장감을 불러일으킨다.

대부분의 괴물 영화는 부정적 정서와 연관되어 있지만, 2000년 이후 괴물 영화에서는 괴물들이 코미디에 등장하여 관객들에게 웃음을 불러일으키는 경우도 있다. 이 상반된 정서는 관객의 입장에서 모순되기는 하지만, 막연히 두렵게만 인식되었던 괴물의 허구적 존재에 대한 인식과 태도의 변화가 반영된 것으로 볼 수 있다.

앞에서 2000년 이후에 등장한 영화 속 괴물의 변화 양상을 살펴보았다. 그중에 특징적인 현상을 정리해 보면 다음과 같다.

첫째, 2000년 이후 영화 속에 등장하는 괴물의 양상이 다양해졌다는 것이다. 1960-1970년대에 공포 영화가 대중과 친숙한 시기에 등장한 영화 속 괴물이 대부분 여성 원귀였다면, 2000년 이후에 등장하는 괴물은 한국의 전통적 소재인 귀신과 괴수(怪獸)를 비롯하여 뱀파이어, 좀비 등 서양에서 유래한 괴물로 다양해졌다. 그 외에도 실험실에서 탄생한 반인반수, 초능력 실험인간 등 자연과학의 영향으로 이질성을 지니게 된 존재와 내면의 괴물성을 보여 주는 사이코패스가 등장한다.

둘째, 사이코패스를 소재로 한 영화는 〈추격자〉(2008) 이후에 제작 편수가 증가하고 있는 추세이다. 영화 속에 새롭게 등장하는 사이코패스는 미지의 낯선 존재에 대한 두려움이 아니라 가까운 이웃에게서 발견하는 섬뜩함이라는 정서적 반응을 유발하기도 한다. 2000년 이후 사이코패스를 소재로 하는 괴물 영화의 증가 추세가 의미하는 것은 인간이 괴물로 인식하는 대상이 외형적인 이질성에서 인간 내면의 특성으로 전환되고 있음을 보여 준다. 이는 인간 내면의 괴물성이 발현되도록 만드는 사회문화적인 현상의 변화가 반영된 것으로 볼 수 있다.

셋째, 괴물의 서사적 기능의 변화로 인해 영화의 장르 특성이 다양화되고 있다는 점이다. 2000년 이전의 괴물은 공포감을 유발하는 소재로 호러 영화로서 미스터리나 범죄, 스릴러, S.F 등의 장르물에 등장하였다. 그런데 2000년 이후 괴물들은 보다 다양한 정서적 반응과 연관된 영화 속 캐릭터로 등장한다. 주인공과 낭만적인 사랑을 하거나 웃음을 유발하기도 하면서 액션, 판타지, 멜로, 코미디 등 다양한 장르물에 등장하는 괴물은 더 이상 공포의 대상이 아닌 경우도 있다.

영화 속에 등장하는 괴물은 시대에 따라 변해 간다. 하지만 근본적으로 괴물은 그 사회가 채 소화할 수 없는 이물적인 요소, 동화될 수 없는 타자에 대한 불안감을 표상하고 있다. 2000년 이후 영화 속에서 괴물은 퇴치해야 할 적대자로 등장하기도 하고, 사람과 비슷하게 생겼지만 사람이 가지지 못하는 능력을 지닌 존재로, 또는 말로는 표현할 수 없는 기형적 모습을 가진 존재로, 외모는 멀쩡한데 악의 화신처럼 행동하는 사람의 탈을 쓴 사이코패스 등 다양한 모습으로 그려지고 있다.

이러한 다양한 모습의 괴물은 모두 인간으로부터 기인하고 상상 또는 행동에서 비롯된 괴물들의 행태는 어쩌면 누구나 인간은 괴물이 될 수 있다는 생각이 들게 한다. 그리고 보면 영화 속에 등장하는 괴물은 인간의 상상에 의해서 그리고 특정 사회의 문화적 맥락 속에서 만들어진 존재라고 할 수 있다.

5부

2000년 이후
한국 영화 속 괴물의 의미

1

2000년 이후 한국의 괴물 영화

괴물이라는 존재는 특정 사회가 가지고 있는 문화적 맥락과 깊이 연관되어 있으며 결국은 그 사회가 괴물에 관한 담론을 만들어 내는 것임을 알 수 있다. 이 장에서는 2000년 이후 제작된 괴물 영화 중에서 11편의 작품을 대상으로 서사구조를 분석해 보고자 한다. 서사 구조 분석의 대상으로 선정한 영화의 기준은 다음과 같다.

첫째, 서사 전개 과정에서 괴물의 행위가 사회문화적인 의미가 있는 영화를 대상으로 한다. 괴물이 사회적인 원인으로 생겨나거나 괴물의 행위가 사회구성원과 사회질서, 규범에 영향을 미치는 영화를 대상으로 한다.

둘째, 2000년 이후에 제작된 괴물 영화 중에 관객 수 200만 명 이상이 관람한 영화를 대상으로 한다. 대중예술로서의 매체 특성으로 볼 때 영화 관객의 수는 중요한 의미가 있다. 200만 명이라는 관객 수는 영화진흥위원회 관객 수 통계 중 최근 10년간 한국 영화 관객 중 약 15%에 해당하는 관객이 관람한 영화에 해당하는 숫자이다.[1] 영화 속에 등장하는

---

1   조혜정, 서곡숙 외 5명(2020). 한국 영화 미래 100년 어젠다 연구, 영화진흥위원회KOFIC 연구, 2020–03. 17쪽. 이 연구에서 통계 중 2009년–2018년 기간 중 한국 영화 관객 수는 연

괴물이 사회문화성을 반영하고 있다는 점에서 관람자의 수를 판단 기준으로 정할 수 있다.

셋째, 영화에 대한 관객의 평가를 기준으로 한다. 대중과의 소통이라는 관점에서 볼 때 대중이 쉽게 접근하는 인터넷 포털 영화 사이트에서 네티즌 평가를 참고로 할 수 있다. 일반인이 영화를 쉽게 접할 수 있는 대중적인 영화 포털 사이트 네이버와 다음 두 군데 모두에서 네티즌 평점으로 10점 만점 중에 7점 이상인 작품을 대상으로 한다.

그러면 위의 선정 기준에서 먼저 정량적 기준인 관객 수와 네티즌 평점을 기준으로 대상 작품을 제시하면 [표 13]과 같다.

[표 13] 200만 관객 이상 괴물 영화[2]

순번	영화명	감독	전국 관객 수	등장 괴물	네티즌 평점	
					네이버 영화	다음 영화
1	신과 함께 – 죄와 벌	김용화	14,410,754	괴생명체	7.0	7.83
2	괴물	봉준호	13,019,740	괴생명체	8.9	8.62
3	신과 함께 – 인과 연	김용화	12,253,247	괴생명체	7.71	6.8

간 평균 10,318만명이고1인당 영화 관람 횟수는 평균 3.83회이다. 실질 개봉된 영화는 연평균 174편으로 한 영화를 200만명 이상이 관람한 것은 영화 관객의 15.5% 이상이 관람한 것에 해당된다.

2 인터넷 포털 사이트 네이버 영화와 다음 영화의 네티즌 평점을 참조.
기간: 2000.1.1.–2019.12.31. 기준: 2020.6.1. 10점 만점
네이버 영화 https://movie.naver.com/
다음 영화 https://movie.daum.net/main/new#slide-2-0

4	부산행	연상호	11,565,078	좀비	8.0	7.3
5	디워	심형래	8,426,973	괴생명체	7.54	8.4
6	곡성	나홍진	6,878,264	좀비	7.61	7.3
7	늑대소년	조성희	6,654,837	반인반수	8.65	8.4
8	추격자	나홍진	5,071,619	사이코패스	9.09	9.1
9	공공의 적	강우석	4,300,670	사이코패스	8.53	8.2
10	마녀	박훈정	3,189,091	괴생명체	8.20	8.0
11	암수살인	김태균	3,772,620	사이코패스	8.32	7.6
12	오싹한 연애	황인호	3,001,530	귀신	8.53	7.4
13	헬로우 고스트	김영탁	2,897,477	귀신	8.87	8.5
14	귀신이 산다	김상진	2,890,000	귀신	6.89	6.5
15	곤지암	정범식	2,675,559	귀신	6.40	4.9
16	살인자의 기억법	원신연	2,656,694	사이코패스	7.69	6.8
17	이웃사람	김휘	2,434,099	사이코패스	7.52	8.0
18	조선명탐정: 흡혈괴마의 비밀	김석윤	2,424,330	괴생명체	6.62	6.6
19	사바하	장재현	2,397,792	귀신	7.28	7.3
20	화이: 괴물을 삼킨 아이	장준환	2,391,963	사이코패스	7.83	7.3
21	박쥐	박찬욱	2,237,271	뱀파이어	6.26	5.4
22	7광구	김지훈	2,232,179	괴생명체	3.34	4.0

[표 13]에 제시한 영화 중에서 200만 이상 관객이 관람한 영화는 22편이고, 인터넷 포털 사이트 네이버 영화와 다음 영화에서 모두 네티즌 평점 7.0 이상에 해당하는 작품은 15편이다. 그중 서사의 전개 과정에서 괴물의 행위가 사회적인 의미가 있는 영화를 대상으로 한다면 영화 〈오싹한 연애〉, 〈헬로우 고스트〉, 〈이웃사람〉, 〈사바하〉는 서사 구조의 예외성이 있는 작품이므로 분석에서 제외하고자 한다.

먼저 영화 〈오싹한 연애〉는 귀신을 보는 여자를 사랑하는 남자의 이야기이다. 〈헬로우 고스트〉는 죽는 것이 소원인 남자에게 붙은 귀신 이야기로, 한국의 민담에서 유래한 전통적인 귀신을 현대화한 이야기 구조이다. 두 영화는 귀신이 등장하여 중심인물과 관계를 맺지만 사회적인 의미의 인과관계를 설정하기는 어렵다.

영화 〈이웃 사람〉에는 사이코패스가 등장하지만 연쇄살인범의 행위보다는 이웃 공동체의 단합으로 사이코패스에게 복수하는 영화이다. 전형적인 사이코패스가 등장하여 현실을 반영하고 있다고 보기에는 어렵고, 이웃 사람들의 연대라는 이상적인 상황을 지향하는 영화로 볼 수 있어 예외적인 서사의 작품으로 구분하여 분석 대상에서 제외한다. 그리고 영화 〈사바하〉는 특정 종교의 관점이나 입장이 포함되어 있어서 일반적인 사회문화적 의미작용에 적용하기에는 어려움이 따라 분석 대상에서 제외한다.

이상에서 밝힌 관객 수와 영화에 대한 관객 평가에 관한 정량적 기준에 부합하고, 영화 서사에 사회문화적 의미의 인과성이 부각되는 영화에 해당하는 선정 기준에 맞는 연구 대상 영화의 목록은 [표 14]와 같다.

[표 14] 서사 구조 분석 대상 영화 목록

연번	제목	괴물	사회문화적 의미 인과성
1	부산행	좀비	바이러스 감염으로 사회 파괴
2	곡성	좀비	바이러스 감염으로 마을 파괴, 가족 살해
3	신과 함께	귀신 (저승차사)	이민족 침략전쟁, 가족 살해로 인한 이민족 파괴, 가족 붕괴
4	괴물	괴생명체	환경오염으로 탄생한 괴물로 인한 사회 혼란과 파괴
5	디워	괴생명체	악한 세력에 의한 인간 세상 혼란
6	마녀	괴생명체	유전자실험으로 탄생한 인조인간으로 인한 혼란
7	늑대소년	반인반수	유전자실험으로 탄생한 늑대인간으로 인한 혼란
8	추격자	사이코패스	생명경시와 무관심으로 인한 연쇄살인
9	공공의 적	사이코패스	부모 살해로 인한 천륜 파괴
10	암수살인	사이코패스	생명경시와 무관심으로 인한 연쇄살인
11	화이: 괴물을 삼킨 아이	사이코패스	유괴로 인한 가족 파괴

앞에 제시된 것처럼 정량적인 기준에 의해 선정된 15편의 영화 중에 괴물의 발생과 행위의 결과가 사회문화적인 의미작용이 있는 작품 11편을 분석 대상으로 한다. 이를 대상으로 서사 구조 분석을 통하여 괴물의 사회문화적 의미작용을 살펴보겠다.

분석 대상으로 선정된 영화를 살펴보면 서사 전개 과정에 괴물이 주체가 되거나 주체의 적대적 대상이 되는 경우가 있다. 때로는 인물과의 관계에서 공감의 대상이 되어 주요한 행위소로 작용하는 등장인물과의 관계를 파악할 수 있다. 이런 분석 과정을 통해 괴물의 사회문화적인 의미작용을 도출하고자 한다.

분석 작품을 제시하는 순서는 좀비와 귀신, 괴생명체, 반인반수, 그리고 사이코패스의 순서로 하겠다. 좀비와 귀신, 괴생명체, 반인반수는 전통적인 괴물관에 비추어 볼 때 외형적 괴물에 해당한다. 그리고 사이코패스는 외형적으로는 정상적인 모습이지만 인간 내면의 괴물성을 지닌 존재로 구분할 수 있다.

2

⟨⟨⟨

2000년 이후 영화 속 괴물 이미지

1) 경계적 존재, 좀비와 귀신

(1) 〈부산행〉 – 맹목과 모순의 경계인

영화 〈부산행〉은 2000년 이후의 다양한 매체 속에 등장하는 한국 좀비들을 매우 흥미로운 창작물로 부각시킨다. 특히 좀비가 새로운 문화향유자인 2000년 이후 포스트 신세대에게 익숙한 괴물이고, 괴물의 변화가 인간과 사회의 정체성 변화에 대한 위험을 감지하는 것이라면 영화 속에서 전개되는 좀비 서사는 의미 있는 시사점을 던지는 것이다.

영화 속에서 KTX 기차를 타고 있는 사람들은 이유도 모른 채 좀비가 되어 버린 주변 사람들에 의해서 모두 좀비가 되어 가는 것이다. 좀비는 자기가 좀비인지도 모르고 목적도, 방향도 없이 달린다. 왜 달리는지도 모르고 달리는 좀비는 이 세계에 등장한 낯선 존재이며, 삶의 목적도 없이 쫓기듯 앞만 보고 살아가는 현대인의 모습과도 같다.

영화 〈부산행〉의 중심 주제를 파악하고 영화 서사의 전개 과정 속 서사의 중심 전환점을 파악하는 통합체 분석을 적용해 보면, 영화의 주체인 석우와 좀비가 되어 버린 주변 사람들의 수행 행위를 중심으로 [표

15]과 같이 몇 가지 중요한 시퀀스로 나누어 볼 수 있다.

[표 15] 〈부산행〉의 시퀀스 구분

구분	내용
시퀀스 1	석우가 딸과 함께 부산행 KTX에 승차한다.
시퀀스 2	좀비가 시민들을 공격한다.
시퀀스 3	좀비에게 몰린 사람들이 좀비로 변하여 KTX에 탑승한다.
시퀀스 4	KTX 안의 대부분이 좀비로 변하고 기차는 고립된다.
시퀀스 5	석우의 희생으로 딸을 구하지만 좀비가 되어 스스로 죽음을 맞이한다.

영화의 서사는 서울에서 부산으로 가는 KTX 내부에서 일어난 사건을 순차적으로 배열하는 구성 방식이다. 어느 날 갑자기 번지기 시작한 좀 비 바이러스에 의해 감염된 사람들이 집단적으로 좀비로 변하여 모든 살아 있는 사람들을 좀비로 만드는 것이다. 딸을 부산에 있는 엄마에게 데려다주기 위해 KTX를 타게 된 석우는 주변 사람들이 모두 좀비로 변 하는 상황에서 딸을 구하기 위해 고군분투한다.

〈부산행〉이 개봉되던 2016년 당시에도 한국 영화에서 좀비가 등장하 는 것은 익숙하지 않은 일이었다. 기괴한 움직임과 훼손된 신체, 산 자 와 죽은 자의 경계에 놓인 좀비는 이전의 한국 영화에 등장하던 괴물과 는 너무나도 다른 존재였다. 자신의 억울함을 밝히고자 조용히, 그것도 자신의 이야기를 들어 줄 수 있는 이들 앞에만 나타났던 60년대 한국 영 화의 귀신과는 판이한 모습의 괴물이었다.

전혀 다른 외형을 하고 좀비가 한국 영화에 등장했다는 것은 정체성을 위협하는 상황이나 대상, 원인이 바뀌었음을 의미한다.[1] 그러므로 기존의 공포의 대상이었던 귀신과는 다른 모습과 행동을 하는 좀비의 출현을 단순히 괴물의 새로운 유행으로 생각하다가는 좀비 출현의 사회 문화적 의미를 놓칠 수 있다. 좀비의 등장은 이미 죽은 이의 억울함을 말하던 귀신과 다른, 현실에서 살아가고 있는 이들의 공포감을 드러내고 있기 때문이다.

영화 〈부산행〉에 등장하는 괴물의 의미를 파악하기 위하여 [표 16]과 같이 인물들의 관계를 밝히는 계열체 분석을 적용해 볼 수 있다.

[표 16] 영화 〈부산행〉에 등장하는 인물과 괴물의 관계

(갈등)	중심인물과 대립 관계	⇔ 대립	중심인물	⇒ 구조의 대상	중심인물과 우호 관계
	좀비들 (괴물)		석우		수안
	│		│ 협력관계		│
석우가 딸을 구하기 위하여 좀비와 대립	정부		상화	⇒ 구조의 대상	상화의 아내, 태중의 자식
	│				
	언론				
	│				
	군인				

1   커니 R. (2004). 『이방인, 신, 괴물』. 이지영 역, 개마고원, 13쪽.

영화 〈부산행〉에서 중심인물인 석우는 자신의 딸 수안을 구하기 위하여 좀비들과 싸우는 적대관계를 형성한다. KTX에 동승한 상화도 자신의 아내와 태중의 자식을 구하기 위하여 석우와 힘을 합쳐 좀비와 대항해서 싸운다. 이때 정부와 언론은 좀비에 대한 허위 정보를 유포하고, 좀비로 변한 사람들에게 총을 겨누는 군인들도 살아남기 위해 애쓰는 석우와 상화에게는 대립적 관계를 형성하게 된다.

　　주인공 석우는 증권회사를 다니는 직장인으로서 회사의 이익을 위해서는 개미 투자자의 입장은 전혀 고려하지 않는 인물이다. 아내와 이혼하고 딸을 키우고 있지만 딸의 생일에 진심이 담긴 선물을 할 줄도 모르는 아빠이다. 이 영화 속 괴물 좀비는 현대를 살아가는 대부분의 석우와 같은 인물을 이미지화한 것이다.

[표 17] 〈부산행〉의 플롯 분석

<table>
<tr><td rowspan="3">서
사
구
성</td><td colspan="2">등장인물 및 괴물</td><td rowspan="2">인물과
괴물의 관계</td><td colspan="2">갈등 상황</td></tr>
<tr><td>인물의 특성</td><td>괴물의 유형</td><td>원인</td><td>결과</td></tr>
<tr><td rowspan="2">석우, 딸, 그 외
기차에 탄 승객 등
평범한 소시민</td><td rowspan="2">좀비
– 경계적 존재</td><td rowspan="2">대립적
적대적 관계</td><td>표면적 원인: 좀비
바이러스에 의해
감염된 사람들의
폭력 행위</td><td>석우가 딸을 구
하고 안전한 부
산으로 보냄</td></tr>
<tr><td>이면적 원인: 부조
리한 사회 현실</td><td>좀비가 있는 세
상에 남게 된
딸의 미래를 안
전하다고 볼 수
없음</td></tr>
<tr><td>핵심사건</td><td colspan="5">KTX 안의 동승객이 모두 좀비로 변하고 주인공 석우는 딸을 구하지
만 좀비가 되어 스스로 죽음을 맞이함</td></tr>
<tr><td>사건 배열 방식</td><td colspan="5">순차적 사건 배열, 갈등과 대결의 구조</td></tr>
<tr><td>배경</td><td colspan="5">2010년대 중반, 서울에서 부산으로 가는 KTX 내부</td></tr>
</table>

영화의 복잡한 서사 구조를 살펴보면, 갈등 상황의 표면적 원인과 이면적 원인에 따라 [표 17]과 같이 두 가지 차원의 구조가 분석될 수 있다. 영화 〈부산행〉에서 갈등의 표면적인 원인은 좀비 바이러스에 의해 감염된 사람들의 폭력 행위이다. 이때 주인공 석우는 딸을 지키기 위해 자신을 희생하고 좀비가 없는 안전한 부산으로 딸을 보내는 것으로 갈등이 해결된다.

표면적으로는 갈등이 해결되어 딸은 안전한 부산에서 새로운 희망을 안고 살아가게 되지만, 이 해결 방식이 갈등의 완전한 종결을 의미하는 것은 아니다. 이 영화 속 사건의 이면적 원인은 아내와 이혼한 후 가족 공동체가 와해된 석우의 상황과 개미 투자가들의 상황은 고려하지 않은 채 증권회사의 이익을 위해 수단과 방법을 가리지 않고 앞만 보고 가는 자본주의의 극단적인 모습이라고 볼 수 있다.

영화 〈부산행〉에서 주인공 석우는 많은 대한민국의 직장인들처럼 일에서 오는 성취감이나 목표의식을 느끼지 못한다. 그런데 좀비가 등장하고 기차 안의 사람들이 모두 좀비로 변하는 상황은 제어할 수 없는 바이러스와 같은 존재에 의해 맞이하게 되는 재난이다. 이런 상황은 마치 바이러스처럼 번지는 사회의 독소에 의해 주변 사람들과 함께 상황을 둘러보지도 못하고 앞만 보고 달리는 현대 사회의 현상과도 같다.

좀비에 의해 좀비가 되는 사람들의 모습은 성찰이나 판단 없이 맹목적으로 살아가는 현대 사회의 인간들의 모습을 상징적으로 제시한다. 이러한 모습은 육체는 살아 있지만 의식은 죽어 있는 상태라고 할 수 있다. 진정한 삶의 의미를 잃어버린 채 목적과 방향을 잃고 무리 지어 앞만 보고 달리는 좀비의 모습과 유사하다. 그러므로 석우는 죽고, 그 딸과 새 생명을 잉태한 임산부는 아직 죽지 않은 것이나 세상을 배회하는 좀비에 의해 언제라도 공격받을 수 있다.

영화 〈부산행〉에서 서사의 근간이 되는 최초의 결핍은 석우가 아내와 이혼 후 딸과 함께 살며 가족 공동체가 와해되는 상황이다. 석우는 증권회사 펀드 매니저로 일하면서 주변의 이웃을 돌아보지 않는 개인주의자이다. 그런 석우가 좀비를 만나고 딸을 구조하는 과정에 내적인 변화를 경험하는 이야기가 전개된다. 〈부산행〉에서 좀비는 주인공 석우와 대립적인 존재로 등장하지만, 자신의 딸을 구하려는 과정에 자기희생을 통해 참다운 인간으로 변신하는 순간 좀비가 되어 죽게 된다. 좀비와 석우 그리고 좀비가 되어 가는 사람들의 이야기를 펼쳐 가는 서사의 행위소 구조를 도식화하여 관계를 제시해 보면 [표 18]과 같다.[2]

[표 18] 영화 〈부산행〉의 행위소 모델

발신자		대상		수신자
부성애	→	딸을 지킴	→	석우

조력자		주체		반대자
KTX 승객 중 일부	→	석우	←	좀비가 된 사람들

※ 주체: 석우, 대상: 딸을 지킴

---

2 안정오(2016). 설국열차의 서사구조에 나타난 행동자모델. 2016. 『한국학연구』 56. 219-241쪽.

〈부산행〉의 주체인 석우는 좀비 바이러스 유출 사태의 원인이 된 바이오 기업의 실태를 은폐하고 주가를 조작한 증권회사 직원이다. 주체인 석우는 바이오 기업의 위험성을 알면서도 증권회사에서 돈을 벌기 위해 행했던 주가 조작과 개미 투자가들의 몰락을 방치한 사람이다. 그렇게 자기와는 관계없다고 생각하고 한 일이 자신에게도 돌아와 KTX 안에 있는 사람들이 바이러스에 감염되어 좀비로 변하는 상황에서 자기 딸의 생명을 지키려고 한다.

이때 딸의 생명을 지키는 주체의 행위 대상이 되며, 석우의 행위 동기는 딸을 지키려는 부성애로부터 유발되는 것으로 볼 수 있다. 석우의 행위 동기가 발신자가 되고 석우는 스스로 수신자가 되어 좀비가 된 사람들과 싸우며, KTX 안에서 자신의 아내와 태중의 아이를 지키려는 상화의 도움으로 어려움을 헤쳐 나간다. 이때 '좀비가 된 사람들'은 주체의 반대자이며, 상화는 주체인 석우의 조력자가 된다.

영화 〈부산행〉의 표면적 갈등 상황을 분석하면, 좀비를 퇴치함으로써 딸과 KTX에 동승한 임산부가 좀비로부터 구조되어 안전하게 부산에 도착해 좀비가 없는 세상에서 안전하게 살아갈 수 있다는 새로운 희망을 암시하고 있으므로 표면적인 갈등은 해소된 것으로 볼 수 있다.

그러나 영화 〈부산행〉의 이면적 갈등 상황을 분석하면, 석우는 딸을 지키는 과정에 자기희생을 통해 일시적으로 딸을 안전지대인 부산으로 보냈지만 KTX 밖 외부 세상에는 좀비가 되어 딸을 쫓아오는 무리가 있다. 서울과 대전을 거쳐 내려오는 좀비는 부산에는 아직 도달하지 않았지만, 오래지 않아 부산에도 좀비는 찾아오게 될 것이다. 석우가 희생하는 것과 같은 개인적인 노력으로는 전국에 퍼져 있는 좀비 바이러스는 사라지지 않는다. 결국 부조리한 사회의 시스템과 가치관의 변화와 같은 근본적인 해결책이 제시되지 못하면 좀비는 언제든지 살아 있는 딸의 뒷덜미를 잡게 될 것이다.

영화 〈부산행〉은 서울역과 부산행 KTX 열차를 무대로 한다. 영화의 서사 속에서 흔히 전개되는 선과 악의 대립 구도를 배제하고, 인간의 추악함과 사회의 부조리를 민낯으로 드러냈다. 그리고 좀비의 폭주를 통해 우리 사회가 이루어 냈다고 자부해 온 산업화의 시스템을 여실하게 파괴한다.

그리고 KTX의 유리문을 통해 뛰는 좀비를 바라볼 수 있는 공백의 지점이 생긴다. 인간으로 살아 있다는 것과 좀비가 되는 것의 공간적인 차이는 단지 유리문 하나로 구분되어 있다. 좀비가 아니라 인간다운 인간으로 살아가기 위한 사회 안전장치가 유리문으로 되어 있다는 것은, 사회의 위기에 대응할 수 있는 한국 사회의 안전망에 대한 불안 의식을 내포한 것이다.

열차 유리문 안에 있던 등장인물 중 종길이 몰려든 좀비들을 바라보다 자신의 언니가 좀비가 된 것을 발견하는 장면이 있다. 종길은 자신의 언니가 희생하고 인내하며 살아왔는데 좀비가 되어서도 산 사람을 공격하지 못하고 마냥 착하고 처량하게 서 있는 모습을 목격하게 된다. 이 장면은 종길의 눈을 통해 자신을 포함한 유리문 안에 있는 사람들이야말로 좀비보다 더 괴물 같고, 유리문 밖의 좀비들이 오히려 더 인간다울 수도 있음[3]을 암시하고 있는 장면이다.

---

3   김형식(2017). 한국사회의 예외상태의 지속과 회복되지 않는 일상. 『대중서사연구』23(2), 198-200쪽 참조.

영화 〈부산행〉에서 '좀비'가 생산해 내는 의미 과정을 살펴보면, 영화에 등장하는 주체와 대립적인 관계에 있는 좀비의 이미지를 파악해 볼수 있다. 영화 속 서술의 심층적 의미를 파악하기 위해 내재된 의미소의 대립적 자질을 분석하여 함축적 의미를 제시해 보면 [표 19]와 같다.

[표 19] 〈부산행〉에 등장하는 '좀비'의 이미지

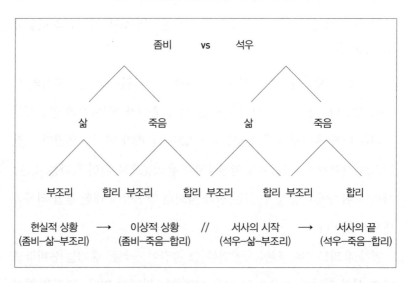

영화 〈부산행〉에 등장하는 좀비의 의미작용을 살펴보기 위하여 중심인물 석우와 대립적 의미를 설정해 볼 수 있다. 좀비는 몸은 살아 있지만 영혼이 죽어 있는 상태이다. 좀비에게는 살아 있는 것과 죽은 상태가 동시에 드러난다. 그러므로 좀비의 삶은 영혼이 죽어 있기 때문에 부조리함을 나타낸다. 또한 중심인물 석우는 살아 있지만 역시 무엇을 위해 살고 있는지 목적을 알지 못하는 삶을 살고 있다. 석우는 일상에서는 영혼을 잃은 부조리한 존재이지만, 딸을 구하기 위해 죽음을 맞이하는 순간 자기희생을 통해 인간다운 모습을 회복한다. 좀비가 살아 있음은 부조리를 의미하고, 석우의 죽음은 합리성을 의미한다. 그러나 영화의 서사 속에서 좀비의 모습과 석우의 모습에는 삶과 죽음, 합리와 부조리한 상태가 공존하고 있다.

영화 속의 괴물인 좀비는 주체인 석우와 대립적인 이미지를 보여 주지만 그 모습을 자세히 관찰해 보면 좀비와 석우는 일치하는 모습이 많다. 〈부산행〉에서 석우의 모습은 일반적인 현대인의 모습과 같다. 그리고 석우는 대전역에서 수많은 사람들이 위험에 빠질지도 모르는 상황을 미리 알고 있음에도, 딸인 수안과 단둘이서만 빠져나가려고 한다. 수안은 다른 사람에게도 말해 줘야 한다고 주장하지만 석우는 이를 받아들이지 않는다.

석우: 신경 쓰지 마, 그냥 각자 알아서 하는 거야.

수안: 아빠는 자기밖에 몰라. 그러니까 엄마도 떠난 거잖아요.[4]

[그림 5] 좀비에게 쫓기는 석우와 수안

| 수안을 데리고 도망가는 석우 | 타인을 걱정하는 수안과
좀비를 피하는 시민들 |

(출처: https://movie.naver.com/movie/bi/mi/basic.nhn?code=130966)

4 연상호, 〈부산행〉(2016) 대사 중 발췌

타인을 배려하는 어린아이인 수안[5]의 눈에 석우는 신자유주의 속에서 '각자가 알아서 하는' 이데올로기를 내면화한 이기적이고 비정한 인물이다. 그러나 석우는 그러한 태도가 다른 사람들을 타자화하고 있다는 것을 전혀 깨닫지 못한다. 그가 스스로를 돌아보게 된 계기는 같은 팀 직원과의 전화 통화를 통해 자신이 억지로 살려 낸 기업에서부터 좀비 바이러스가 유출되었다는 사실을 알고 나서이다. 충격적인 소식을 듣고 석우는 거울 속에 비친 자신의 모습을 본다. 타인의 피로 온몸을 적시고 있는 모습을 보고 비로소 자신이 좀비보다 더 추악한 괴물이었음을 깨닫게 된다.[6]

그리고 영화 속에 등장하는 공권력과 언론은 원인 불명의 좀비들을 '폭력적인 시위대'로 호도하며 정보를 통제한다. 그리고 정부 관계자는 방송을 통해 크게 걱정할 상황은 아니라며 진정 국면에 접어들었다는 허위 정보를 유포한다. 이 영화에서 좀비는 시각적 공포를 조성하고 있지만 실제 관객들에게 더 큰 공포는 국가적 재난에 대처하는 영화 속 권력층의 태도이다. 이러한 권력층의 태도가 현실 속에서 경험한 상황이라는 인식이 관객들에게 회복 불능의 무력감을 느끼게 하는 것이다.

영화 〈부산행〉에 등장하는 좀비는 일상적인 삶에서 만나는 이웃의 모습이 좀비로 설정된 것임을 발견할 수 있다. 수없이 만나는 현실의 부조리 속에서 영혼을 잃고 살아가는 현대인의 모습이 마치 바이러스에

---

5   수안은 영화 속에서 입석 티켓을 가진 할머니에게 자신의 자리를 양보하고, 노숙자에게 혐오를 드러내는 석우에게 '나쁜 사람'이라고 말한다.

6   김형식(2017). 한국사회의 예외 상태의 지속과 회복되지 않는 일상. 『대중서사연구』 23(2), 198–201쪽.

감염되어 퍼져 나가는 상황을 알레고리로 보여 주고 있는 것이다.

(2) 〈곡성〉 - 불신과 미지의 존재

영화 〈곡성〉은 낯선 외지인(쿠니무라 준)이 나타난 후 마을 사람들에게 이상한 병이 퍼져 좀비가 되고, 의문의 죽음과 연관된 사건들로 시골 마을이 발칵 뒤집히는 것으로 시작한다.

경찰 종구는 현장을 목격했다는 여인 무명을 만나면서 외지인에 대한 소문을 확신하기 시작하고, 딸 효진이 피해자들과 비슷한 증상으로 아프기 시작하자 다급해진 마음으로 사건을 추적한다. 마을에서 벌어진 사건의 의혹을 풀어 가려고 하는 주인공 종구의 수행 행위를 중심으로 이야기의 구조를 살펴보면 [표 20]과 같이 몇 가지 중요한 시퀀스로 이루어졌음을 알 수 있다.

[표 20] 〈곡성〉의 시퀀스 구분

구분	내용
시퀀스 1	시골 마을에 자신의 가족들을 칼로 찔러 살해한 살인사건이 연속적으로 발생한다.
시퀀스 2	경찰관 종구의 딸이 병에 걸려 이상한 행동을 한다.
시퀀스 3	종구는 외지인 일본인을 의심하며 동네 친구들을 모아 그를 죽이러 간다.
시퀀스 4	딸은 건강을 회복하지만 동료인 경찰관이 자신의 가족을 살해한다.
시퀀스 5	종구가 집에 돌아오니 아내가 난도질 되어 있고 딸은 실성하였다.
시퀀스 6	종구는 피를 흘리고 앉아 있고 마을의 무당은 종구에게 다가가 사진을 찍는다.

영화의 배경은 산골 마을로 설정되어 있고, 사건은 마을에 자신의 가

족을 살해하는 의문의 살인사건이 연이어 발생하는 원인을 파헤쳐 가는 미스터리 구성 방식으로 전개된다. 영화 〈곡성〉에 등장하는 인물과 괴물에 대해 [표 21]과 같이 계열체 분석을 적용해 볼 수 있다. 미지의 괴물과 등장인물에게 의혹의 대상이 되고, 무명은 종구를 돕는 조력자의 역할로 우호 관계를 형성한다.

[표 21] 영화 〈곡성〉에 등장하는 인물과 괴물의 관계

(갈등)	의혹의 대상	⇒ 현혹자	중심인물	⇐ 조력자	협력관계
	쿠니무라 준 (외지인)		종구		무명
경찰관 종구가 마을에 퍼지는 외지인에 관한 의혹을 밝히려 함	↑ 협력관계		ǀ 동일한 입장		
	일광 (무속인)		마을 사람들		

영화 속에서 외지인은 마을에 병을 퍼뜨리는, 존재를 알 수 없는 악한 기운이다. 그리고 외지인을 돕는 마을의 무속인 일광도 모두 종구를 현혹하는 존재이다. 종구가 마을에 병을 퍼뜨리는 미지의 존재와 맞서는 과정에서 조력자는 무명이다. 종구는 사람이 죽는 현장을 목격했다는

여인 무명을 만나면서 외지인에 대한 소문을 확신하고, 딸 효진이 피해자들과 비슷한 증상으로 아프기 시작하자 다급해진 마음으로 사건을 추적한다.

　그러나 종구는 결국 자신을 돕는 무명도 믿지 못하고, 병에 걸려 좀비가 되어 자신의 가족을 죽이는 주변의 마을 사람들의 모습을 목격하고는 아무것도 믿을 수 없는 상황에 놓인다. 중심인물 종구는 외지인을 의심의 대상으로 보고 있지만, 외지인에 대한 정확한 정보가 없어서 상대적으로 무력한 입장에 놓이게 된다. 결국 영화의 결말부에 종구도 의문의 사건을 해결하지 못하고 마을 사람 모두가 피해자가 되어 죽게 된다.

　영화 〈곡성〉에 등장하는 인물과 미지의 괴물과의 갈등 상황을 살펴보면, 사건의 원인과 해결 방식이 이중적으로 나타난다. 핵심 사건인 외지인의 등장 이후 가족 살인사건으로 마을이 파괴되는 과정을 살펴보면, 갈등의 표면적 원인과 이면적 원인에 의해 나타나는 결과를 분석할 수 있다.

　이러한 과정에서 보이는 미지의 존재인 외지인과 중심인물의 행위를 관객들이 수용하는 과정에 괴물의 이미지를 구성해 가고 함축적 의미가 생성되는 것이다. 영화 〈곡성〉의 서사를 분석하기 위하여 플롯을 살펴보면 [표 22]와 같다.

[표 22] 〈곡성〉의 플롯 분석

등장인물 및 괴물		인물과 괴물의 관계	갈등 상황	
인물의 특성	괴물의 유형		원인	결과
종구, 마을 사람들 시골 주민	좀비	의심의 대상, 적대적 관계	표면적 원인: 의문의 연쇄 가족 살인 사건	사건의 원인을 밝히지 못함
			이면적 원인: 미지의 존재에 대한 의심과 현혹	마을 전체가 미지의 존재에 의해 파괴됨

서사 구성

핵심사건	마을에 외지인의 등장 이후 가족 살인사건으로 마을이 파괴되는 과정
사건 배열방식	미스터리 방식
배경	시골 마을

영화 〈곡성〉을 분석해 보면, 서사의 근간이 되는 최초의 결핍은 외지인이 마을에 등장한 후 마을 전체에 알 수 없는 병이 퍼지고 이 병에 걸린 사람들이 좀비가 되어 의문의 가족 살인사건을 저지르게 된다. 복잡한 서사의 전개 과정을 도식화하여 행위소들의 관계를 제시하면 [표 23]과 같다.

[표 23] 영화 〈곡성〉의 행위소 모델

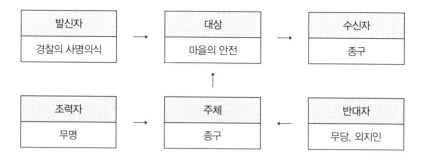

발신자		대상		수신자
경찰의 사명의식	→	마을의 안전	→	종구

조력자		주체		반대자
무명	→	종구	←	무당, 외지인

※ 주체: 종구, 대상: 마을의 평화

영화 〈곡성〉의 행위소 구조를 보면, 주체인 종구가 이상한 바이러스에 감염되어 좀비로 변하여 정신 이상을 일으키고 자신의 가족을 살해하는 마을 사람들의 발병 원인을 찾아 마을의 안전을 지키려고 한다. 이때 마을의 안전을 지키는 것은 주체의 행위 대상이 되며, 종구의 행위 동기는 경찰관으로서 가지고 있는 사명의식으로부터 유발되는 것으로 볼 수 있다.

서사 전개 과정에서 종구의 행위 동기는 발신자가 되고, 종구가 스스로 수신자가 되어 이상한 병을 퍼뜨리는 미지의 낯선 존재와 싸운다. 그 과정에 마을 안에서 일어나는 일의 전모를 알고 있는 듯한 여인인 무명의 도움으로 의문을 풀어나가려고 한다. 그리고 의혹을 일으키는 존재로서 외지인과 무당은 주체의 반대자이다.

그렇다면 영화 〈곡성〉에서 주체와 대립적인 관계에 있는 괴물의 의미를 살펴볼 수 있다. 영화 속 서술의 심층적 의미를 파악하기 위하여 내재된 의미소의 대립적 자질을 분석하여 함축적 의미를 제시해 보면 [표 24]와 같다.

[표 24] 〈곡성〉에 등장하는 괴물의 의미 자질

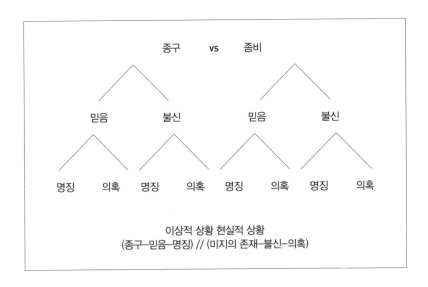

영화 〈곡성〉에 등장하는 좀비의 의미작용을 살펴보기 위하여 중심인물 종구와 대립적 의미를 설정해 볼 수 있다. 영화 속 좀비는 미지의 존재가 퍼뜨리는 바이러스에 의해 이상한 병에 걸리고 정신이 나간 상태이다. 좀비가 알 수 없는 힘에 이끌려 행동하는 것은, 겉으로 보이는 현상과 진실이 은폐된 상황이 공존하는 것이다.

종구는 마을 사람들에게 나타나는 현상에 의혹을 갖고 탐색하지만, 사건의 원인도 해결 방법도 찾지 못한 채 혼란에 빠지고 만다. 이때 종구는 자신에게 도움을 주는 무명의 말을 듣지만 결정적 순간에는 무명을 믿지 못하고, 스스로 자신도 믿지 못하는 상태에서 마을 사람들과 가족들이 모두 희생된다. 미지의 존재에 대한 불신으로 의혹의 상태가 공포를 불러일으키는 현실이라면, 종구가 무명의 조언을 믿고 상황을 명징하게 판단하는 것이 이상적인 상황이 될 수 있었을 것이다.

영화에서는 미지의 존재가 퍼뜨리는 악이 마을 사람들을 좀비로 만들고 서사의 주체인 종구와 적대적인 관계를 형성한다. 괴물은 불신과 미지의 상태를 상징하는 존재로서 마을에 의심과 혼돈을 가져온다. 가족을 파괴하고 사람들이 실성하여 가족을 살해하도록 몰아가는 괴물은 의혹과 불신으로 세상을 파괴하는 악마성을 지닌 존재이다.

(3) 〈신과 함께〉 – 생사를 주관하는 초월자

〈신과 함께 – 죄와 벌〉은 2018년도에 개봉되어 최종 누적 관객 수 1,440만 명이 관람한 영화로 한국을 넘어 대만, 홍콩 등 아시아 전역에서 성공적으로 흥행하였다.

1편에 해당하는 〈신과 함께 – 죄와 벌〉에서 이야기를 관통하는 세계관의 초석을 다지고 캐릭터들의 특성을 형상화하여 2편 〈신과 함께 – 인과 연〉에서 메시지의 귀결이 이루어지도록 하였다. 그러나 〈신과 함께〉에 등장하는 괴물인 저승차사가 두 편의 이야기에서 유사한 역할과 특성을 보인다. 〈신과 함께 – 죄와 벌〉에서 자홍을 중심으로 저승차사와의 관계를 통해 이야기의 구조를 살펴볼 수 있겠다.

[표 25] 〈신과 함께-죄와 벌〉의 시퀀스 구분

구분	내용	서사 구성의 특성
시퀀스 1	소방관인 자홍이 화재사고 현장에서 여자아이를 구하고 죽는다.	이승-현재
시퀀스 2	자홍이 저승 삼차사를 만나 저승의 재판을 받게 된다.	저승-현재
시퀀스 3	자홍이 '귀인'에 해당하는지 판단하기 위하여 살아 있는 가족과의 관계를 심의한다.	저승-현재
시퀀스 4	자홍의 어린 시절 성장 과정과 어머니에 대한 사랑이 밝혀진다.	이승-과거
시퀀스 5	자홍의 동생 수호에 대한 사랑이 밝혀지는데 군대에 간 동생이 억울한 죽음을 당한다.	이승-현재 2부 '인과 연'의 서사 모티브가 됨
시퀀스 6	저승 심판에서 자홍이 살아 있을 때 가족에 대한 사랑으로 자신을 희생한 것으로 판결된다.	저승-현재
시퀀스 7	수홍은 귀인으로 이승에 환생하게 되고 자홍의 동생 수홍은 억울한 죽음으로 원귀가 된다.	저승-현재 2부 '인과 연' 핵심사건의 원인이 됨

[표 25]에서 보이는 서사 구성의 특성은 저승차사가 이승과 저승의 경계를 자유롭게 왕래하고 현재와 과거의 시간도 초월하여 존재한다는 것이다. 특히 시퀀스 5와 시퀀스 7은 〈신과 함께 – 인과 연〉에서 사건 전개의 모티브가 되는 부분이다. 영화 속 사건은 과거와 연결되어 있는 현재 사건의 원인을 제시하는 인과론적인 구성 방식으로 전개된다. 영화 속 괴물은 사자(死者)를 저승으로 인도하고 저승에서 받는 심판에서 인간을 변호하는 차사의 역할로 설정되어 있다.

영화 〈신과 함께 – 죄와 벌〉에 등장하는 인물과 괴물들에 대해서는 계열체 분석을 적용해 볼 수 있다. 심판을 받게 되는 자홍, 그리고 인간을 저승으로 인도하고 심판에서 변론을 담당한 저승 삼차사는 상호 간 우호 및 대립의 관계들을 중심으로 구분된다. [표 26]을 통해 복잡하고 다양하게 얽혀 있는 관계의 추이를 파악할 수 있다.

[표 26] 영화 〈신과 함께 – 죄와 벌〉에 등장하는 인물과 괴물의 관계

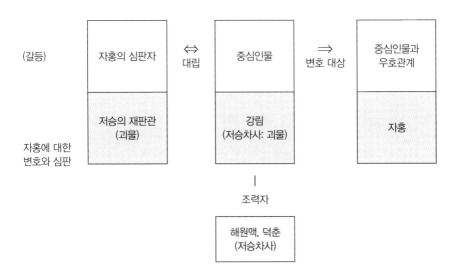

영화 〈신과 함께 – 죄와 벌〉에 등장하는 인물과 저승 삼차사는 저승과 이승에서 다양한 상호관계와 조화를 보여 준다. 저승차사인 강림은 저승의 일류 변호사답게 수홍의 재판을 변호하며 수홍이 귀인이 될 수 있도록 역할을 이어 나간다. 저승에서는 재판관들이 죽은 자홍을 심판하고 최종 판결은 염라대왕이 내리게 된다. 자홍은 저승 삼차사의 도움을 받아 '귀인'으로 판정받으며 환생하게 된다.

영화 〈신과 함께 – 죄와 벌〉의 플롯을 분석하면 [표 27]과 같다.

[표 27] 〈신과 함께 – 죄와 벌〉의 플롯 분석

	등장인물 및 괴물		인물과 괴물의 관계	갈등 상황	
	인물의 특성	괴물의 유형		원인	결과
서사 구성	자홍	저승사자 (神)	판관과 판단 대상자	표면적 원인: 자홍의 행위	자홍의 행위는 의로운 것으로 판단됨
				이면적 원인: 자홍의 행위	저승차사의 변론으로 구원
	핵심사건	자홍의 행위에 대한 저승의 심판			
	사건 배열방식	이승과 저승, 과거와 현재를 오가는 교차 편집 구성 인과론적 구성 방식			
	배경	저승의 재판장 – 이승의 현실 공간, 과거–현재			

영화 〈신과 함께 – 죄와 벌〉의 사건 전개를 살펴보면, 영화에서 서사의 근간이 되는 최초의 결핍은 자홍이 이승에서 한 행위에 대한 판단이다. 행위소 구조를 도식화하여 행위소들의 관계를 제시하면 [표 28]과 같다.

[표 28] 영화 〈신과 함께 – 죄와 벌〉의 행위소 모델

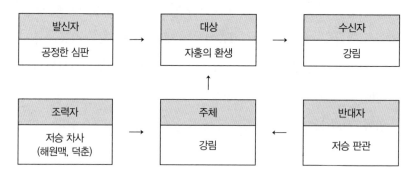

※ 주체: 강림, 대상: 자홍의 환생

영화 〈신과 함께 – 죄와 벌〉의 행위소 구조를 보면 주체인 강림이 죽어서 저승에 오게 된 자홍의 변호를 맡아 '귀인'으로 판정받아 환생하도록 하는 일을 하게 된다. 저승에 온 자홍이 심판을 받는 과정에 저승 삼차사(강림, 해원맥, 덕춘으로 구성)가 한 팀이 되어 재판장으로 인도하고 도와주게 된다.

영화의 서사에서 자홍을 '귀인'으로 만들어 환생하게 하는 것은 행위 대상이 되며, 강림의 행위 동기는 이승에서 선하게 살았던 자홍에 대한 공정한 심판을 받도록 하는 것이다. 저승차사 강림의 행위 동기는 발신자가 되고, 강림이 스스로 수신자가 되어 자홍이 공정한 심판을 받아 귀인이 되도록 변호한다. 그 과정에 강림과 함께 저승차사의 역할을 하는 해원맥과 덕춘이 자홍을 변호하는 강림을 돕는다. 그리고 저승의 판관들은 자홍이 이승에서 한 행위를 고발하는 역할을 하므로 주체의 반대자이다.

영화 〈신과 함께 – 죄와 벌〉에서 자홍의 행위는 주관적인 입장에서는 선의의 행위라고 하더라도 저승의 판관에 의한 객관적 판단이 필요하다. 영화 속에 등장하는 저승 차사와 염라대왕은 '죄와 벌'이라는 인과론적인 논리에 의해 인간의 행위에 대한 판단과 삶과 죽음을 주관하는 저승의 초월적 신의 모습으로 그려지고 있다.

저승차사에 의해 변론을 받으며 전개되는 사건을 통해 괴물의 의미를 살펴볼 수 있다. 영화 속 서술의 심층적 의미를 파악하기 위해 내재된 의미소의 대립적 자질을 분석하여 함축적 의미를 제시해 보면 [표 29]와 같다.

[표 29] 〈신과 함께 − 죄와 벌〉에 등장하는 괴물의 의미 자질

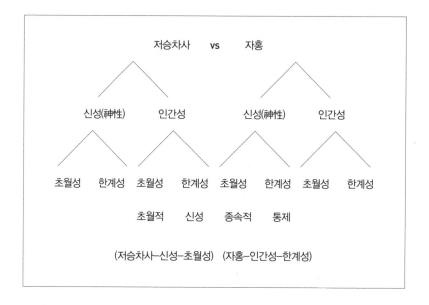

영화에 등장하는 자홍을 심판하는 저승의 판관과 저승 삼차사를 중심으로 귀신과 인간의 차이점이 확연하게 드러난다. 인간은 삶과 죽음의 문제를 넘어설 수 없는 한계를 지니는 반면, 저승의 신들은 삶과 죽음을 초월하여 이승과 저승을 넘나드는 존재로서 인간의 삶을 심판하는 역할을 통해 초월적 신성을 보여 준다.

2) 비정상적 존재, 괴생명체

(1) 〈괴물〉 – 단절과 불통의 타자

괴물 영화에 등장하는 괴물들은 대부분 현실세계에 실재하지 않는다. 실재하지 않는 존재를 영화 속에 구현해 내는 것은 괴물에 대한 이미지를 통한 의미 표상이라고 하겠다. 영화 〈괴물〉에 등장하는 괴물은 어류와 파충류가 혼합된 기이한 모습이다. 실재하지 않는 생명체를 창조하기 위해 실재하는 생명체의 외양과 특성을 변형해 새로운 괴물을 만들어 낸 것이다.

[그림 6] 영화 〈괴물〉 속 괴생명체의 형상

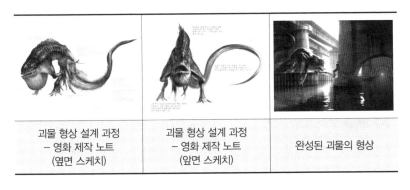

| 괴물 형상 설계 과정
– 영화 제작 노트
(옆면 스케치) | 괴물 형상 설계 과정
– 영화 제작 노트
(앞면 스케치) | 완성된 괴물의 형상 |

(출처: https://movie.naver.com/movie/bi/mi/photoView.nhn?code=39841)

먼저 서사를 근간으로 하는 영화의 중심 주제를 파악하고 영화 서사 전개 과정을 분석하여 영화 속 서사의 중심 전환점을 파악하고자 시퀀스를 구분하였다. 영화 〈괴물〉의 통합체 분석을 위해 주체인 강두와 조력자인 강두 가족의 대립적 관계로 등장하는 괴물의 수행 행위를 중심으로 살펴보면, [표 30]과 같이 몇 가지 중요한 시퀀스로 나누어 볼 수 있다.

[표 30] 〈괴물〉의 시퀀스 구분

구분	내용
시퀀스 1	낯선 괴물체가 한강에 괴생물체의 등장한다.
시퀀스 2	괴물이 서울 시민과 한강 하수구에서 매점을 운영하는 강두 가족을 공격한다.
시퀀스 3	강두의 딸 현서가 괴물에게 붙잡힌다.
시퀀스 4	강두 가족이 괴물에게서 현서를 구하려고 노력한다.
시퀀스 5	괴물도 죽고 현서도 죽는다.
시퀀스 6	강두가 괴물에게서 살아남은 세주와 함께 한강변 매점에서 생활한다.

영화의 배경은 서울의 한강변으로 설정되어 있고, 사건은 순차적인 사건 배열 방식으로 되어 있다. 괴생물체가 등장하는 원인이 되는 미군의 화학 폐기물 방류 사건으로 서사가 시작된다. 영화 속에 등장하는 괴물은 한강에 방류된 오염 물질 때문에 유전자 변형이 일어난 괴생물체로 낯선 존재이며 인간을 공격하는 존재로 그려지고 있다.

영화 〈괴물〉에 등장하는 인물들에 대해서는 계열체 분석을 적용해 볼 수 있다. 괴물과 등장인물은 우호 및 대립의 관계들을 중심으로 구분된다. 다양하게 변화하는 관계의 추이를 계열적 대립 구조로 파악하면 [표 31]과 같다.

[표 31] 영화 〈괴물〉에 등장하는 인물과 괴물의 관계

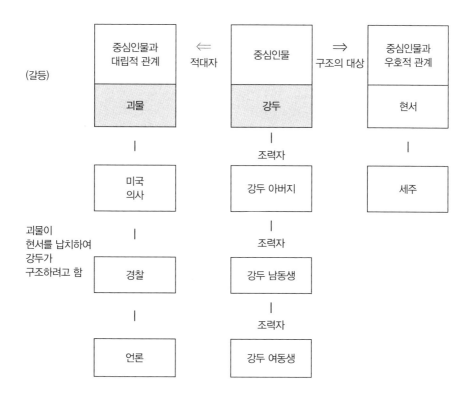

영화 속 괴물은 괴생명체로 현서를 납치해 간 적대자이지만, 현서를 구조하는 과정에 등장하는 미국인 의사나 공권력을 상징하는 경찰과 민중의 소리를 대변한다는 언론도 모두 괴물과 같은 대립관계를 형성한다. 납치된 딸을 구하겠다는 소시민의 말을 듣지 않고 결국 외로이 분투하게 만드는 불통의 사회를 보여 주는 것이다. 강두의 가족들은 강두와 함께 현서를 구하려고 돕는 조력자의 역할을 하고, 결국 강두는 현서를 구하지는 못하지만 현서와 함께 괴물의 소굴에 갇혀 있었던 세주를 구하게 된다.

영화 〈괴물〉에 등장하는 인물과 괴물의 갈등 상황을 살펴보면 사건의 원인과 해결 방식이 이중적으로 나타나게 된다. 핵심 사건인 괴생물체가 납치한 현서를 구조화하는 과정을 통해 갈등의 표면적 원인과 이면적 원인에 의해 나타나는 결과를 분석할 수 있다. 이러한 과정에서 보이는 괴물의 행위를 관객들이 수용하는 과정에 괴물의 이미지를 구성해 가고 함축적 의미가 생성되는 것이다. 그 내용을 정리하면 [표 32]와 같다.

[표 32] 〈괴물〉의 플롯 분석

	등장인물 및 괴물		인물과 괴물의 관계	갈등 상황	
	인물의 특성	괴물의 유형		원인	결과
서사 구성	강두 가족, 시민 – 평범한 소시민	괴생물체	대립적 적대적 관계	표면적 원인: 미군이 방류한 화학 약품으로 인한 괴생물체 탄생	강두 가족이 괴물을 죽임. 갈등이 해소됨
				이면적 원인: 사회 내의 소통의 단절	공권력과 기득권에 의해 소외됨. 갈등이 해소되지 못함
	핵심사건	괴생물체가 납치한 현서를 구조하는 과정			
	사건 배열방식	순차적 사건 배열, 갈등과 대결의 구조			
	배경	2000년대 중반, 서울 한강변			

영화 〈괴물〉 속 주체는 강두이고, 사건이 발생하는 원인이 되는 갈등

에 의해 서사의 구조는 두 가지 차원으로 의미가 나누어진다. 이 영화 속 갈등 상황의 표면적 원인과 이면적 원인에 따라 두 가지 차원의 행위주 구조가 분석될 수 있기 때문이다.

갈등의 표면적인 원인은 미군이 한강에 방류한 화학약품 때문에 괴생물체가 등장하게 된 것이다. 이로 인해 괴물이 납치한 현서를 구하기 위해 가족들이 노력하여 결국 현서는 죽지만 괴물이 퇴치되고 한강에 다시 평화로운 삶이 회복된다.

갈등의 이면적 원인은 사회 내의 소통의 단절이라고 할 수 있다. 현서가 괴물에게 잡힌 후 즉시 경찰이 개입하여 구조 작업을 했다면 현서는 살아 돌아올 수 있었지만, 경찰은 강두를 가두고 현서가 살아 있다는 주장을 무시하였다. 미국 의사도 강두를 정신병자로 취급하였고 언론에서도 바이러스 감염자로 몰아세워 소외시키는 현상이 나타났다.

표면적으로는 갈등이 해결된 것처럼 보이는 이 영화는 괴물의 등장과 퇴치 과정에 사회 내에서의 소통 단절의 모습과 함께 정부와 사회의 부조리한 모습이 적나라하게 드러나면서 소통의 단절로 인해 나타나는 폭력적인 사회 현상을 상징적으로 제시하고 있다.

영화 〈괴물〉의 서사의 근간이 되는 최초의 결핍은 괴물에 의해 딸이 납치된 것이다. 강두는 서사의 주체가 되고 괴물은 강두와 적대적 관계를 형성하게 된다. 행위소 구조를 도식화하여 제시하면 [표 33]과 같다.

[표 33] 영화 〈괴물〉의 행위소 모델

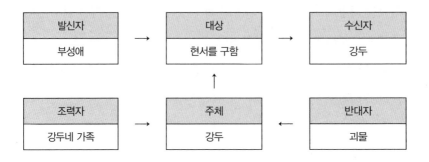

발신자		대상		수신자
부성애	→	현서를 구함	→	강두

조력자		주체		반대자
강두네 가족	→	강두	←	괴물

※ 주체: 강두, 대상: 현서를 구함

　영화 〈괴물〉의 행위소 구조를 보면 주체인 강두는 괴물에게 붙잡힌 딸 현서를 구하려고 한다. 현서를 구하는 것은 주체의 행위 대상이 되며, 강두의 행위 동기는 부성애이다. 서사 전개 과정에서 강두의 행위 동기는 발신자가 되고, 강두 스스로 수신자가 되어 현서를 구하려고 노력한다. 그리고 현서를 붙잡아 간 괴물은 강두의 반대자이며, 그 과정에서 강두의 아버지와 동생들이 조력자가 되어 도움을 준다.

　영화 〈괴물〉의 표면적 갈등 상황을 분석하면, 괴물을 퇴치함으로써 비록 강두의 딸 현서는 잃었지만 세상의 평화는 회복되었다. 현서가 괴물에게 같이 잡혀 시련을 겪으면서도 자신을 희생하여 괴물에게 잡히면서까지 구조한 어린 세주와, 혼란 속에서 살아남은 강두가 새로운 가족을 이루어 살아가는 모습으로 표면적 갈등은 해소된 것으로 보인다.

　〈괴물〉의 이면적 갈등 상황을 분석하면, 강두는 딸을 구하는 과정에 정부나 단체의 지원을 받고 소통하고 싶어 하지만 오히려 바이러스에 감염된 사람으로 몰려 격리되고 소외당하는 상황에 처하게 된다. 마치 괴물처럼 세상에서 내몰리고 아무도 자신의 말에 귀를 기울여 주지 않는 벽처럼 단절된 상황에서 결국 영화 속의 갈등은 해결되지 못한 채로 다시 세상을 향한 문을 닫아 버리고 만다. 영화 속 강두는 사람들에게 철저하게 배격되는 괴물과 다를 바 없는 존재로 설정된 것이다.

소통의 단절이 괴물을 만들어 낸다는 사실은 한강에 나타난 괴생물체에서만 확인되는 것이 아니다. 강두는 현서가 살아 있다는 사실을 알리려고 할 때마다 소통의 단절을 경험한다. 소통의 단절로 독기를 품고 타자를 위협하는 강두는 프롬알데히드에 노출되어 괴기스러운 몸집에 폭력성을 두른 괴생물체와 닮아 있다. 강두나 괴생물체 모두 일차적 폭력에 노출되었고, 그로 인해 폭력성을 갖게 되었다는 점에서 둘은 닮아 있다.

이 영화 속에서 괴물의 의미는 표면적으로는 괴생물체가 폭력과 배제, 혐오, 퇴치해야 할 대상으로서 타자화되어 있음을 알 수 있다. 그러나 영화 장면에서 보여 주고 있는 함의는 미군과 한국, 상위계층과 하위계층, 공권력과 민중의 불통과 단절이 가져오는 폭력과 배제이다.

결국 소통의 단절은 괴물을 만들어 내는 기제로 작용한다. 하위계층의 말을 들으려 하지 않는 상위계층의 폭력으로 인해 하나는 괴생물체로서의 괴물로, 또 하나는 폭력적으로 변해 버린 강두로, 두 개의 '괴물'이 탄생된 것이다.

영화 〈괴물〉에서 '괴물'이 생산해 내는 의미 과정을 통해 영화에 등장하는 주체와 대립적인 관계에 있는 괴물의 이미지를 살펴볼 수 있다. 영화 속 서술의 심층적 의미를 파악하기 위해 그레마스의 의미소 분석 이론을 적용하여 내재된 의미소의 대립적 자질을 분석해 함축적 의미를 제시해 보면 [표 34]와 같다.

[표 34] 〈괴물〉에 등장하는 '괴물'의 의미

| 괴물 | vs | 강두 |

괴물   vs   강두

비정상   정상   비정상   정상

단절 소통 단절 소통 단절 소통 단절 소통

영화 속 괴물은 주체인 강두와 적대적인 관계를 보여 주는데, 괴물은 비정상적인 존재로서 세상과 소통할 수 없는 단절된 존재이다. 그러나 한편으로 강두에게도 비정상적인 면이 있다. 영화 속에서 사람들과 소통이 되지 않자 스스로 딸인 현서를 구하기 위해 폭력적인 인간이 되는 순간이 있는데, 그것은 인간의 모습을 한 괴물이라고 할 수 있다. 그리고 강두를 비롯한 시민들과 소통을 거부한 미군이나 공권력을 가진 사람들도 모두 내면에 괴물을 가진 사람들이라고 할 수 있다.

인간이 지향하는 세상은 사회 안에서 정상적으로 소통하는 이상적 인 곳이지만, 괴물은 사회 안에 현존하는 비정상적인 존재인 동시에 세상과 단절된 존재로서 현실적 상황을 은유하는 것이다.

리처드 커니는 이방인이나 괴물처럼 환대받지 못하고 배척당하는 타

자가 사실은 인간이 지닌 또 다른 모습에 지나지 않는다는 점을 강조한다.[7] 즉 괴물은 타자이지만 보통 사람들과 전혀 다른 절대적 타자가 아닌 인간 내면에 억압된 타자의 발현이라는 것이다. 인간이면서 인간이 아닌, 타자이면서 타자가 아닌 괴물은 그가 지닌 불확실성[8]을 통해 불안과 공포의 감정을 의인화한다.

영화 〈괴물〉에 등장한 괴생명체가 극명하게 보여 주는 것은 인간이 비정상이라고 배제하고 혐오하는 대상이다. 영화의 서사 속에서 괴물이라는 소재를 통해 끊임없이 암시하는 것은 인간이 가지고 있는 폭력성과 인간 사회의 소통의 단절이 가져오는 소외와 배제 현상이다. 그러므로 영화 속에 등장하는 괴물은 인간 내면에 자리 잡은 타자를 의미하는 것이라고 할 수 있다.

(2) 〈디워〉 – 혼돈과 파괴의 악마

세계 여러 나라에서 제작된 괴물 영화는 기본적인 서사 구조와 소재에 있어서 유사한 점이 많다. 보통 상상할 수 없을 정도의 커다란 덩치의 괴수가 등장하여 닥치는 대로 건물을 파괴하고 사람들은 패닉에 빠지게 하는 괴수 영화에는 군대가 출동하여 괴수와 대립하는 갈등 구조를 보여 준다.

세계 괴수 영화 중에서 미국의 〈킹콩〉이나 일본의 〈고질라〉와 비교될 만한 영화로 2007년에 제작된 한국산 괴수 영화 〈디워〉를 꼽을 수 있다.

---

7 커니 R.(2004). 『이방인, 신, 괴물』, 이지영 옮김, 개마고원, 12–13쪽.

8 김일영.(2009). 불확실성과 "중간자"에 대한 공포: 전환기 시대의 고딕 〈드라큘라〉, 『근대영미소설』 16권 3호.

〈디워〉에 등장하는 괴물은 용이 되지 못한 부라퀴라는 이무기이다. 이무기들은 500년에 한 번 용으로 승천한다고 한다. 그리고 용으로 승천하려면 500년에 한 번 나오는 여의주를 얻어야 하는데, 선한 이무기가 용이 되면 그 힘으로 세상을 다스리며 지키고 악한 이무기가 용이 되면 악의 세력이 세상을 지배하고 파괴한다.

악한 이무기 부라퀴는 여의주를 얻으러 500년마다 한 번씩 세상에 나오는데, 여의주를 품고 태어난 여인에게서 여의주를 빼앗아 용이 되려고 한다. 여의주를 몸에 품고 있는 세라와, 용이 되기 위해 여의주를 뺏으려 하는 이무기 부라퀴의 수행 행위를 중심으로 서사의 전개 과정을 살펴보면 [표 35]와 같이 몇 가지 중요한 시퀀스로 구분할 수 있다.

[표 35] 〈디워〉의 시퀀스 구분

구분	내용	배경
시퀀스 1	L.A 한복판에서 이무기의 비늘이 발견된다.	현재 미국 L.A
시퀀스 2	조선 시대 여의주를 품은 여인이 이카루스 군단의 침입을 피하다가 죽고 500년 후 세라로 환생한다.	과거 조선 시대 한양
시퀀스 3	이든은 골동품 주인 잭을 통해 세라를 알게 된다.	현재 미국 L.A
시퀀스 4	미국 국방성은 부라퀴의 존재를 알게 되고 여의주를 가진 세라를 제거하려고 한다.	현재 미국 L.A
시퀀스 5	이든이 세라를 도와 부라퀴를 피해 도망한다.	현재 미국 L.A
시퀀스 6	이든과 세라는 이카루스와 부라퀴의 본부에 끌려온다.	현재 미국 L.A
시퀀스 7	부라퀴가 세라의 여의주를 뺏으려 할 때, 세라가 선한 이무기에게 여의주를 주고 선녀가 되어 승천한다.	현재 미국 L.A

영화 〈디워〉의 시퀀스 구분에서 주요한 특징은 서사의 구성 요소이다. 서사를 구성하는 주요 요소는 인물과 사건 그리고 배경이라고 할 수 있는데, 〈디워〉에 등장하는 인물은 조선 시대의 여인이 미국에서 세라로 환생하여 악한 이무기와 대립적 관계를 형성한다. 그리고 세라를 돕는 이든이라는 미국인과 함께 역동적인 사건을 만들어 간다. 그리고 시간과 공간적 배경이 과거와 현재, 미국과 조선을 오가면서 교차 편집되어 시공간의 한계를 넘는 거대한 스케일로 서사가 전개되고 역순행적 구성으로 사건의 인과관계를 제시하고 있다.

서사의 시작은 미국의 L.A로 설정되어 있고, 사건은 500년 전 과거로 거슬러 올라가서 현재 사건의 원인을 제시하는 인과론적인 구성 방식으로 전개된다. 영화 속 부라퀴라는 괴물은 선한 이무기와 대립하는 악한 존재로 설정되어 있다. 전형적인 고전 설화에 나타나는 인과응보의 서사 구조와 권선징악의 주제로 설정되어 있다.

영화 〈디워〉 속 등장인물에 대해 계열체 분석을 적용해 볼 수 있다. 여의주를 지니고 있는 세라와 그녀를 돕는 이든은 우호적 관계로 설정되고, 괴물은 등장인물과 대립의 관계로 구분된다. 사건은 현재와 과거를 오가며 조선 시대의 한양과 미국의 L.A로 공간을 이동하면서 복잡하고 다양하게 변화하며 제시된다. 인물 간의 계열적 구조를 파악하면 [표 36]과 같다.

[표 36] 영화 〈디워〉에 등장하는 인물과 괴물의 관계

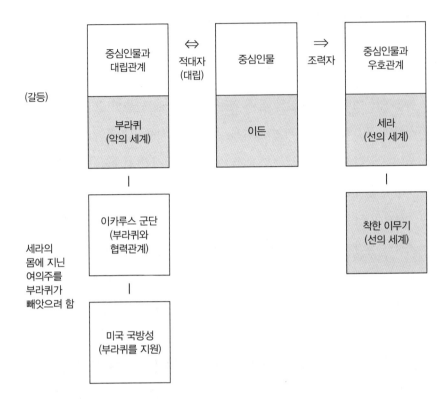

영화 속 중심인물인 이든은 부라퀴라는 괴수가 세라를 납치하여 여의
주를 빼앗으려는 것을 막고 세라를 보호하는 역할을 한다. 그리고 부라
퀴를 돕는 이카루스 군단과 미국 국방성은 세라를 제거하려고 하며 대
립관계를 형성한다. 이든은 세라의 여의주를 빼앗으려는 부라퀴와 맞
서는 과정에서 세라와 우호관계를, 부라퀴와 대립관계를 형성한다. 그
리고 세라와 착한 이무기는 선의 세계를 상징하는 협력관계이다. 스스
로 여의주를 지킬 수 없는 세라는 결국 착한 이무기에게 여의주를 넘겨
주고 선녀가 되어 승천한다. 이카루스 군단과 미국 국방성은 부라퀴와

186 우리는 왜 괴물을 훔쳐보는가

협력관계이다.

이 영화 속에서는 괴물이 선과 악의 세계로 나뉘어 있다. 결국은 착한 이무기가 여의주를 얻어 세상을 통치하게 된다는 권선징악의 주제를 선과 악의 세계로 대립하는 인물과 괴물들의 관계를 통해 선명하게 보여 준다.

영화 〈디워〉의 서사 전개 과정에서 인물과 괴물의 갈등 상황을 살펴보면, 표면적 원인과 이면적 원인에 의해 나타나는 결과를 분석할 수 있다. 이러한 과정에서 보이는 괴물의 행위를 관객들이 수용하면서 괴물의 이미지를 구성해 가고 함축적 의미가 생성되는 것이다. 그 내용을 표로 정리해 보면 [표 37]과 같다.

[표 37] 〈디워〉의 플롯 분석

<table>
<tr><th rowspan="2"></th><th colspan="2">등장인물 및 괴물</th><th rowspan="2">인물과
괴물의 관계</th><th colspan="2">갈등 상황</th></tr>
<tr><th>인물의 특성</th><th>괴물의 유형</th><th>원인</th><th>결과</th></tr>
<tr><td rowspan="6">서사
구성</td><td rowspan="2">이든 –
세라의 보호자

세라 –
여의주를
몸에 지닌
신이한 인물</td><td rowspan="2">괴생물체
(괴수)</td><td rowspan="2">대립적
적대적 관계</td><td>표면적 원인:
부라퀴가 용이 되기
위해 세라의 여의주
를 빼앗으려 함</td><td>세라가 착한 이무기
에게 여의주를 넘겨
줌</td></tr>
<tr><td>이면적 원인:
부라퀴의 악한 행동
이 인간 세계의 질서
를 교란함</td><td>선과 악의 대립에서
선이 승리함</td></tr>
<tr><td>핵심사건</td><td colspan="4">부라퀴가 세라의 여의주를 빼앗아 용이 되고자 하나
결국 착한 이무기가 여의주를 넘겨받아 용이 됨</td></tr>
<tr><td>사건
배열방식</td><td colspan="4">역순행적 사건 배열, 갈등과 대결의 구조, 인과론적 구성</td></tr>
<tr><td>배경</td><td colspan="4">2000년대 중반 미국 L.A, 조선의 한양</td></tr>
</table>

영화 〈디워〉에서 서사의 근간이 되는 최초의 결핍은 부라퀴가 세라의 여의주를 탈취하기 위해 세상의 질서를 파괴하게 된다는 것이다. 영화 〈디워〉를 분석해 보면, 사건이 발생하는 원인이 되는 갈등에 의해 행위소 구조가 분석될 수 있다. 이를 정리한 것이 [표 38]이다.

[표 38] 영화 〈디워〉의 행위소 모델

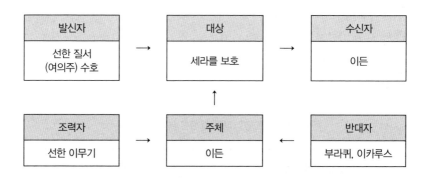

※ 주체: 세라, 대상: 세라를 보호

영화 〈디워〉의 행위소 구조를 보면, 주체인 이든은 몸에 여의주 지닌 세라를 악한 이무기 부라퀴로부터 지키려고 한다. 여의주를 지닌 여인을 보호하는 것은 주체의 행위 대상이 되며, 이든의 행위 동기는 여의주를 지켜서 지배하는 선한 질서가 지배하는 세상을 만들려고 하는 의지이다. 서사 전개 과정에서 이든의 행위 동기는 발신자가 되고, 이든 스스로 수신자가 되어 여의주를 지닌 세라를 지키려고 노력한다. 그리고 여의주를 빼앗으려는 부라퀴와 이카루스는 이든의 반대자이며, 선한 이무기는 세라의 여의주를 전달받고 세라가 선녀가 되어 승천하도록 돕는 조력자이다.

영화 〈디워〉의 표면적 갈등 상황을 분석하면, 괴물을 퇴치함으로써 착한 이무기가 용이 되어 세상의 질서는 회복되고 세라는 선녀가 되어 승천하는 것으로 갈등은 해소된 것으로 보인다.

영화 〈디워〉에서 부라퀴라는 괴수가 생산해 내는 의미 과정을 통해 영화에 등장하는 인물인 세라와 대립적인 관계에 있는 괴물의 의미를 살펴볼 수 있다. 영화 속 서술의 심층적 의미를 파악하기 위해 그레마스의 의미소 분석 이론을 적용하여 내재된 의미소의 대립적 자질을 분석해 함축적 의미를 제시해 보면 [표 39]와 같다.

[표 39] 〈디워〉에 등장하는 괴물의 의미 자질

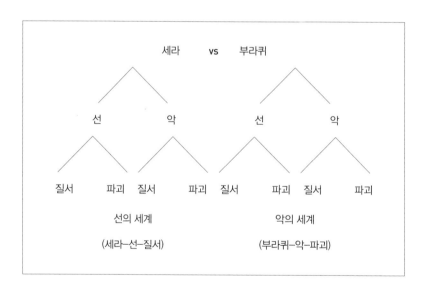

〈디워〉 속 부라퀴는 적대적인 관계에 있는 세라와 대립적 의미를 형성한다. 괴물은 악한 존재로서 세상의 안정을 파괴하며 혼돈을 가져온

다. 도시를 파괴하고 사람들을 패닉과 아비규환으로 몰아가는 이무기
는 혼돈과 파괴의 악마성을 지닌 존재이다. 반면에 여의주를 지니고 있
는 세라는 순수한 선(善)을 상징하는 존재로서 세상의 질서를 세운다.
세라가 자신이 지녔던 여의주를 착한 이무기에게 주는 것은 선의 세계
를 지향하는 의지로 볼 수 있다.

(3) ⟨마녀⟩ – 종속을 거부하는 주체

영화 ⟨마녀⟩는 여성 괴물이 등장하는 영화이다. 실험실에서 태어난
초능력자 자윤이 주인공으로 설정되어 있다. 어린 시절 시설에서 살다
가 수많은 사람들이 죽은 의문의 사고에서 홀로 탈출한 후 모든 기억을
잃고 살아가는 고등학생 자윤 앞에 나타난 의문의 인물과 사건으로 서
사가 전개된다. 자윤을 찾는 사람들이 서서히 조여 오는 접근은 강력한
위협이 되어 평화롭던 자윤의 일상이 변모하는 과정에서 괴물의 정체가
드러나게 된다.

영화 ⟨마녀⟩의 중심 주제를 파악하고 영화 서사의 전개 과정 속 서
사의 중심 전환점을 파악하는 통합체 분석을 적용해 보면, 영화의 주
체인 자윤과 그녀와 대립하는 주변 사람들의 수행 행위를 중심으로
[표 40]과 같이 몇 가지 중요한 시퀀스로 이루어져 있음을 발견할 수
있다.

[표 40] 〈마녀〉의 시퀀스 구분

구분	내용
시퀀스 1	어린 시절 기억을 잃은 자윤이 어려운 가정 형편을 돕기 위해 오디션 프로그램에 출연한다.
시퀀스 2	방송 출연 후 귀공자, 미스터 최, 닥터 백 등이 나타나 자윤을 아가씨로 부르며 찾는다.
시퀀스 3	자윤이 집의 침입자를 참혹하게 죽이고 부모와 친구를 지키기 위해 침입자 집단을 따라간다.
시퀀스 4	닥터 백에 의해 뇌 활성화 치료제 주사를 맞고 자윤이 제거 대상이었다는 사실이 밝혀진다.
시퀀스 5	초능력 실험으로 탄생한 자윤은 시설을 탈출한 후 한 달에 한 번 주사를 맞아야 살 수 있다는 것을 알고 있다는 것이 밝혀진다.
시퀀스 6	자윤이 치료 주사제를 찾기 위해 실험실을 뒤지고 초능력자인 주변 인물들을 모두 죽인다.
시퀀스 7	몇 달 후 닥터 백의 동생을 찾아갔을 때 또 다른 초능력자가 나타난다.

영화 속 사건은 과거와 연결되어 있는 현재 사건의 원인을 밝히는 인과론적인 구성 방식으로 전개된다. 영화 속에서 자윤은 초능력 실험에 의해 탄생한 인조인간이다. 자윤의 어린 시절, 자신이 실험실에서 폐기될 것임을 알고 스스로 탈출한 초능력자이다. 그리고 자윤의 존재를 알고 찾아 나선 집단은 자윤을 죽이려고 하는 대립적 관계를 형성한다. 자윤은 자신의 생존을 위해 초능력 실험을 했던 닥터 백과 주변 인물들을 죽이게 된다.

영화 〈마녀〉의 등장인물에 대해 계열체 분석을 적용해 볼 수 있다. 인조인간으로 초능력을 지니고 있는 자윤을 중심으로 하여 주변 인물들과 우호 및 대립의 관계로 구분된다.

[표 41] 영화 〈마녀〉에 등장하는 인물의 관계

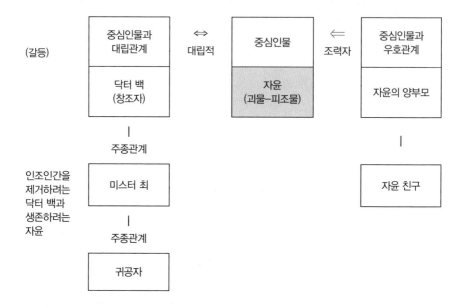

영화 〈마녀〉에서 중심인물인 자윤은 인조인간으로 자신을 만든 닥터 백이 실패한 인조인간을 제거하려는 계획을 세웠음을 알게 되자 실험실을 탈출한다. 탈출한 자윤을 찾는 닥터 백과 자윤은 대립적 관계에 있고, 닥터 백의 매니저이면서 하수인인 미스터 최와 자신도 인조인간이면서 닥터 백의 지시를 받고 움직이는 귀공자는 모두 자윤을 제거하려고 하는 대립관계에 있다. 어려서 실험실에서 도망 나온 자윤을 키워준 양부모와 자윤의 친구는 조력자로서 우호관계이다. 영화의 서사 속에서 자윤은 괴물이면서 중심인물에 해당한다.

영화 〈마녀〉에 등장하는 서사 구성을 분석하면 [표 42]와 같다. 이를 통해 갈등의 표면적 원인과 이면적 원인에 의해 나타나는 결과를 파악해 보고자 한다.

[표 42] 〈마녀〉의 플롯 분석

	등장인물 및 괴물		인물과 괴물의 관계	갈등 상황	
	인물의 특성	괴물의 유형		원인	결과
서사 구성	자윤 – 실험에 의해 태어난 초능력자(피조물)	초능력자	자윤 – 피조물, 닥터 백 – 창조자	표면적 원인: 자윤은 뇌의 문제로 주사를 맞아야 살 수 있다.	자윤을 만든 닥터 백을 찾아가 치료제를 빼앗음
				이면적 원인: 주체적인 생존에 대한 욕망과 의지	주체적인 생존을 위한 근본적인 해결책을 찾으려 시도함
	핵심사건	초능력자로 창조된 자윤이 생존을 위한 치료제를 찾기 위해 창조자와 대결함			
	사건 배열방식	미스터리 방식, 인과론적 추론 방식			
	배경	일상적 생활공간과 초능력자를 만들어 통제하는 실험실			

영화 〈마녀〉에서 서사의 근간이 되는 최초의 결핍은 실험실에서 유전자 조작 실험으로 초능력자를 만들어 내는 것이다. 영화 속 자윤의 모습을 보면, 자신의 생존을 지키고자 닥터 백을 비롯한 과학자들을 죽이는 행위는 악마와 같지만 자신을 길러 준 엄마의 병을 고치려 하고 어려운 집안을 생각하는 모습은 천사의 이미지로도 비춰진다. 고대 그리스 남성 중심의 신화에서 전복적 여성을 대표하는 메두사와 초월적 여성을 상징하는 아테나가 보여 준 여성의 '괴물'과 '천사'라는 양극단의 이미지

가 자윤의 모습에서 발견되는 것이다.

[표 43] 영화 〈마녀〉의 행위소 모델

발신자		대상		수신자
주체적인 삶에 대한 욕구	→	뇌 치료제를 구함	→	자윤

조력자		주체		반대자
자윤의 양부모	→	자윤	←	닥터 백

※ 주체: 자윤, 대상: 뇌 치료제를 구함

영화 〈마녀〉의 행위소 구조를 보면, 주체인 자윤은 실험실에서 만들어진 인조인간으로 뇌의 문제를 안고 살아간다. 뇌 치료제를 구하여 스스로의 생존을 유지하려는 것은 주체의 행위 대상이 되며, 자윤의 행위 동기는 주체적인 삶을 살아가고자 하는 욕구이다. 서사 전개 과정에서 자윤의 행위 동기는 발신자가 되고, 자윤이 스스로 수신자가 되어 뇌 치료제를 구하려고 노력한다. 그리고 자윤을 세상에서 제거하려고 하는 닥터 백은 자윤의 반대자이며, 어린 시절 실험실에서 뛰쳐나왔을 때부터 자윤을 길러 준 양부모는 조력자가 된다.

영화 〈마녀〉의 표면적 갈등 상황을 분석하면, 자윤이 뇌의 문제로 인해 한 달에 한 번 치료제를 맞아야 한다는 상황을 해결하기 위해 자신을 만들어 낸 닥터 백과 그 주변 인물을 찾아가 죽이고 뇌 치료제를 찾아냄으로써 일시적인 갈등은 해소된 것으로 보인다. 그러나 자윤은 한 달에 한 번 주사를 맞아야 한다는 근원적인 문제를 안고 있다. 그러므로 일시적으로 해결된 표면적 갈등의 원인은 새로운 갈등의 씨앗을 안고 있는 것으로 볼 수 있다.

그런데 영화 〈마녀〉에서 인조인간인 자윤이 스스로 생존하기 위하여 자신을 만들어 낸 주변 사람들을 죽이는 과정에서 생산해 내는 의미 과정을 통해 괴물의 의미를 살펴볼 수 있다. 영화 속 서술의 심층적 의미를 파악하기 위해 그레마스의 의미소 분석 이론을 적용하여 내재된 의미소의 대립적 자질을 분석해 함축적 의미를 제시해 보면 [표 44]와 같다.

[표 44] 〈마녀〉에 등장하는 괴물의 의미

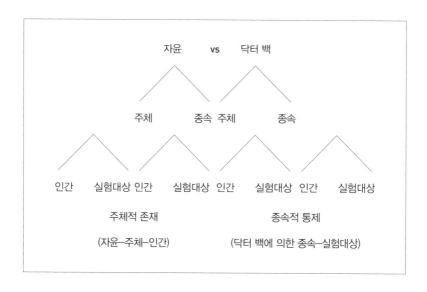

영화에 등장하는 자윤은 적대적인 관계에 있는 닥터 백과 대립적 의

미를 형성한다. 자윤은 실험대상으로 만들어진 인조인간으로서 닥터 백에 의해 생존 여부가 결정되는 피조물이다. 자윤이 추구하는 것은 스스로 살아남는 것이다. 생존을 위해 자신의 뇌를 유지할 수 있는 주사를 맞아야 하는 자윤은 자신을 만든 닥터 백을 죽이게 된다. 괴물인 자윤은 인조인간으로서 실험대상으로 폐기되는 종속적인 존재가 아니라, 자율적인 인간으로서 주체적으로 생존하길 원하는 것이다.

영화에 등장하는 자윤과 관계를 맺고 있는 닥터 백과 주변 인간들을 살펴보면, 자윤을 실험대상으로 생각하고 통제하고 폐기하는 종속적 관계로 대상화하고 있다. 자윤은 실험실에서 태어났지만 스스로 삶의 주체성을 찾기 위해 종속을 거부하는 주체적인 존재이다.

20세기 자본주의 현대사회에서 순종적인 집안의 천사라는 이미지를 거부하는 여성들은 흔히 여자 괴물, 즉 마녀라고 불리며 혐오와 제거 대상이 되어 왔다. 이렇게 보았을 때, 영화 〈마녀〉에 등장하는 자윤은 현대 사회에서 주체적인 삶을 살고자 하는 여성의 이미지로도 볼 수 있다.

3) 다중적 존재, 반인반수

(1) 〈늑대소년〉 – 욕망 충족의 환상적 대리자

영화 〈늑대소년〉은 영화의 주체인 순이의 수행 행위를 중심으로 [표 45]와 같이 몇 가지 중요한 시퀀스로 이루어져 있다. 영화 〈늑대소년〉의 서사구성은 역순행적 구성으로, 노년의 여인이 소녀 시절 요양하기 위해 잠시 도시에서 내려와 살았던 강원도 산골 마을을 찾아와 과거를 회상하는 방식으로 이야기를 풀어 나간다.

[표 45] 〈늑대소년〉의 시퀀스 구분

구분	내용	서사구성 단계
시퀀스 1	노년의 여인이 강원도 산골로 찾아온다.	결말
시퀀스 2	순이 가족이 늑대소년 발견한다.	발단
시퀀스 3	늑대소년이 소녀와 소통하기 시작한다.	전개
시퀀스 4	늑대소년과 소녀의 사랑이 싹튼다.	위기
시퀀스 5	소녀가 늑대소년을 떠나며 기다리라고 한다.	절정
시퀀스 6	늑대소년과 노년의 여인이 재회한다.	결말

영화 〈늑대소년〉의 시퀀스 구분을 살펴보면 구성 단계에서 보이는 특징이 있다. 영화의 서사는 현재 노년의 여인이 강원도 화천으로 돌아오는 것으로 시작된다. 이것은 전체 이야기의 구성 단계에서는 결말에 해당하는 부분이다. 영화에서 이야기의 결말을 먼저 제시하고 과거의 소녀 시절 순이와 야생 상태의 철수의 이야기로 돌아갔다가 다시 현재로 이야기를 끝맺는다. 시간의 배열로 보면 역순행적 사건 배열로 되어 있고 이야기는 현재(부속 사건) – 과거(중심 사건) – 현재(부속 사건)로 배열된 액자식 구성이다.

이 영화에 등장하는 괴물은 반인반수의 유전자를 가지고 짐승처럼 우리에 갇혀 있는 철수라는 이름의 늑대소년이다. 철수는 외양은 인간의 모습을 하고 있지만 언어로 소통할 수 없고 사회화되지 않은 야생의 기질을 그대로 가지고 있다.

영화 속 인물의 관계를 계열적 분석을 적용하여 나타내면 [표 46]과 같다.

[표 46] 영화 〈늑대소년〉에 등장하는 인물과 괴물의 관계

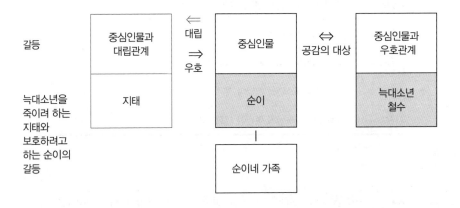

영화 〈늑대소년〉에서 중심인물인 순이는 늑대소년에게 순수한 사랑을 느끼며 우호 관계를 형성한다. 순이의 약혼자로 자처하며 자기 멋대로 구는 지태는 늑대소년의 본질을 알아차리고 괴물을 제거하려고 하는 적대관계에 있다. 늑대소년은 순이를 보호하려 하고, 순이는 늑대소년을 보호하려 하는 우호적 관계가 사회적 금기에 해당한다는 것을 아는 순이는 마을을 떠나게 되지만, 순이가 돌아올 때까지 기다리는 늑대소년의 순수한 사랑이 세상살이에 지친 순이의 마음의 상처를 회복시킨다.

이 영화에서 늑대소년은 아름다운 외모, 순수한 본성을 지닌 존재로 그려지면서 괴물의 이미지를 형성한다. 순이네 가족은 늑대소년을 가

족으로 받아들이고 순이는 늑대소년에게 첫사랑의 감정을 느끼기도 한다. 그런데 늑대소년이 괴물이라는 사실을 알고 있는 지태와 마을 사람들이 그를 마을에서 쫓아내려고 하자 갈등과 대립이 생긴다.

영화 〈늑대소년〉의 서사 구성을 바탕으로 영화 속에 등장하는 인물과 늑대소년의 상황을 살펴보면, 사건의 원인과 해결 방식이 이중적으로 나타나 있음을 알 수 있다. 그 내용을 정리한 것이 [표 47]이다.

[표 47] 〈늑대소년〉의 구성

	등장인물 및 괴물		인물과 괴물의 관계	갈등 상황	
	인물의 특성	괴물의 유형		원인	결과
서사 구성	늑대소년, 순이	반인반수 – 다중적 존재	상호 교감	표면적 원인: 늑대소년과 순이는 공존할 수 없는 사회에 존재함	순이가 떠났지만 돌아올 때까지 늑대소년이 순이를 기다림
				이면적 원인: 인간의 잃어버린 순수성	지고지순한 늑대소년의 사랑으로 순수성 회복
	핵심사건	늑대 소년과 소녀의 사랑			
	사건 배열방식	역순행적 구성, 인과구조			
	배경	1960년대~2010년대, 강원도 산골 마을			

영화 〈늑대소년〉에서 갈등의 표면적인 원인은 늑대소년과 순이가 공존할 수 없는 사회에 존재한다는 것이다. 순이가 살아가고 있는 산골

마을에서 늑대소년은 이질적이고 야만성을 지닌 짐승의 세계에 속하는 괴물이다. 그래서 공존할 수 없는 두 존재는 사랑이라는 애틋한 감정을 나누지만 헤어질 수밖에 없다. 그 후 순이는 떠났지만 늑대의 본성을 지닌 소년은 순이가 돌아올 때까지 그대로 기다린다. 노인이 되어 돌아온 여인에 대해 조금도 원망의 감정을 갖지 않고 기다린 늑대소년, 결국 두 존재는 재회의 기쁨을 나누게 된다.

영화 〈늑대소년〉 속 갈등의 이면적 원인을 살펴보면, 인간의 잃어버린 순수성에서 비롯한 것이다. 소녀는 세상을 살아가는 것에 익숙하지 않았던 병약한 시절에 늑대소년을 만나 순수한 감정을 나누지만 세상으로 나갈 힘이 생기자 도시로 떠난다.

〈늑대소년〉의 행위소 구조를 분석하면 [표 48]과 같다.

[표 48] 영화 〈늑대소년〉의 행위소 모델

발신자		대상		수신자
순수한 사랑	→	늑대소년과의 공감과 소통	→	순이

↑

조력자		주체		반대자
순이의 가족, 순박한 마을 사람들	→	순이	←	인간의 자기중심성

※ 주체: 순이, 대상: 늑대소년과의 공감과 소통

영화 〈늑대소년〉의 행위소 구조를 보면, 주체인 순이는 폐병에 걸려

심신이 지친 상태에서 시골 마을에서 요양하게 된다. 이때 유전자 조작 실험으로 만들어진 늑대소년 철수를 만나 첫사랑을 하게 된다. 철수가 늑대인간이라는 사실을 알게 되었어도 순이가 늑대소년과 나누는 공감과 소통은 주체의 행위 대상이 되며, 순이의 행위 동기는 순수한 사랑의 감정이다.

서사 전개 과정에서 순이의 행위 동기는 발신자가 되고, 순이 스스로 수신자가 되어 늑대소년을 죽이려고 하는 인간으로부터 철수를 지키려고 노력한다. 그리고 인간 병기로 늑대소년을 만들어 내고, 필요 없으면 세상에서 제거하려고 하는 인간들의 자기중심성은 순이의 반대자이다. 늑대소년을 있는 그대로의 존재로 바라보며 받아들이는 순이의 가족과 순박한 마을 사람들은 조력자가 된다.

영화 〈늑대소년〉의 표면적 갈등 상황을 분석해 보면 순이는 늑대소년을 만남으로써 순수한 사랑의 감정을 느끼고, 소녀와 늑대소년이 헤어진 후 인간적인 시간으로는 한 세대가 흘러가 버리고 미국과 강원도 산골이라는 공간적 거리를 두게 되지만 두 존재 간의 순수한 감정은 시간과 공간을 뛰어넘어 생생하게 살아 있음을 확인하게 되는 것이다.

〈늑대소년〉의 이면적 갈등 상황을 분석해 보면, 순이는 도시에서 생명력을 상실하여 강원도의 산골 마을에 오게 되어 늑대소년을 만난다. 소년과의 순수한 감정의 교감을 통해 순이는 생명력을 회복하고 다시 도시로 나간다. 늑대소년에게 가하는 이웃 주민들의 이기심과 폭력성을 볼 수 있듯이 세상에 나가서 살아가는 순이도 가족과 이웃들의 이기심과 상처로 인해 생명력을 잃고 지쳐 있을 때 늑대소년을 다시 만나 삶의 원천인 순수한 생명력을 회복하게 되는 것이다.

영화 속 서술의 심층적인 의미를 파악하기 위해 내재된 의미소의 대립적 자질을 분석하여 함축적 의미를 제시해 보면 [표 49]와 같이 정리할 수 있다.

[표 49] 영화 〈늑대소년〉에 등장하는 '늑대인간'의 의미 자질

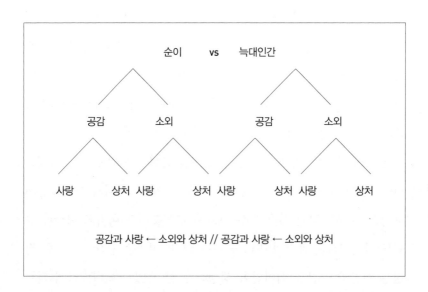

영화 〈늑대소년〉에서 소녀 시절 순이와 늑대인간인 철수는 사회로부터 소외되고 상처받은 존재이다. 순이는 폐병에 걸려서 몸도 아프고 웃음도 없고 학교도 안 다니며 우울하다. 순이는 아버지도 없는 상황이며 싫어하는 부자 약혼자와 결혼해야 할 처지이다. 병을 치료하기 위해 시골로 오게 된 순이는 삶에 대한 의욕도 상실한 상태이다.

늑대인간 철수는 한국 전쟁 직후 인간 병기를 만들고자 과학자가 실

험을 통해 만들어 낸 이류(異類)인 괴물이다. 평상시에는 인간의 모습이지만 야성을 드러낼 때 늑대로 변신하는 반인반수(伴人半獸)의 존재이다. 순이와 늑대소년 철수는 각자가 지닌 소외와 상처의 경험을 공감과 소통을 통해서 치유해 가고 사랑의 감정으로 승화하게 된다.

순이는 병에 걸려 생의 의욕을 상실한 암울한 현실에 처해 있다가 늑대소년이 존재하는 새로운 낭만적 환상의 세계로 진입한다. 그곳에서 억압된 무의식의 욕망을 대리 충족하여 원하지 않는 지태와의 결혼을 거부할 마음의 힘도 생기고, 신체도 건강해져서 현실을 돌파해 나갈 수 있는 에너지를 얻게 된다.

흔히 서사를 전개하는 과정에서 인물을 표현할 때 작용하는 환상성은 대중의 욕망과 연결되는 경우가 많다. 노년의 순이와 늑대소년 철수의 재회 장면은 관객들에게 변치 않는 첫사랑의 추억을 환기시키는 역할을 하지만, 심층적으로는 순이와 공감하는 관객의 내면에 억눌리고 실현되지 못한 숨겨진 욕망이 되살아나게 한다.

노년의 순이는 아직도 소년의 모습으로 한결같이 순이를 기다리고 있었던 철수와 재회함으로써 무의식에 잠겨 있던 해결하지 못한 억압된 욕망을 승화시킨다. 이를 통해 순이는 철수와 화해하는 것은 물론이거니와 스스로 돌아보지 않았던 소녀 시절의 자신과도 화해할 수 있게 되었다. 영화의 서사 안에서 순이의 욕망 실현 욕구는 예전 그대로 소년의 모습을 하고 있는 철수와의 만남을 통해 동화적 판타지처럼 그대로 드러난다. 영화 속 괴물인 철수는 낭만적 환상으로 표현되는 인간 내면의 근원적인 욕망을 들여다보게 하는 매개체가 되고 있다.

4) 반사회적 존재, 사이코패스

(1) 〈추격자〉 – 무관심과 냉혹의 살인마

영화 〈추격자〉는 실화를 바탕으로 연쇄살인범을 소재로 한 범죄 영화이다. 일상적 삶의 공간인 서울을 배경으로 살인마가 잡히던 날을 생생하게 재현하고 있다. 영화 속에서는 서울의 한 골목집에서 살인이라는 극단적인 상황이 벌어지고 있는데 아무 일도 없다는 듯이 살아가는 주변 이웃의 모습이 대비되고 있다. 연쇄살인범에 의해 12명이 실종되고 살해되었는데도 그 사실을 전혀 모르고 살아가는 주변 사람들의 모습이 도시 생활의 냉혹함과 무관심을 보여 준다.

정작 사람의 생명을 구하는 데 초점을 두어야 할 경찰마저도 연쇄살인범을 잡는 것으로 공을 세우려는 욕심 때문에 마지막으로 살아 있을지도 모르는 미진의 생존 여부에 대해서는 무관심한 태도이다. 모두가 범인을 잡는 것에만 관심을 쏟는 추격의 순간에 오직 종호만이 연쇄살인의 마지막 희생을 막기 위해 도시를 숨가쁘게 뛰어다닌다.

비리를 저지르고 부패 경찰로 몰려 사직당한 후 출장 안마소를 운영하는 엄중호가 자신이 운영하는 안마소의 종업원인 '미진'을 구하기 위해 범인을 추격하는 과정을 풀어 가는 서사 구조이다. 추격의 대상은 연쇄살인의 마지막 희생자인 미진과 같이 출장 마사지로 생계를 이어갈 수밖에 없는 여성들과 힘없는 노약자만을 상대로 잔혹한 살인을 저지르는 연쇄살인범이다.

〈추격자〉에 등장하는 연쇄살인범 영민은 피 묻은 옷을 입고 도시를 활보하다가 여종업원의 계속되는 실종에 의혹을 품고 찾아 나서는 중호에 의해 신고가 되어 경찰서에 가게 된다. 그는 12명의 여성과 노약자를 살인 대상으로 삼아 그들을 모두 죽였다고 경찰에게 담담히 털어놓는다. 그리고 마지막 살인 대상자였던 미진은 아직 살아 있을 거라며 태연하게 미소 짓는다. 그는 살인에 대한 죄의식을 전혀 갖지 않고 있으며, 경찰은 살인과 관련된 증거물을 찾지 못해 풀어 준다.

영화에서는 연쇄살인범의 체포도 중요하지만 살아 있을지도 모르는 미진의 생명을 구하는 것이 더 중요하다고 생각하는 종호와 연쇄살인범 영민의 수행 행위를 중심으로 서사가 전개된다. 두 인물의 대립 관계를 중심으로 살펴보면 [표 50]과 같이 몇 가지 중요한 시퀀스로 구분할 수 있다.

[표 50] 〈추격자〉의 시퀀스 구분

구분	내용
시퀀스 1	출장 안마소에서 일하는 미진이 실종된다.
시퀀스 2	전직 형사 종호가 미진을 찾다가 피 묻은 옷을 입은 영민을 발견한다.
시퀀스 3	경찰서에서 영민은 실종된 여자들을 모두 죽였다고 진술한다.
시퀀스 4	마지막 실종 여성 미진은 살아 있을 거라는 영민의 말에 종호가 미진을 구하러 나선다.
시퀀스 5	영민은 살인에 대한 증거가 없어서 경찰서에서 풀려 나온다.
시퀀스 6	종호가 영민을 추격하여 미진을 구출한다.

영화 〈추격자〉는 서울을 배경으로, 눈앞에 있지만 잡을 수 없는 살인마를 두고 격렬한 추격이 이루어진다. 화려함과 어둠이 공존하는 생생

한 서울의 뒷골목에서 벌어진 실종 사건을 해결하는 추리의 과정으로 전개한다. 〈추격자〉는 '범인은 누구인가? 범인을 잡을 수 있을 것인가?'에 주목하는 일반적인 범죄 영화 스토리 구조와는 전혀 다른 접근법을 지닌 새로운 형식의 영화다. 범인의 정체가 초반에 공개되는 미스터리 서사 구조의 전복으로 범인이 누구인지를 확연히 알고 있으면서도 잡지 못하는 아이러니한 사회 구조의 현실을 드러낸다. 이러한 시점의 차별화를 통해 주인공 종호는 전형적 영웅의 모습과는 거리가 먼 유일한 '추격자'의 모습으로 그려지게 된다.

살인범과 그를 추격하는 종호는 대립의 관계를 중심으로 구분되며, 중심인물과 연쇄살인범, 그리고 주변 인물들의 관계의 추이를 계열적 대립 구조로 파악할 수 있다. 이를 정리한 것이 [표 51]이다.

[표 51] 영화 〈추격자〉에 등장하는 인물의 관계

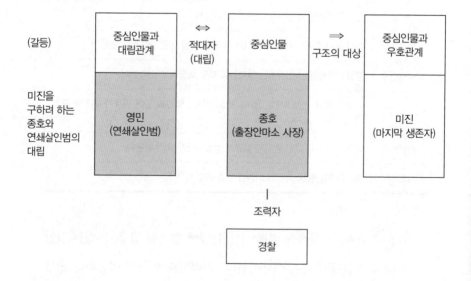

영민이라는 연쇄살인범은 미진을 납치하여 죽이려고 하는 적대자이다. 미진을 구하려고 하는 출장 안마소 사장인 종호와 대립적 관계를 형성한다. 종호가 미진을 구하려 연쇄살인범을 추격하는 과정에서 경찰은 자기들의 공만 내세우려 하기는 하지만 조력자의 역할을 담당한다.

영화 〈추격자〉에 등장하는 영민은 연쇄살인범으로 살인의 대상은 항상 힘없는 노약자와 여성이다. 인간 생명의 존엄성을 느끼지 못하는 것은 물론, 살인의 과정을 즐기는 냉혹한 인물이다.

영화 속에 등장하는 주인공과 연쇄살인범의 갈등 상황을 핵심 사건인 연쇄살인범이 납치한 미진을 구조하는 과정을 바탕으로 [표 52]와 같이 분석할 수 있다.

[표 52] 〈추격자〉의 플롯 분석

	등장인물 및 괴물		인물과 괴물의 관계	갈등 상황	
	인물의 특성	괴물의 유형		원인	결과
서사 구성	종호 - 부패 경찰로 퇴직한 출장 안마소 운영자	사이코패스	대립적 적대적 관계	표면적 원인: 출장 안마소 여성들의 실종	연쇄살인범을 체포하고 미진을 구함
				이면적 원인: 주변과 사회에 대한 무관심	생명의 존엄성과 안전의 위협
	핵심사건	노약자와 여성을 상대로 연쇄살인을 벌이는 범인을 추격하여 체포			
	사건 배열방식	미스터리 구성, 갈등과 대결의 구조, 인과론적 구성			
	배경	2000년대 서울의 골목			

영화 〈추격자〉를 분석해 보면, 서사의 근간이 되는 최초의 결핍은 연쇄살인범 영민이 출장 안마소 직원 미주를 납치하고 살인을 하려는 것이다. 행위소들의 관계를 구조화하여 제시하면 [표 53]과 같다.

[표 53] 영화 〈추격자〉의 행위소 모델

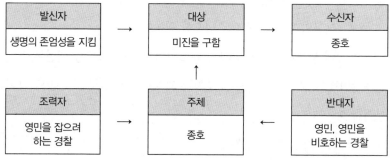

※ 주체: 종호, 대상: 미진을 구함

영화 〈추격자〉의 행위소 구조를 보면, 영화 속에서 행위 주체인 출장 안마소를 운영하는 종호는 자신의 여종업원들이 계속 실종되어 돌아오지 않는다는 사실을 알게 된다. 전직 경찰이었던 종호는 실종된 여종업원들을 부르는 전화번호가 같다는 것을 알고 마지막으로 출장을 간 미진의 행방을 찾게 된다. 미진의 행방을 찾던 중 골목에서 피 묻은 옷을 입고 서 있는 남자를 만나게 되고, 그가 연쇄살인범이라는 직감으로 경찰서에 신고한다. 종호는 연쇄살인범에게 잡혀갔을 미진을 구하기 위하여 동분서주하며 노력한다. 그러면서 실종되어도 아무도 찾지 않는 출장 안마소의 가여운 여성들에 대한 연민과 안타까움을 느낀다.

서사 전개 과정에서 종호의 행위 동기는 발신자가 되고, 종호 스스로 수신자가 되어 연쇄살인범으로부터 마지막 실종자인, 아직 살아 있을지도 모를 미진을 구하려고 노력한다. 그리고 자신의 욕망을 채우기 위해 약자를 죽이고도 아무 죄책감을 느끼지 않는 영민과, 경찰서에 잡혀 온 영민을 비호하는 경찰 관계자는 반대자이다. 그런 가운데서도 실질적인 도움이 되지는 않지만, 공을 세우기 위해 함께하는 경찰들은 조력자가 된다.

영화 〈추격자〉에서 주체와 대립적인 관계에 있는 사이코패스인 괴물의 의미를 살펴볼 수 있다. 영화 속 서술의 심층적 의미를 파악하기 위해 내재된 의미소의 대립적 자질을 분석하여 함축적 의미를 제시해 보면 [표 54]와 같다.

[표 54] 〈추격자〉에 등장하는 괴물의 의미

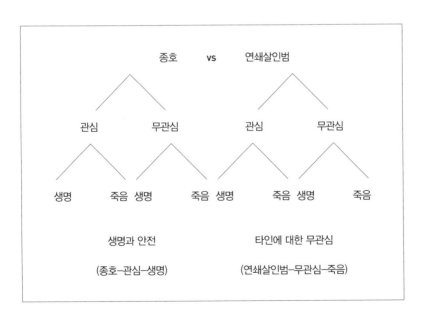

영화 〈추격자〉에 등장하는 종호와 연쇄살인범은 대립적인 의미를 형성한다. 마지막 생존자를 구하기 위해 범인을 추격하는 종호는 비록 비리 경찰로 낙인찍힌 존재이기는 하지만 자신이 운영하는 안마소의 종업원들이 실종되는 것에 의문을 품는다. 마지막 생존자인 미진의 집에 방문하여 어린 자녀를 두고 출장 안마를 다니는 미진의 삶에 진정으로 동정심을 갖게 된다.

영화 속 종호는 이웃에 대한 관심을 가지고 있기 때문에 미진을 살리기 위해 숨 가쁘게 범인과의 추격전을 벌이는 인물이다. 반면에 연쇄살인범 영민은 타인에 대한 관심이 전혀 없고 생명을 파괴하는 것에 대한 죄의식도 전혀 없는 사이코패스이다. 이 영화에서 종호는 마지막 실종자인 미진에 대한 인간적인 관심과 노력이 있었기 때문에 미진을 구할 수 있었다. 반면에 사이코패스인 영민은 자기 자신의 욕망 충족을 위해서 다른 인간의 생명에는 무관심하기 때문에 연쇄살인을 저지르게 되는 것이다.

영화 속에 등장하는 연쇄살인범 영민과 같은 사이코패스는 인간의 모습을 한 괴물로서 바로 일상 속에서 가까운 이웃에서도 만날 수 있다는 냉혹한 현실의 공포를 재현해 내고 있다.

(2) 〈공공의 적〉 – 극단적 욕망의 패륜아

영화 〈공공의 적〉은 극단적인 욕망을 추구하면서 도덕과 윤리에는 무관심한 사이코패스의 충격적인 살인 사건에 대한 이야기를 담고 있다. 극중 사이코패스는 이유 없이 살인을 저지르고 아무런 죄책감을 느끼지 않는 인간이며 아버지와 어머니를 살해한 존속 살해범이다.

〈공공의 적〉에 등장하는 살인범 규환은 증권회사의 펀드 매니저로 일하면서 돈에 대한 욕망을 가진 인물이다. 그는 자신의 부모를 죽이면서 아무런 죄책감을 느끼지 않는다. 더 많은 재산을 상속받기 위해, 고아원 등에 기부를 많이 하는 부모를 살해하는 데 주저함이 없다. 그리고 영화에는 죄책감 없이 사람을 죽이는 살인마를 두고 살인의 증거를 찾기 위해 집요하게 추적하는 형사가 등장한다.

영화 〈공공의 적〉 속 범인을 잡는 철중과 존속 살해범 규환의 수행 행위를 중심으로 살펴보면 [표 55]와 같이 몇 가지 중요한 시퀀스로 구분할 수 있다.

[표 55] 〈공공의 적〉의 시퀀스 구분

구분	내용
시퀀스 1	비 오는 밤 잠복근무 중 강력계 형사 철중은 검은 그림자의 사내에게 얼굴에 자상을 입는다.
시퀀스 2	일주일 후 칼로 난자당한 노부부의 시체가 발견된다.
시퀀스 3	노부부의 아들인 펀드 매니저 규환을 심문한다.
시퀀스 4	심증은 유력하지만 살인의 증거를 찾지 못한 채 시간을 보낸다.
시퀀스 5	노부부의 시체에서 목으로 삼킨 아들 규환의 손톱을 발견하여 규환을 체포한다.

영화 〈공공의 적〉은 범인을 잡는 데 지독한 형사 강철중과 사람을 이유 없이 죽이는 악독한 범인인 조규환이 등장하여 대결하는 영화이다. 영화 속에 등장하는 연쇄살인범은 물질적으로 부유하고 사회적으로 안정된 지위를 가지고 있는 사이코패스로, 자신의 욕망을 위해 부모를 죽

이고도 아무런 감정이 없다. 그는 부모를 살해한 것 외에도 별다른 이유 없이 사람들을 죽이고 아무런 죄의식을 느끼지 않는다.

영화에서는 범인의 정체가 드러나 있으면서도 증거를 잡을 수 없어서 고심할 때, 형사 철중이 역설적 방식으로 사건 해결의 실마리를 제시한다. 규환의 어머니가 칼로 찔릴 때 부러진 아들의 손톱을 삼킨 것이 사체 부검을 통해 목구멍에서 발견되어 사건이 해결된 것이다. 아들의 범죄가 드러나지 않게 하려고 했던 어머니의 사랑이 부모를 죽이는 규환의 행동과 대비적으로 드러나는 순간이다. 죽어 가는 순간에도 결정적 증거가 될지도 모르는 손톱을 삼킨 어머니의 목에 숨이 끊겨 미처 넘어가지 못한 아들의 손톱이 남아 있었던 것이다.

이렇듯 영화의 서사에는 자신의 욕망만을 추구하는 규환과, 죽어 가는 순간에도 아들을 위해 손톱을 삼키는 어머니와, 범인을 잡기 위해 집요하게 추적하는 형사의 이야기를 통해 아이러니하고도 극단적인 인간의 감정이 드러난다. 이러한 성격의 차별화를 통해 각각의 인물의 가지고 있는 극단적인 성격의 다양한 면을 제시하기도 한다. 철중의 모습도 전형적 영웅의 모습과는 거리가 멀다. 사이코패스와 대비되면서도 집요한 극단성이 드러난다.

영화 〈공공의 적〉에 등장하는 인물들에 대해 계열체 분석을 적용함으로써 인물 간의 관계를 파악할 수 있다. 자신의 욕망을 채우기 위해 부모를 살해하는 연쇄살인범과 그를 집요하게 파헤치는 철중은 대립의 관계로 구분된다. 사이코패스인 범인을 잡기 위해 전개해 가는 이야기 속에서 대립 관계와 철중을 돕는 동료 경찰들의 협력 관계도 구분해 볼 수 있다. 이를 정리한 것이 [표 56]이다.

[표 56] 영화 〈공공의 적〉에 등장하는 인물의 관계

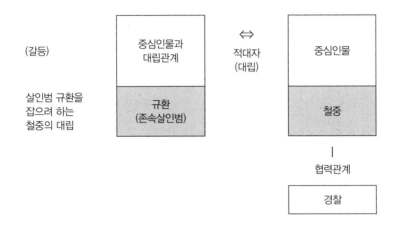

영화 속 규환이라는 살인범은 부모를 난자하여 죽이고 다른 사람들도 이유 없이 죽이는 연쇄살인범이다. 살인범을 잡으려고 추격하는 철중과 대립적 관계를 형성한다. 이때 경찰은 철중이 살인범을 잡는 과정에 협력관계를 이루게 된다.

영화 〈공공의 적〉에 등장하는 인물과 사이코패스인 규환의 갈등 상황을 살펴보면, 핵심 사건인 살인범을 체포하는 과정을 [표 57]과 같이 분석할 수 있다.

[표 57] 〈공공의 적〉의 플롯 분석

	등장인물 및 괴물		인물과 괴물의 관계	갈등 상황	
	인물의 특성	괴물의 유형		원인	결과
서사 구성	철중 – 범인 잡기에 집요한 형사	사이코패스	대립적 적대적 관계	표면적 원인: 노부부 살해 범죄	부모를 살해한 범인을 체포함
				이면적 원인: 돈에 대한 욕망과 이기심	부모를 죽임
	핵심사건	돈에 대한 욕망과 이기심으로 부모를 살해한 범인을 체포함			
	사건 배열방식	갈등과 대결의 구조, 원인과 결과의 추론 방식			
	배경	2000년대 서울			

영화 〈공공의 적〉에서 서사의 근간이 되는 최초의 결핍은 노부부의 살해이다. 행위소 구조를 도식화하여 행위소들의 관계를 [표 58]과 같이 제시할 수 있다.

[표 58] 영화 〈공공의 적〉의 행위소 모델

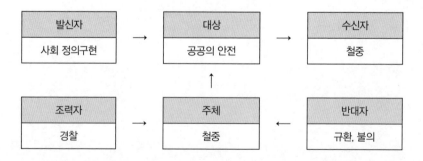

※ 주체: 철중, 대상: 공공의 안전

영화 〈공공의 적〉의 행위소 구조를 보면, 영화 속에서 행위 주체인 강력계 형사 철중은 노부부 살해 사건의 범인을 잡으려고 한다. 살인이 일어난 비 오는 날, 어둠 속에서 얼굴에 자상을 입게 된 철중은 자신의 얼굴을 칼로 그은 자가 범인이라는 것을 직감한다. 노부부의 아들인 규환은 돈을 상속받기 위해 부모를 죽이고 다른 사람들도 이유 없이 죽이는 연쇄살인범이다. 철중은 규환이 연쇄살인범이라는 사실을 밝히고, 그를 잡아서 사회 정의를 지켜야 한다는 사명감을 가지고 범인이 남겼을 증거를 찾는다.

서사 전개 과정에서 철중의 행위 동기는 발신자가 되고, 철중은 스스로 수신자가 되어 살인범을 체포하기 위해 노력한다. 그리고 돈에 대한 욕망과 이기심으로 부모를 죽이고도 아무 죄책감을 느끼지 않는 규환은 반대자이다. 그런 가운데서도 범인을 잡으려고 애쓰는 철중을 돕는 경찰들은 조력자가 된다.

영화 〈공공의 적〉에서 규환이라는 사이코패스가 생산해 내는 의미 과정을 통해 영화에 등장하는 주체와 대립적인 관계에 있는 괴물의 의미를 살펴볼 수 있다. 영화 속 서술의 심층적 의미를 파악하기 위해여 내재된 의미소의 대립적 자질을 분석하여 함축적 의미를 제시해 보면 [표 59]와 같다.

[표 59] 〈공공의 적〉에 등장하는 괴물의 의미

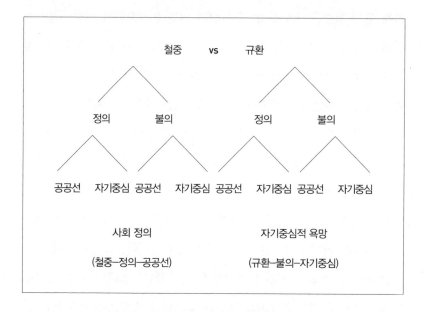

〈공공의 적〉에 등장하는 철중과 살인범은 대립적인 의미를 형성한다. 노부부 살해범을 추격하는 철중은 돈에 대한 욕심 때문에 부모를 죽인 규환을 잡아 공공의 안전을 지켜야 한다고 생각한다. 반면에 살인범 규환은 자신의 욕망에만 관심을 갖고 있어 돈을 위해 부모를 죽이는 것에 죄의식을 전혀 느끼지 못하는 사이코패스이다. 철중은 경찰관으로서 사회 정의를 지켜야 한다는 사명감으로 연쇄살인범을 잡기 위해 노력하는 반면, 사이코패스 규환은 자기 자신의 욕망 충족을 위해서라면 부모를 포함한 다른 인간의 생명도 도구적 대상이라고 생각하여 연쇄살인을 저지르게 되는 것이다.

영화에 등장하는 부모를 죽인 살인범은 주인공인 철중과 적대적인 관계를 형성한다. 극단적인 자기중심의 욕망에 사로잡혀 아무렇지도 않게 살인을 저지르는 규환은 생명을 파괴하는 것에 대한 죄의식이 전혀 없는 패륜아이다.

(3) 〈암수살인〉 – 자기중심의 극단의 파괴자

영화 〈암수살인〉은 피해자는 있지만 신고하지 않고, 시체가 없어서 수사도 하지 않는, 세상에 알려지지 않은 살인 사건을 저지르는 연쇄살인범을 소재로 하는 영화이다. 자신의 암수살인을 자백하는 살인범 강태오와 그 자백이 사실임을 직감적으로 느끼는 형사 김형민이 사건을 풀어 가는 미스터리 형식의 서사 구조를 띠고 있다.

영화 〈암수살인〉 속 등장인물의 갈등상황을 살펴보면 갈등의 표면적 원인과 이면적 원인에 의해 나타나는 결과를 분석할 수 있다. 여기에 나타나 보이는 사이코패스 연쇄살인범의 행위를 관객들이 수용하는 과정에서 괴물의 의미를 구성해 가고 함축적 의미가 생성되는 것이다. 그 내용을 정리해 보면 [표 60]과 다음과 같다.

[표 60] 〈암수살인〉의 시퀀스 구분

구분	내용
시퀀스 1	형사 김형민이 강태오를 만나 살인에 관한 제보를 받는다.
시퀀스 2	살인 피의자로 체포된 강태오가 김형민에게 연락하여 자신이 사람 7명을 죽였다고 밝힌다.
시퀀스 3	김형민 형사가 검사의 동의를 얻어 현장 검증을 진행하지만 증거를 찾지 못한다.
시퀀스 4	수사의 혼란을 준 것으로 징계를 받은 김 형사는 강태오에게 살인 이력을 듣는다.
시퀀스 5	증거를 밝힐 수 있는 강태오의 살인사건을 수사하여 강태오를 교도소로 보낸다.

영화 서사는 사건 자체가 알려지지 않은 살인사건의 범인이 스스로 자백한 진술로 시작되며, 이를 토대로 사건을 파헤치는 형사의 이야기로 전개된다. 영화 〈암수살인〉에 등장하는 인물들은 [표 61]에서 보는 것과 같이 그 관계가 매우 단순하다. 아무도 알아주지 않는 사건을 자백하는 범인과 그 사건을 파헤치는 형사의 관계로 설정된다.

[표 61] 영화 〈암수살인〉에 등장하는 인물의 관계

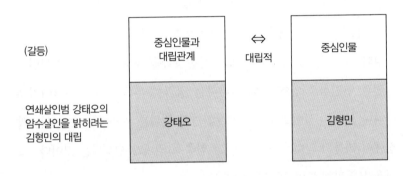

영화 속 김형민 형사는 강태오의 자백을 근거로 신고조차 되지 않은 시체와 증거를 찾아내어 강태오가 살인범이라는 것을 입증한다. 결국 아무도 관심을 갖지 않는 사건을 집요하게 추적하여 사건을 해결하는 과정에서 드러나는 형사 김형민과 사이코패스 연쇄살인범 강태오는 대립적 관계로 설정되어 있다.

영화 〈암수살인〉에 등장하는 인물과 사이코패스 범죄자의 갈등 상황을 살펴보면, 사건의 원인과 해결 방식이 이중적으로 나타나게 된다. 연쇄살인 범죄를 저지른 괴물 인간 사이코패스와 자기 돈을 들여 교도

소에 있는 범인의 영치금을 넣어 주면서까지 범죄를 집요하게 파헤치는 형사의 모습은 극단적인 성격을 가지고 있다는 점에서 유사성이 있다.

영화 속 사건을 전개해 가는 갈등의 표면적 원인과 이면적 원인에 의해 나타나는 결과를 분석할 수 있다. 이러한 과정에서 보이는 괴물의 행위를 관객들이 수용하면서 괴물의 의미를 구성해 가고 함축적 의미가 생성되는 것이다. 그 내용을 정리해 보면 [표 62]와 같다.

[표 62] 〈암수살인〉의 플롯 분석

	등장인물 및 괴물		인물과 괴물의 관계	갈등 상황	
	인물의 특성	괴물의 유형		원인	결과
서사 구성	김형민 – 암수살인을 추적하는 형사	사이코패스	대립적	표면적 원인: 암수살인범의 자백	살인자를 교도소로 보냄
				이면적 원인: 인간 생명의 경시	살인에 대한 죄의식이 없음
	핵심사건	연쇄살인범 강태오의 암수살인을 추적하여 처벌함			
	사건 배열방식	인과론적 추론방식, 미스터리 방식			
	배경	부산의 일상적 삶의 공간			

영화 〈암수살인〉에서 서사의 근간이 되는 최초의 결핍은 타인에 대한 공감이 없는 사이코패스의 살인 행위이다. 행위소 구조를 도식화하여 행위소의 관계를 제시하면 [표 63]과 같다.

[표 63] 영화 〈암수살인〉의 행위소 모델

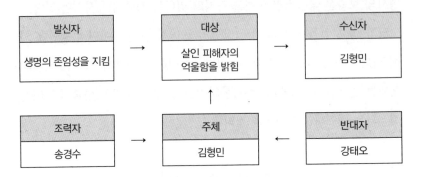

발신자		대상		수신자
생명의 존엄성을 지킴	→	살인 피해자의 억울함을 밝힘	→	김형민

조력자		주체		반대자
송경수	→	김형민	←	강태오

※ 주체: 김형민, 대상: 살인 피해자의 억울함을 밝힘

영화 〈암수살인〉의 행위소 구조를 보면, 영화 속에서 행위 주체인 경찰관 김형민은 자신에게 연쇄살인을 고백하는 범인을 만나게 된다. 서사 전개 과정에서 김형민이 살인 피해자의 억울함을 밝히겠다는 행위 동기는 발신자가 되고, 형민 스스로 수신자가 되어 연쇄살인범으로부터 피해를 입은 사람들을 밝히려고 한다. 자신의 이기심으로 약자를 죽이고도 아무 죄책감을 느끼지 않고, 김형민을 이용해 공소 시효가 지난 살인을 자백하면서 자신에게 유리한 입장을 만들려고 하는 강태오는 반대자이다. 그런 가운데 김형민을 지지하고 도움을 주는 선배 형사 송경수는 조력자이다.

영화 〈암수살인〉에서 사람을 7명이나 살해하였는데 아무도 신고하지 않고, 사건으로 접수조차 되지 않은 살인을 저지른 사이코패스의 행위를 통해 괴물의 의미를 살펴볼 수 있다. 영화 속 서술의 심층적 의미를 파악하기 위해 그레마스의 의미소 분석 이론을 적용하여 내재된 의미소의 대립적 자질을 분석해 함축적 의미를 제시해 보면 [표 64]와 같다.

[표 64] 〈암수살인〉에 등장하는 괴물의 의미 자질

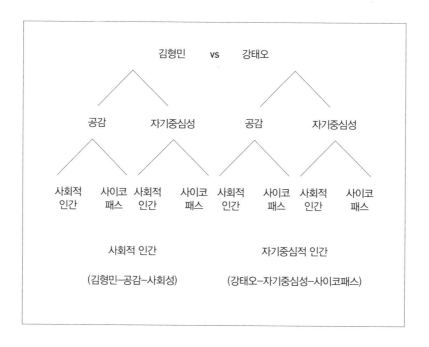

영화에 등장하는 김형민은 아무도 관심을 갖지 않는 암수살인의 범인을 찾아낸다. 반대로 극단적인 자기중심성을 지닌 강태오는 이유도 없이 살인을 하고 죄의식을 전혀 갖지 않는 극단적인 존재이다. 강태오의 모습에서 주변에 무관심하고 타인의 존재를 인정하지 않는 사이코패스의 특성을 살펴볼 수 있다.

(4) 〈화이: 괴물을 삼킨 아이〉 – 선악의 양면적 분열인

영화 〈화이: 괴물을 삼킨 아이〉는 지하실의 한 아이에게 괴물이 달려드는 장면으로 시작된다. 이 아이가 성장하면서 직면하고 극복해야 할 대상이 바로 그 괴물임을 암시하면서 한 인물의 비정상적 심리 상황을 중심으로 서사가 전개될 것이라는 점도 알 수 있다.

영화 속에서는 1998년 봄 각각 다른 범죄 기술을 가진 다섯 명의 범죄자들이 범죄를 모의하게 된다. 그런 과정에 소년 화이를 납치해 오는 것으로 미스터리를 전개해 간다. 영화 서사의 바탕에는 화이를 중심으로 화이의 친아버지와 화이를 납치한 석태의 관계를 역전적으로 뒤집어 놓고 그 속에서 어떻게 괴물이 만들어지는지를 보여 주고 있다.

석태는 화이에게 친부를 살해하게 하는, 인간으로서 가장 끔찍한 일을 저지르게 함으로써 화이를 괴물로 더 다가가게 만든다. 화이는 자신을 길러 준 다섯 범죄자 아버지에게 분노와 복수심을 느끼면서도 자신을 길러 준 부정(父情) 사이에서 갈등하며 서서히 괴물이 되어 간다. 겉으로는 친한 것 같은 다섯 명의 범죄자를 아버지로 부르는 화이는 영혼 없는 괴물이 되어 자신을 기른 석태에게도 총구를 겨눈다.

〈화이: 괴물을 삼킨 아이〉는 평범한 가정의 아이가 범죄자들에 의하여 납치되어 자기 친아버지를 죽이도록 범죄자로 길러지는 과정에서 괴물로 변해 버린 인간의 모습을 그린 영화이다. 영화의 서사 전개 과정 속 중심 주제의 흐름과 서사의 전환점을 파악하는 통합체 분석을 적용해 보면, 서사의 주체인 화이와 대립자인 석태를 비롯한 양아버지들의 수행 행위를 중심으로 [표 65]와 같이 몇 가지 중요한 시퀀스로 구분할 수 있다.

[표 65] 〈화이: 괴물을 삼킨 아이〉의 시퀀스 구분

구분	내용	서사구성 단계
시퀀스 1	석태가 화이를 범죄자로 길러 냄	전개
시퀀스 2	화이가 범죄 대상이 자신의 친부임을 알아냄	절정
시퀀스 3	석태가 화이를 납치함	발단
시퀀스 4	석태가 화이에게 그의 친부를 살해하도록 지시함	위기
시퀀스 5	화이가 친부와 양부 석태를 포함하여 모든 아버지를 죽임	결말

영화 〈화이: 괴물을 삼킨 아이〉의 서사구성 단계는 '시퀀스 3 → 시퀀스 1 → 시퀀스 4 → 시퀀스 2 → 시퀀스 5'의 순서대로 배열할 때 이야기의 흐름이 자연스럽고 논리적으로 전개된다. 그러나 영화는 사건의 시간적 배열을 의도적으로 흩어 놓고 관객들에게 사건의 퍼즐을 맞추어 보도록 서사 전략을 구사하고 있다.

이러한 역순행적 사건 배열을 통하여 범죄자로 길러지고 결국 살인을 저지르게 되는 화이의 행위와 내면심리를 미스터리 방식으로 제시하는 것이다. 이를 통해 한 인간이 비정상적 심리상태로 성장하여 괴물이 되어 가는 과정을 관객에게 더욱 낯설고 섬뜩한 정서적 반응으로 이끌어 가고 있다.

이 영화는 석태를 비롯한 5명의 양아버지가 화이를 기르면서 범죄조직 안에서 숙련된 범죄자로 만들어 가는 장면으로 시작된다. 범죄자로 성장한 화이에게 양아버지는 범죄의 대상을 지정해 주는데, 화이는 범죄 대상을 탐색해 가는 과정에 친아버지와 친어머니가 사는 집에 들어

갔다가 자신의 사진이 걸려 있는 것을 발견한다. 자신이 범죄 대상으로 삼고 있는 사람이 친부모인 것을 짐작하게 된 화이는 자신의 정체성에 갈등을 일으키게 된다. 결국은 자신을 길러 준 양아버지들과 자신의 친아버지를 죽이게 되는 화이의 내면세계에 괴물이 성장하고 있었다는 것을 스스로 확인하는 방식으로 구성되어 있다.

이 영화에 등장하는 괴물은 첫 장면에서 어린 시절 화이가 지하방에 갇혀 홀로 있을 때 처음 나타난다. 어린 화이는 환상 속에 나타나는 괴물을 두려워하며 괴물의 환상에서 벗어나려고 하는데 양아버지인 석태는 화이에게 '스스로 괴물이 되어야 괴물로부터 벗어날 수 있다'고 말해 준다. 그리고 이어지는 장면들을 통해 화이가 범죄자들에게 유괴되어 범죄자 집단의 복수 대상인 '아버지를 가진 행복하게 사는 평범한 사람들'을 제거하기 위해 범죄자로 키워졌다는 것을 밝혀 나간다.

특히 복수의 대상을 석태를 비롯한 양아버지들을 키워 준 고아원의 원장 아들로 정하고 그의 친아들을 유괴하여 친부를 죽게 한다는 사실이 밝혀진다. 이 영화 속에 등장하는 괴물은 범죄 집단에 속한 양아버지 석태를 비롯한 5명의 아버지들을 가리키지만, 그들에 의해 양육된 화이도 포함될 수 있다. 화이가 양부의 강요에 의해 친부를 죽이기는 하지만 결국 양부 모두를 죽임으로써 스스로 또 다른 괴물이 되는 역설적 상황이 펼쳐지는 것이다.

영화 〈화이: 괴물을 삼킨 아이〉 속 등장인물의 관계를 파악해 보면 [표 66]과 같다.

[표 66] 영화 〈화이: 괴물을 삼킨 아이〉에 등장하는 인물의 관계

(갈등)	중심인물과 대립관계	⟷ 대립	중심인물	⟹ 구조의 대상	중심인물과 우호관계
화이를 유괴하여 키우고 친아버지를 죽이도록 만든 양아버지들과 대립	석태 및 양아버지들		화이		친어머니

영화 속에서 화이는 무서운 범죄 집단에 유괴되어 범죄자로 길러진다. 화이는 석태를 비롯한 5명의 양아버지에게 순종하면서 범죄 기술을 배우며 성장하지만 괴물 환영으로 괴로워한다. 범죄자인 양아버지에 의해 양육된 화이는 범죄 현장에 가담하게 되고, 자신의 친아버지를 양아버지의 강요에 의해 죽이게 된다. 결국 친아버지를 죽이도록 강요한 양아버지를 모두 죽이고 친어머니를 구하려고 하지만 친어머니도 양아버지에 의해 죽게 된다. 화이와 양아버지는 결국 대립적 관계를 형성하게 된다.

영화 〈화이: 괴물을 삼킨 아이〉의 서사 구성을 바탕으로 등장인물의 갈등 상황을 살펴보면, 사건의 원인과 해결 방식이 이중적으로 나타나 있음을 알 수 있다. 그 내용을 정리해 보면 [표 67]과 같다.

[표 67] 〈화이: 괴물을 삼킨 아이〉의 플롯 분석

등장인물 및 괴물		인물과 괴물의 관계	갈등 상황	
인물의 특성	괴물의 유형		원인	결과
서사 구성	화이, 화이의 양아버지 – 범죄 집단	극단적 존재	괴물은 인간의 내면에 잠재된 본성	표면적 원인: 아버지의 부재가 트라우마가 되어 괴물이 된 인물의 악마성	화이가 석태를 죽임으로써 표면적 갈등 해결
				이면적 원인: 인간 내면의 본성	화이가 석태를 비롯한 양부를 모두 죽임. 근원적갈등은 해결하지 못함
	핵심사건	유괴되어 범죄자로 길러진 화이가 양부의 강요에 의해 친부를 살해하고, 이 후 양부를 모두 살해하게 됨			
	사건 배열방식	역순행적 구성, 미스터리 구조			
	배경	1998년–2010년 초반, 서울 및 근교			

　복잡한 영화의 서사 구조를 분석하기 위해 행위소 모델을 영화 〈화이: 괴물을 삼킨 아이〉에 적용해 볼 수 있다. 이 영화의 서사 근간이 되는 최초의 결핍은 화이가 유괴범에 의해 납치되어 친아버지를 잃게 되는 상황이다. 서사를 바탕으로 도식화하여 행위소들의 관계를 제시하면 [표 68]과 같다.

[표 68] 영화 〈화이: 괴물을 삼킨 아이〉의 행위소 모델

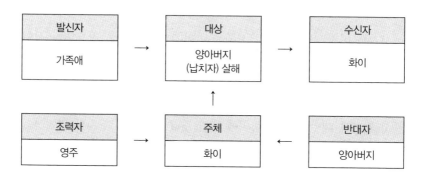

발신자		대상		수신자
가족애	→	양아버지 (납치자) 살해	→	화이

조력자		주체		반대자
영주	→	화이	←	양아버지

※ 주체: 화이, 대상: 양아버지(납치자) 살해

영화 〈화이: 괴물을 삼킨 아이〉의 행위소 구조를 보면, 영화 속에서 행위 주체인 화이는 자신을 낳은 아버지와 자신을 기른 양아버지 모두를 죽이게 된다. 화이는 어려서 범죄 집단에 의해 유괴되어 범죄자로 길러진다. 석태에 의해 범죄에 가담하게 되고 자신의 친아버지를 석태의 강요에 의해 죽이게 된다. 자신이 친아버지를 죽였다는 사실과 양아버지들에 의해 유괴되었다는 사실을 알게 되어 친아버지에 대한 복수와 친어머니를 구하기 위해 양아버지들을 죽이게 된다.

서사 전개 과정에서 화이의 행위 동기는 발신자가 되고, 화이 스스로 수신자가 되어 자신을 유괴하고 친아버지를 살해하게 만든 양아버지를 죽이게 된다. 화이를 유괴하여 범죄자로 기른 석태와 양아버지들은 반대자이다. 그런 범죄 집단 안에서도 화이를 어머니처럼 돌보는 영주는 조력자이다.

영화 속 표면적 갈등 상황을 분석해 보면, 화이는 자신을 길러 준 석

태를 죽임으로써 세상에 존재하는 악인 괴물을 제거한 것으로 볼 수 있다. 화이가 친부를 죽인 것은 석태의 강압에 의해 의도하지 않은 상황에서 이루어진 것이므로, 자신에게 아버지를 죽이도록 강요했던 석태를 죽인 것은 정당성을 얻게 된다. 다른 양부도 마찬가지로 화이를 납치하고 유괴하여 행복한 가정을 파괴하고 친자식이 친부를 죽이도록 만들고 재산을 빼앗으려 한 행위에 대한 죗값을 죽음으로 치른 것이라고 볼 수 있다.

영화 속 갈등의 표면적 원인은 아버지의 부재가 트라우마가 되어 괴물이 된 인물의 악마성이다. 석태는 자신을 길러 준 고아원 원장의 아들에게 '아버지가 있다'는 사실에 대한 열등감으로 모든 아버지를 가진 존재를 부수어 버리고 싶은 폭력성이 생겨났다. 그래서 석태는 화이의 손으로 친아버지를 죽이도록 만들어 아버지가 있는 존재들을 부수고 싶었던 것이다. 이런 석태를 화이가 죽이는 것은 세상에 존재하는 악마성을 지닌 괴물을 제거하는 것이 된다. 양부에 의해 유괴되었고 친아버지를 죽이게 되었다는 진실을 알게 된 화이는 친아버지의 복수와 친어머니의 목숨을 지키기 위해 범죄자 아버지들을 차례로 살해한다.

영화 〈화이: 괴물을 삼킨 아이〉에 등장하는 화이를 기른 범죄자 집단의 행위를 보면, 정상적인 범주에 속한다고 볼 수 없다. 화이의 양아버지인 석태는 고아원에서 성장하면서 자신을 길러 준 원장의 아들에게 끊임없이 열등감을 느낀다. 석태는 아버지의 부재가 자신을 괴물로 만든 것처럼 자신의 열등감을 자극했던 친아버지가 있는 고아원 원장의 아들에게서 자식을 빼앗고, 그 자식에게서는 아버지를 빼앗는 범죄를 저지른다. 결국 화이에게 친아버지를 살해하도록 만드는 그의 행위는 그야말로 설명 불가능한 비정상적인 행위라고 볼 수밖에 없다. 이러한 행위를 하는 석태를 비롯한 양아버지, 그리고 그들에 의해 유괴되어 양육된 화이도 비정상적인 정신세계에 살고 있다.

그런데 영화 속 서사의 이면을 들여다보면, 인간의 본성에 대한 탐색이 있음을 알 수 있다. 인간 내면에는 선과 악이 공존하고 있어서 화이는 교복을 입고 학교에 다니고 싶어 하고, 소녀에 대한 순수한 사랑과 자신을 돌보아 주는 영주를 어머니처럼 느끼는 부드러운 여성성에 대한 갈망이 있다. 또한 미술을 좋아하는 화이의 꿈같은 것도 영화 속에서 나타난다.

주인공 화이는 유괴되어 양아버지가 속한 범죄 집단 안에서 범죄자로 양육되었다. 그러므로 화이는 본성 가운데 악을 선택적으로 키워 낸 것으로 볼 수 있다. 양부인 석태는 화이를 길들이기 위해 어린 시절 지하방에 감금하고 화이가 괴물에 대한 환상으로 괴로워할 때 '스스로 괴물이 되어야 괴물을 이길 수 있다'고 하였다. 이 말은 아버지 없이 불안과 외로움 속에서 성장하여 괴물로 자란 자신의 모습을 가리키는 것이기도 하다.

화이는 범죄자 아버지들로부터 범죄 기술을 전수받아 사격에 재능을 보이는 반면, 미술에도 재능을 보여 범죄자 아버지들과는 다른 삶을 살고자 한다. 그렇다고 지난 14년간 익혀 온 범죄자의 생리로부터 벗어날 수는 없다. 부드러운 얼굴이지만 나무에 붙어 있는 벌레를 잔인하게 죽이는 모습은 화이에게 내재된 또 다른 면을 암시한다.

화이는 자신의 내면에 지니고 있는 선을 지키기 위해 노력하고 친아버지의 복수와 친어머니의 목숨을 지키기 위해 몸부림치지만, 14년간 자신을 키워 준 양아버지들을 죽이게 된다. 그리고 화이를 납치해서 키우는 석태의 모습과 다른 양아버지들의 모습이 영화 속 여러 장면에서 보이는데, 어린 생명을 돌보는 자상한 부모의 모습처럼 보이기도 한다.

결국 극단적인 양면성을 지니고 있는 등장인물들을 보면서 인간의 내면에 자리 잡고 있는 악을 발견하지만, 그 반대편에 자리 잡고 있는 선의 돌출로 인해 분열적인 현상이 나타나는 것을 인식할 수 있다.

영화 〈화이: 괴물을 삼킨 아이〉에서 '사이코패스'라는 괴물의 이미지가 생산해 내는 의미 과정을 내재된 의미의 대립적인 자질을 분석하여 함축적인 의미를 제시해 보면 [표 69]와 같이 정리할 수 있다.

[표 69] 〈화이: 괴물을 삼킨 아이〉에 등장하는 '사이코패스'의 의미 자질

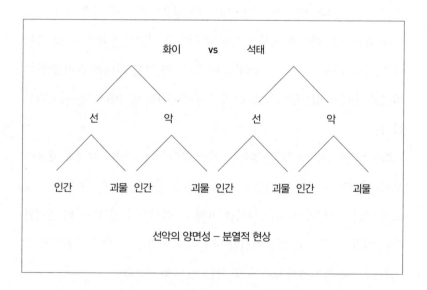

영화 〈화이: 괴물을 삼킨 아이〉에서 화이와 양아버지 석태의 행태는

결국 인간이 가진 선과 악의 양면성을 보여 준다. 석태는 아버지의 부재가 불러일으킨 열등감이 만들어 낸 괴물이라면, 화이는 석태가 기르려고 했던 괴물이라고 할 수 있다. 결국 괴물이라는 존재는 인간의 내면에 잠재된 악한 본성을, 사회라는 환경이 일깨워 내어 만들어지는 존재라고 할 수 있다.

6부

영화 속 괴물 이미지와
이데올로기

1

영화 속 괴물 이미지의 특징

영화를 보는 것은 해석의 행위이다. 그 해석을 컨텍스트에 맞춘다는 것은 영화를 보는 관객이 영화와 소통의 관계에 들어간다는 의미이다.

감독　　　→　　　영화　　　→　　　관객

(발신자)　　　　(텍스트)　　　　(수신자)

텍스트 속에 그려진 이미지를 통해 현실계나 상상된 세계를 해석하려는 욕망은 역사를 통하여 극적으로 변화해 왔으며, 이미지를 리얼하게 만드는 것에 대한 개념 역시 역사를 통해 변화해 왔다. 이때 이미지의 미학적 스타일의 변화는 예술과 시각적 문화사 기록 이상의 것을 의미한다. 즉 이미지의 미학적 스타일의 변화는 세계를 보는 다른 방법, 서로 다른 '세계관'의 변화를 의미한다.[1]

괴물 영화 속에 등장하는 괴물은 허구적으로 존재하는 이미지이다. 이미지는 이미지를 생산해 내는 그 사회의 문화와 밀접하게 연관되어

1　Maria Sturken & Lisa Cartwright, Practices of Looking, Oxford UniversityPress, 2001, pp111-112.

있다. 영화에 제시되는 이미지는 보편적인 언어가 아니라 시각적으로 재현된 이미지이다. 이미지를 통해 관객이 영화의 메시지를 해석하는 것은 대상에서 특정한 유사성을 인식하는 경향이나 감수성이 지금껏 역사적으로 발전해 온 회화나 영화의 맥락 안에서 훈련되어 왔기 때문이다. 그렇기 때문에 영화가 리얼리티의 복제 혹은 재현이 아니라 사실은 실재에 대한 환영 혹은 인상에 불과할 뿐이며, 그 환영 이면에는 특정 이데올로기가 은폐되어 있음을 알 수 있다.[2]

괴물이라는 존재는 특정 사회가 가지고 있는 사회문화적 맥락과 깊이 연관되어 있으며 결국은 그 사회가 괴물의 이미지를 만들어 내는 것임을 알 수 있다. 그러므로 2000년 이후 한국 영화에서 재현하고 있는 괴물의 이미지는 바로 현재를 살아가고 있는 한국 사회의 징후를 보여 주는 것이다.

아리스토텔레스가 제시한 언어 소통의 모형은 다음과 같이 세 개의 요소와 두 개의 관계를 지니게 된다.[3]

음성　　←→　　표상　　←→　　사물
(상징)　　　　　(모사)
관습적　　　　　자연적

2　　연희원(2005). 영화 리얼리즘 비판을 통해 본 에코의 영화기호학과 보드리의 영화현상학. 『철학연구』 제94집, 223쪽.

3　　안정오. 기호의 언어철학적 고찰, 281-282쪽.

이것을 괴물이라는 낱말에 적용해 보면 괴물이 상징하는 것은 괴물을 모사하는 사물이 드러내는 표상과 상호관계가 있다는 것이다. 예를 들면 괴물 중의 하나인'좀비'를 들어 다음과 같은 도식을 적용해 볼 수 있다.

좀비[좀비]　　↔　　표상: 영혼 없는 삶　↔　사물: 살아 있는 시체

(상징)　　　　　　(모사)

관습적　　　　　　자연적

이를 다시 아리스토텔레스의 모형을 적용하여 낱말, 정신활동 아이콘을 이용하여 삼각형 모형으로 나타내면 다음과 같다.

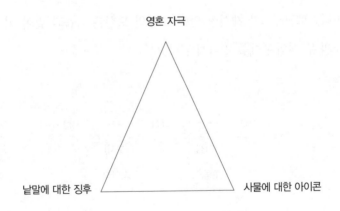

괴물 중의 하나인 '좀비'를 들어 아리스토텔레스의 모형을 적용하여 삼각형 모형으로 나타내면 다음과 같은 도식에 적용해 볼 수 있다.

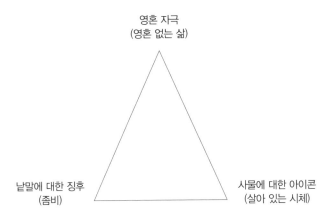

[그림 7] 아리스토텔레스의 모형 적용 예시

영혼 자극
(영혼 없는 삶)

낱말에 대한 징후   사물에 대한 아이콘
(좀비)   (살아 있는 시체)

　여기서는 낱말이 한편으로는 개념 "영혼자극"과 다른 한편으로는 사
물과 관련된다. 그는 낱말이란 "영혼자극"의 징후로 파악될 수 있다고
했는데, 언어적 표현은 화자가 자기 정신에서 어떤 것을 가지고 있다는
것에 대한 징후이기 때문이다. 영화 속에 등장하는 '괴물'이라는 존재를
논의하는 데 있어 아리스토텔레스의 관점에 의해 본다면 '괴물'이라는
낱말은 자신이 처한 시대를 살아가는 인간의 '영혼자극'의 징후로 파악
되어야 하며, 인간의 정신에 '괴물'을 통해 표현하고자 하는 어떤 것을
가지고 있다고 보아야 한다.
　괴물은 처음부터 괴물로 태어난 것이 아니라, 내부의 어떤 잠재된 특
성이 기묘하게 자라나 세상으로 나온 것이므로 일종의 잠재적인 이질성
이 외현된 것이다. 이 말은 한편으로는 다수의 사람들이 동의해서 만들
어진 사회적 공감이라는 것이 바뀌면 괴물의 양상도 바뀔 수 있음을 의

미한다.

인간이 사회 곳곳에서 출몰하는 괴물에 관심을 기울여야만 하는 것은 아리스토텔레스의 관점에서 보면 그것이 이 사회의 내상과 병리를 드러내는 영혼의 징후들이기 때문이다. 괴물은 멀리서 온 낯선 이방인이지만 또한 가장 가까이 있는 이웃이기도 하다. 괴물은 체재 내적이고 시스템적인 현상으로 인해 생겨나는 것이다. 그리고 무엇보다 인간 안의 낯선 타자, 인간 내부에 도사리고 있는 것이 괴물이다. 인간 안의 괴물, 그것은 인간 스스로 무관한 것으로 치부해 온 외부의 괴물과 닮아 있음을 발견하는 것이다.

'괴물' 소재의 영화에서 '괴물'의 의미는 해석적 상징으로 분석하여야 한다. 각각의 영화에 등장하는 괴물의 이미지가 어떤 습관에 의해 일반적 개념을 생산하는 마음 안에서 복제물로서 하나의 이미지를 상기시키게 되는데, 여기에서 괴물이라는 의미는 개인의 주관적인 해석이라기보다는 사회문화적 맥락과 연관시켜 해석하고 구조적인 사유를 해야 한다.

에코는 영화의 이미지가 제시하는 도상(icon)이 있는 그대로의 재현이 아니라 실제로는 그 대상의 일부 특징을 선택하고 다른 특질들은 배제함으로써 자의적이고 관습적인 약호화의 결과임을 주장한다. 그리하여 영화언어로서의 이미지가 사회적 문화적 관습의 체제임을 제시하는 것이다.[4]

4   앞의 논문. 221쪽.

영상 이미지에 대한 해석에 관한 예를 들어 보면, 1968년 베트남전이 한창이던 2월 『렉스프레스(L'express)』 잡지 표지에 짧은 머리의 남자가 눈에 흰 붕대를 감고 있는 사진이 실렸다. 11년이 지난 뒤 이 사진을 25-30세의 남미 망명 집단과 18-20세의 프랑스 자연과학 전공 학생 집단에게 따로 보여 주었다. 1968년 당시에도 유사한 실험을 했는데, 당시에는 사진 속의 인물이 미군이라는 사실을 모르는 사람이 없었다.

그러나 11년이 지난 후 두 집단은 모두 이 사람이 군인이라는 것은 알았으나, 국적을 알아맞히지는 못했다. 대신 고문이 성행했던 남미인 집단은 이 군인을 포로라고 했으며, 이들 중 많은 이들은 그가 고문당했거나 처형의 순간에 붕대를 감은 것이라고 보았다. 반면 프랑스 학생중에는 소수만이 이런 해석을 했다.[5]

이는 결국 무엇인가를 지각하고 해석하는 것은 직접적이고 수동적으로 있는 것을 받아들인 것이라거나 자연발생적이고 타고난 것이 아니라, 우리의 과거 경험과 학습에 의해 조직되는 것임을 뜻한다. 지각법칙이란 문화 유형을 반영하며, 이미 획득된 형태들, 즉 선호도와 관습, 확신과 정서의 체계에서 오기 때문이다. 그런데 우리는 자신을 둘러싸고 있는 자연적 · 사회적 · 역사적 맥락에 따라 이러한 체계를 교육받게 되며[6] 이러한 예비지식이 바로 문화적 단위 체계 혹은 가치체계를 구성하면서 사진에 대한 서로 다른 해석을 낳는 것이다.

에코는 영화 이미지 차원에서의 약호화와 분절화 가능성을 주장하였

---

5 기 고티에. 유지나 · 김혜련 옮김. 『영상기호학』, 민음사, 55-72쪽.

6 H.Cantril, The "Why" of Man's Exprience, New York: Macmillian, 1950, p76.

는데, 인간의 행위·표정·꿈·몸짓·회상 등은 영화의 모델로서 사물의 있는 그대로를 드러내는 게 아니라는 것이다. 인간의 몸짓이나 표정이 자연스러운 본능의 영역이나 문화 이전의 영역이 아니라 각 문화나 사회마다 다른 규약과 관습, 그리고 문화의 산물로서의 현상임을 말한다. 따라서 영화 이미지는 현실의 단순한 재현이 아니라, 몸짓이라는 기존의 언어체계에 대해 말하는 또 다른 메타언어이자 그 자체의 관습을 가지고 있는 언어라고 할 수 있다.

이러한 인간 몸짓이나 동작의 약호화에 근거해서 에코는 이미지의 삼중분절화 가능성을 제시한다. 에코가 제시하는 영화 삼중분절[7]을 영화 〈괴물〉을 예로 들어 설명하면 다음과 같다.

첫째, 작품의 소재적인 측면으로서 동작 자체로는 의미가 없이 문맥 내에서 이해될 수 있으나 나누어질 수 있는 몸짓 부분으로서 영화 〈괴물〉에서 괴물이 어린 소녀 현서를 잡아가는 장면과 같은 것이다.

둘째, 신태그마를 구성할 수 있는 기호로서 영화 〈괴물〉에서 현서가 괴물에게 잡혀서 끌려간 공간을 보면 해골이 쌓여 있는 점액질이 범벅이 된 괴물이 사는 지하 하수구의 모습이 괴물이 현서를 잡아가는 장면과 결합해서 혐오감과 적대감을 형성하는 쇼트를 구성하는 의미소가 된다.

셋째, 이미지를 만들어 내는 미장센으로서 시니피에에 포함되지 않는

---

7 영상화면의 첫 번째 분절은 의미소로서의 숏(shot), 두 번째 분절은 의미소의 숏과 도상적 기호로서의 숏의 기호가 맥락적으로 만나는 지점이며, 세 번째 분절은 영상화면 이외의 앵글, 곡선, 질감 및 빛의 효과 등이 가미되는 접점을 의미한다.

부분으로 분절된다.[8] 영화 〈괴물〉에서 기괴한 모습으로 강물 위에 뛰어오르는 괴물의 형상이나 방독면을 쓰고 소독약을 뿌리며 주인공 강두를 비닐막 속에 가두는 장면 등이 시각적으로 전달하는 효과를 생각해 볼 수 있다.

에코가 영화의 도상적 시각 언어가 삼중분절에 의한 변별적 자질을 가지고 있는 가능성을 제시하려는 이유는 영화가 이미지 차원에서 분석될 수 있음을 제시하고자 하기 때문이다.

영화 · 연극 · 오페라들을 보면 주로 영화감독이나 시나리오 작가의 주관적인 해석과 이해를 바탕으로 작품이 제작되는 경우가 있다. 그래서 작품에 따라서는 전달하고자 하는 메시지가 부분적이고 일방적이라는 느낌이 관람객들에게 느껴지기도 한다. 그런데 영화라는 매체는 언어에 유사한 준언어로 볼 수 있으되 체계적인 랑그 시스템으로 구성되어 있지 않다고 보는 것이 영화를 연구하는 메츠의 견해이다. 영화에서의 모든 숏 혹은 이미지는 언어의 최소 단위인 음소로 분절될 수 없기 때문에 항상 시니피에를 가지고 있다고 보는 것이다.[9] 즉, 영화는 이미지의 선택보다는 일종의 창조적인 이미지의 배열이 더 중요하다고 보는 것이다.

영화 이미지는 보편적인 언어가 아님에도 영화 속에서 제시된 이미지를 통해 특정한 유사성을 인식하는 경향은 인식자의 감수성이 역사적으로 발전해 온 회화나 영화의 맥락 안에서 훈련되어 왔기 때문이라

---

8   U.Eco, "Articulations of the Cinematic Code", in Movies and Method:An Anthology, vol 1,ed. by Bill Nichos Univ. of Califonia Press, 1976, pp600–601.

9   앞의 책, 108쪽.

고 볼 수 있다. 보통 사람들은 자신들이 지각하는 것의 관습성을 의식하지 못한다. 그래서 도상기호를 특정한 대상과 몇 가지 공통점을 재현하는 것이라고 인식하게 된다. 도상기호는 단순히 그 지시 대상과의 관계에서만 해석될 수 없다.[10] 그것은 도상기호에 대한 그 사회·문화 속에서 공유되어 온 관습적인 의미를 공유하고 있기 때문에 받아들여지는 것이다.

시각 커뮤니케이션에 관한 중요한 사실이 있는데, 모든 이미지는 비록 최소한의 커뮤니케이션에 관여하더라도 이미 구성된 정신적 구조 속에서 쉽게 받아들여진다는 점이다. 영상이 의사소통의 매체로서 일정한 역할을 수행하는 과정을 좀 더 분석적으로 관찰할 수 있으려면 다음과 같은 세 가지 차원을 고려해야 한다.[11]

첫째, 영상은 '조형적 사물'이다. 그러므로 특정한 방식으로 지각된다. 조형적 요소들은 영상을 다른 기호들과 구분시켜 줄 뿐 아니라 영상의 의미를 만들어 내는 기반이 된다.

둘째, 영상은 '도상적 사물'이다. 즉, 영상은 특정한 사물과 닮았다고 여겨지며 명명된다. 그래서 영상기호를 읽는 과정에서 영상을 지시대상 자체로 인식하는 경향을 갖기도 한다.

셋째, 영상은 '해석되는 사물'이다. 영상은 사회문화학적으로 규정된 의미를 생산한다. 우리가 흔히 영상기호의 지시 의미라고 받아들이는

---

10   기 고티에. 『영상기호학』. 유지나·김혜련 옮김, 민음사, 52–72쪽.
11   주형일(2018). 『영상 커뮤니케이션과 기호학』. 패러다임 북, 57–60쪽.

것 중에서 상당수는 단순한 지시 의미가 아니라 일정한 사회문화적 경험과 지식이 있어야 해석되는 의미인 경우가 많다.

그렇다면 괴물 영화에서 괴물은 시각적인 조형성을 염두에 두어야 한다. 그리고 괴물 영화에 등장하는 괴물은 도상적 사물로서 괴물의 형상을 지니고 있지만 허구적 존재로서 실재하는 괴물 그 자체를 지시하는 것이 아니라는 점을 생각해야 한다. 또한 영화 속에 등장하는 괴물은 사회문화적 의미를 생산하는 것으로 해석되는 존재임을 전제로 한다. 그러므로 괴물 영화에서 그려지는 괴물의 이미지는 실제로 존재하지는 않지만 괴물을 상상해 내는 사회문화적 현상과 관련된 존재임을 알 수 있다.

2

괴물의 사회문화적 의미

　앞에서 살펴본 2000년 이후 괴물 영화의 서사 구조 분석을 통해 영화 속 괴물의 사회문화적 의미작용을 고찰할 수 있다. 영화를 제작하는 창작자나 수용하는 관객이 동시대의 사회문화적 환경에 놓여 있다는 것을 염두에 두고, 영화 속 괴물의 양상과 그 의미작용을 논하고자 한다.

　메시지가 여러 해독을 허용하는 '열린' 메시지일수록 커뮤니케이션 상황을 비롯한 수신자의 이데올로기적 배경은 더 큰 영향을 미친다. 모든 예비지식은 일종의 의미 영역 내지는 문화적 단위 체계, 또는 가치 체계를 구성한다고 말할 수 있다.[1] 물론 개인적인 지식이나 단 한 사람만이 사용하는 특수 언어와 같이 의미 영역을 구성하지 않는 예비지식의 형태도 있을 수 있다. 그러나 가장 넓은 의미에서 이데올로기를 말할 때는 수많은 화자들과, 심지어는 사회 전체가 가지고 있는 세계관을 생각할 수 있다. 세계관으로서의 의미 체계는 현실 세계를 형식화할 수 있는 방법이기도 하다.[2]

1　에코 U.(1980). 『기호와 현대 예술』. 김광현 옮김. 열린책들, 199쪽.
2　앞의 책. 200–201쪽.

이데올로기에 새로운 관습을 심어 주는 예술작품이 등장한 다음부터는 작품의 방식대로 생각하고 현실 세계를 바라보는 것이 당연하게 느껴진다. 그 결과 새로운 이데올로기와 세계관이 자리 잡게 된다. 모든 메시지와 마찬가지로 예술작품은 당시의 이데올로기를 재구성할 수 있다. 예를 들면 호메로스의 시를 통해 당시의 사고 · 의상 · 식사 · 사랑 · 전쟁 등에 관한 엄청난 양의 정보를 전달받았기 때문에 당시의 다른 예술 작품의 메시지와 해석의 열쇠를 발견할 수[3] 있는 것과 같다.

에코는 영화에서 이미지와 내러티브 형식들이 리얼리즘의 거울 같은 반영이라는 양식을 통해 카메라의 위치에 서게 하며 이데올로기적 효과를 위한 장치가 되게 하는 것이라고 했다.[4]

예술 작품의 해석은 끊임없는 흔들림 속에서 진행된다. 왜냐하면 한 작품을 토대로 그것이 시사하는 의미를 찾고 다음에는 이전의 작품을 통한 미적 체험을 바탕으로 새로운 작품의 메시지를 해석한다. 그리하여 작품의 모든 해석은 흔들리면서 의미를 형성해 간다. 열려 있으면서도 새로운 의미를 담을 수 있도록 비어 있는 형태로 흔들리면서 의미를 형성해 간다.

또한 롤랑 바르트의 이미지에 대한 관심은 '텍스트'라는 개념에서 매우 중요한 부분에 참여한다. 바르트는 회화 · 사진 · 문학과 같은 특정 분야보다는 이를 아우르는 보다 보편적인 용어로서 '텍스트'를 사용한다. 시각 이미지의 영역을 넘어, 인간의 몸과 몸짓들조차 하나의 시각

---

3   앞의 책. 202쪽.

4   Baudry,J.L. 『Ideological Effects of the Basic Cinematographic Apparatus, inFilm Theory and Criticism』, p311.

텍스트로서 읽을 수 있다는 믿음[5]이 이러한 단정을 뒷받침한다.

영화는 기본적으로 서사를 바탕으로 하는 대중 매체이다. 그리고 현대 사회에서는 영화만큼 대중과 밀접하게 다가가는 예술 장르가 없다고 할 수 있다. 영화 속 서사에서 창작자는 영화를 통해 관객들을 향해 메시지를 전달하고, 그 메시지는 바로 서사적 장치들에 의해서 구현된다. 따라서 영화 속에 등장하는 괴물이 갖고 있는 서사적 의미를 구성하기 위해 사용된 시각적 이미지 요소들의 상징성을 통해 메시지를 해독할 수 있다.

창작자와 대중이 영화라는 매체를 통해서 소통할 때, 창작자와 관객이 의미소통의 조건들을 공유하고 있다는 전제로 해야 한다. 이러한 관점에서 영화의 시각적 이미지는 문화로서의 이데올로기적 요소들과 결합하여 의미소통의 도구로 작용하게 된다.

2000년대 이후 괴물 영화에 등장하는 괴물의 이미지는 현실 세계에 대한 대중의 특정한 관점이 반영되어 있다고 보아야 한다. 앞에서 살펴본 영화 속 괴물들의 이미지가 내포하고 있는 의미작용을 사회문화적 관점에서 분석해 보면 다음과 같다.

1) 혐오의 타자성

인간이 아닌 괴물은 그가 지닌 애매모호한 형상으로 인해 공포와 불

---

5   김성도(2016), 바르트와 이미지: 시각 기호학을 넘어, 『불어불문학연구』 105집, 244쪽.

안을 불러일으킨다. 이러한 정서는 대상에 대한 혐오의 태도로 드러나고 이로 인해 소외와 배제의 현상이 나타나게 된다. 리처드 커니(Richard Kearney)는 이방인이나 괴물처럼 우리에게 결코 환대받지 못하고 배척당하는 타자가 사실은 우리 자신의 또 다른 모습에 지나지 않는다는 점을 강조한다.[6]

즉, 괴물은 타자이지만 우리와 전혀 다른 절대적 타자가 아닌 우리 안에 억압된 타자의 발현이라는 것이다. 인간의 내면에 잠재된 인간답지 않은 괴물, 타자이면서 타자가 아닌 괴물은 그가 지닌 불확실성으로 인해 불안과 공포의 감정을 증폭시킨다. 그리고 사회는 타자화된 괴물을 퇴치함으로써 배제와 소외를 통해 공동체적 연대감을 형성하고 유지되게 된다. 이때 배격하고 퇴치되는 괴물은 사회 안에서 일종의 희생양이다.

르네 지라르(Rene Girard)는 희생양에 대한 이데올로기를 통해 괴물의 의미들을 우회적으로 제시하였다. 그의 관점은 다음과 같은 가정에서 시작한다.

① 대부분 사회는 해로운 타자의 제의적 희생에 기반을 두고 존재한다.
② 죄악, 폭력의 혐의를 어떤 아웃사이더에게 뒤집어씌워 희생자(해로운 타자)로 만든다.

---

6 커니 R.,(2004). 『이방인, 신, 괴물』, 이지영 옮김, 개마고원, 12–13쪽.

③ 희생양인 이방인은 희생을 통해 '사람들'의 연대를 발생시킨다.[7]

이러한 관점에서 희생양인 괴물은 사회 안에서 혐오의 대상으로 지목되고 공동체의 적으로 규정되어 타자화의 대상이 되는 것이다. 따라서 우리는 우리 안의 낯선 것, 두려운 것을 끊임없이 외부로 투사한다. 괴물을 만들고 이방인을 찾아내고 적을 만들어 내는 식으로 타자화하는 것이다.

괴물은 내쫓아야 하고 사라져야 하지만, 한편으로는 사회 안에서 사라지도록 하려고 존재해야만 한다. 그래서 괴물은 만들어지고 또 만들어졌던 것이다. 그렇게 만들어진 괴물은 인간 의식의 한계를 시험하고, 우리의 정체성을 위협하며, 사회의 사각지대에 서식한다. 그리고 사회는 스스로 가지고 있는 혼란과 모순들을 방어하기 위해 끊임없는 분리와 배제를 행하는 것이다. 그래서 선과 악을 나누고, 안전함과 위험함을 분리하고, 합법과 비합법을 나누고, 정상과 비정상을 가르고, 우리와 그들을 나눈다.

이러한 분리와 배제의 경계에 놓인 존재를 줄리아 크리스테바(Julia Kristeva)는 '아브젝트(abject)'로 명명한다.[8] 크리스테바는 아브젝트를 설명하면서 "전에는 나의 불투명하고 잊혀진 삶 속에 친근하게 존재했던 그 이질성은, 이제 나와 분리되어서 혐오스러워지고 나를 집요하게 공격한다."[9]고 말한다. 나로부터 분리된 그 이질성은 "동일성이나 체계와

---

7 지라르. R.(2007). 『희생양』. 김진식 역. 민음사.
8 크리스테바 J.,(2001). 『공포의 권력』. 서민원 옮김. 동문선.
9 앞의 책. 22쪽.

질서를 교란시키는 것"[10]인데, 이질적인 것으로 규정되어 정체성이 모호한 그것은 끊임없이 되돌아와 주체를 위협한다.

영화 속에서 혐오와 배제의 대상으로 나타난 괴물은 전통적인 의미의 괴물인 괴생명체가 대표적이다. 예를 들어 영화 〈괴물〉(2006)은 환경오염과 깊은 관련을 맺는다. 미군이 한강에 흘려 버린 화학 약품 포름알데히드에 오염되었으리라 짐작되는 장소에서 나타난 괴생물체, 그리고 한강의 생물학적 오염 요소를 모두 박멸하기 위해 살포된 에이전트 옐로우 등은 영화 속에서 수질오염과 관련된 화소로 배치되어 있다. 그리고 괴물의 기형적인 형태는 물의 오염 때문에 발생한 것으로 암시된다.

또한 영화 〈곡성〉에도 혐오와 배제의 대상이 괴물로 등장한다. 이 영화 속 괴물은 정체를 알 수 없는 존재로, 마을 사람들에게 바이러스를 전파하고 감염된 사람들은 병에 걸려서 가족을 죽이는 행위를 하게 된다. 마을 사람들은 처음부터 이상한 병이 퍼지게 된 것이 마을에 외지인이 등장하면서부터라고 의심하기 시작한다.

경찰인 종구는 마을에 살인사건이 일어나 출동하였다가 기괴한 현장들을 보고 이상하게 생각한다. 그리고 외지인과 관련된 흉흉한 소문을 듣게 되면서 의혹을 품게 된다. 흉흉한 소문의 내용은 외지인이 마을에 등장한 후에 사람들이 알 수 없는 병에 걸려 피부가 흉측하게 변하고 정신이 이상해지면서 좀비로 변하여 자기 가족을 죽인다는 것이었다. 그러나 외지인에 관한 흉흉한 정보는 있어도 외지인이 범죄를 저지른 증거는 발견할 수 없다. 그러나 영화는 서사를 전개해 가면서 흉흉한 사

10 앞의 책. 25쪽.

건과 외지인은 무언가 알 수 없는 연관성을 맺고 있는 것처럼 암시하고 있다.

[표 70] 영화 〈곡성〉의 기괴한 살인사건에 관한 주요 정보[11]

종구의 시선	
피부병	살인을 저지르고 넋이 나간 것처럼 툇마루에 앉아 있는 마을 사람 박흥국에게서 흉측한 피부병을 발견한다.
금어초	사육장 입구 기둥에 누군가 꽂아 놓은 듯한 금어초. 갈색으로 시든 꽃잎 모양이 해골 모양을 띠고 있다.
방 내부	방 안에 온갖 오물과 이불 등의 집기가 새의 둥지 형상으로 쌓여 있다. 주변으론 성경과 염주 등 종교적인 소품들이 나뒹군다.

영화 〈곡성〉에서는 전체적으로 기괴함으로 인해 혐오감을 불러일으키는 이미지들을 사용한다. 그리고 외지인에 관련된 흉흉한 소문이 들리면서 기괴한 사건들이 연속해서 나타난다. 마을 사람들은 권명주라는 여인의 자살 사건이 외지인에게 당한 성폭행 때문이라고 주장한다. 그러나 이와 관련된 증거는 제시되지 않는다.

종구가 수사를 위해 외지인의 집을 찾았을 때 종교적 주술과 관계된 수상한 물건들을 발견하게 되는데, 이때 외지인이 키우는 검은 개도 기괴한 혐오감을 불러일으키는 장치이다. 그리고 종구의 딸 효진의 실내화가 외지인의 집에서 발견되자, 종구는 외지인이 권명주처럼 자신의

---

11   최정인(2019). 한국 영화 〈곡성〉과 〈사바하〉 속에 드러나는 오컬트의 장르적 특성. 중앙 대학교 대학원 석사학위 논문, 57쪽.

딸을 겁탈했을 것이라고 생각한다.

　그런데 영화 속 서사에는 외지인이 마을 사람들을 직접적으로 가해하는 장면은 제시되어 있지 않다. 영화의 서사 전개 과정에는 마을에서 일어나는 흉흉한 사건에 대한 인과관계가 명확하게 드러나지 않는데, 마을 사람들은 계속 모든 사건에 외지인이 관련되어 있다고 추측하고 있고 영화에서도 의도적으로 그런 암시를 계속 던지고 있다.

　알 수 없는 존재에 의해 마을에 퍼지는 기괴한 공포의 원인은 외지인의 등장 이후에 일어난 일이라고 여기는 시골 산속 마을 사람들의 생각에서 비롯된다. 이러한 점에서 미루어 보았을 때, 시골 산속 마을에서 일어난 사건은 그 사건의 전말과는 다른 의미에서 이질적 존재에 대한 타자화가 극단적으로 반영된 것이라고 할 수 있다.

　영화 속에 등장하는 괴물은 혐오로 내비치는 타자를 의미한다. 앞에서 예를 든 두 영화 속에서는 혐오와 관련된 이미지를 곳곳에 배치하고 있는데, 〈괴물〉에서는 괴물의 기형적 외모뿐만 아니라 괴물이 사는 장소가 끈끈한 점액질과 해골 무더기로 표현되어 혐오의 이미지로 표현되고 있다. 〈곡성〉에서도 외지인과 관련된 장소나 살인사건과 관련된 이미지는 의도적으로 혐오를 유발하는 장치를 사용하였다.

　〈괴물〉의 괴생명체나 〈곡성〉에 등장하는 외지인으로 표상되는 존재로 인해 발생하는 이상한 현상들은 혐오를 불러일으키는 존재이다. 그런데 혐오의 정서는 인간 안에 자리 잡고 있는 자기혐오의 또 다른 현상으로 표현되는 타자로 볼 수 있다. 소통의 부재는 대상의 타자화를 의미하고 그것은 혐오의 정서를 유발한다. 혐오가 낳은 단절과 배제는 영화속에 등장한 괴물과 같은 기형적 폭력을 유발하게 된다.

괴물은 사회 안에서 깨어난 것으로 보이건, 밖에서 침입한 것으로 보이건 그 사회와 관계를 가짐으로써 그 존재가 드러나는 것이다. 그리고 사회 안에서 혐오의 대상으로 규정하고 사회 안에서 타자화하는 대상에 대한 소통이 단절될 때 폭력적 관계로 작용하게 된다.

2) 주체의 부조리성

좀비에 관하여 슬라예보 지젝(Slavoj Žižek)은 죽음 육동에 관한 해석을 하였다. 그에 따르면 죽음 육동은 죽음, 자기 멸절, 무(無)의 상태에 대한 갈망이 아니라 죽음의 반대인 죽지 않은(undead) 불멸의 삶 자체를 의미한다.[12] 그는 삶과 죽음이라는 단순한 이분법에 따르지 않고 삶을 정상적인 삶과 끔찍한 '죽지 않은' 삶으로, 죽음을 정상적인 죽음과 '죽지 않은' 죽음으로 구분한다.[13] 좀비를 지칭하는 영어의 형용사와 명사가 바로 '죽지 않은' 혹은 원어 그대로 '언데드'이다. 그들에게는 '정상적인 죽음'이라는 안식이 주어지지 않기에 죽지 않은 채로 삶과 죽음의 경계에서 영원히 반복되는 쳇바퀴를 돌며 고통스러워한다.

영화 〈부산행〉에 등장하는 좀비는 바이러스에 전염되어 죽지 않은 채로 세상을 질주하는 추악하고 무서운 괴물이다. 그런데 현대 사회에서 가장 두려운 괴물은 좀비가 아니라 부조리한 현실에 잘 적응하며 타인

---

12 Žižek, S.(2009). The Parallax View. Cambridge, Massachusetts: The MIT Press. p62.
13 앞의 책. 121쪽.

을 이용해 살아남는 자들, 즉 비정상적인 사회의 모순을 정상으로 파악하는 이들이 가장 추악하고 무서운 괴물이 된다. 〈부산행〉에는 오로지 자신의 생존만을 생각하는 용석이라는 인물이 나온다. 그리고 다른 사람을 좀비에게 먹이로 던져 주면서까지 자신만 살아남겠다고 하는 용석이 마지막 장면까지 살아남는 상황을 보여 준다.[14]

영화 속에서 도망가기에 충분한 폭을 확보할 수 없는 기차의 제한적 공간은 생존자들의 경쟁을 극대화하며, 사회적 생존의 계급 형식인 보다 안전한 '칸'으로의 이동을 상징적으로 보여 준다. 이를 통해 KTX라는 좁은 기차 안에서 자신의 안전을 위해 매 순간 누구를 희생하여 살아남을 것인지, 혹은 위험을 감수하더라도 공존의 삶을 지향할 것인지를 선택해야 하는 기로에 서 있는 인간의 모습을 극적으로 제시한다.

이로 인해 한편으로는 좀비가 되어 살아남은 존재들은 사회 안에서 또 다른 희생자이며 연민의 대상으로 바라보도록 한다. 그래서 살아남은 좀비의 모습을 통해 인간이 살아가는 사회 안의 '타자'들이 어떻게 인간 사회에서 배제당하고 있는지를 보여 준다.

〈부산행〉 속의 좀비는 고전적인 좀비 영화의 문법을 따르기는 하지만 한국 사회에서 부조리한 시스템에 저항하는 장치로 설정되어 있다. 영혼을 잃고 생존의 욕망만을 지닌 육체를 통해 거대한 사회 시스템에 '미러링'[15]을 행하는 좀비들에게는 집단이 추구하는 공동의 가치란 없다.

---

14 영화 〈부산행〉에서 용석이라는 인물은 여러 위기에도 불구하고 마지막 장면까지 살아남는다. 그는 자신의 안위만을 생각할 뿐 다른 사람은 고려하지 않는다. 도망오고 있는 사람들을 버려 놓고 열차를 출발시키자고 주장하고, 좀비에게서 벗어나기 위해 옆에 있는 사람을 먹이로 던져 주기도 한다.

15 '미러링'은 2015년에 사회적 용어로 상대의 행동을 그대로 반사하여 똑같이 되갚아 주는 방

오직 살기 위해 자극에 반응하는 육체만이 존재할 뿐이다. 이러한 좀비의 대항 방식은 개개인이 살아서는 이 사회의 부조리한 시스템에 저항하는 것이 불가능해진 현실을 보여 준다.

영화 속 좀비는 집단으로 존재한다는 점에서 개인성이 두드러지는 근대적 주체와도 구별된다. 좀비는 의식과 육체를 빼앗긴 채 오직 '좀비 아닌 존재'에 반응한다. 좀비는 이상화된 민중이 아니며, 주체적으로 움직이는 존재 또한 아니다. '비주체적인 저항 장치'라는 모순적인 존재가 탄생한 것이다. [16]

〈부산행〉에서 좀비를 관찰과 질문의 대상으로 바라보게 하는 지점은 먼저 공간적 특성에서 마련된다. 영화의 주 배경인 KTX 열차는 폐쇄적 공간으로 칸마다 나뉘며 좀비와 인간을 일시적으로 분리한다. 이때 좀비와 인간을 가르는 것은 얇고 투명한 유리문이다. 안과 밖의 구분이 모호하고 쉽게 깨질 것만 같은 유리문은 영화 전반에 걸쳐 인간과 좀비를 나누는 기능을 한다. 이는 우리 사회의 안전망이란 얼마나 얇고 깨지기 쉬운가를 보여 주는 동시에 인간과 비인간 사이의 경계 역시 그러하다는 것을 비유적으로 보여 준다. 영화 속 좀비는 이웃이자 괴물이자 피해자인 동시에 부조리한 거대 시스템에 대항하는 장치이다. [17]

영화 〈부산행〉 속에 등장하는 좀비는 1997년 IMF 위기 이후 신자유주

식을 의미하는 말로 한국의 인터넷 사이트 '디시인사이드 메르스 갤러리'에서 재의미화 과정을 거쳐 사회운동 방식으로 사용되었다.

16 박하림(2017). 파국의 기원과 멜랑콜리:2000년대 문화와 좀비 서사, 『비교문학』 제71집, 5쪽 참조.

17 김형식(2017). 한국사회의 예외 상태의 지속과 회복되지 않는 일상, 『대중서사연구』 23(2), 200쪽 참조.

의의 본격화에 뒤따른 구조적 변동과 사회적 불안이 한국 사회를 서바이벌 세계로 바꾸게 되면서 촉발된 것이다. 그래서 좀비는 생존을 지향하는 주체의 비판적 반영이 되었다.[18] 한국 사회가 전후 근대화 달성을 위한 역사적 도정에서 축적되고 만들어 놓은 모순을 안고, 강력한 국가 이데올로기에 의하여 공동체적 위기의식, 생존에의 맹목으로 살아온 것을 비판적으로 보여 주는 것이다. 그리고 분단이란 현실적 상황으로 인해 국민국가의 토대를 안정적으로 확보할 수 없는 불안에서 기인하는 것이라는 점을 보여 준다.

한국 영화 속에 등장하는 좀비는 2000년대에 들어서 대중문화의 여러 장르에서 등장한 많은 좀비들과 함께 각종 신조어를 만들면서[19] 한국 사회를 드러내는 용어로 자리 잡았다. 영화 〈부산행〉은 좀비 영화 장르에 제대로 부합하는 영화로 볼 수 있다. 기괴한 좀비들이 등장하고 사태를 장악하지 못하는 무능한 공권력이 등장하며, 언론은 뉴스를 통해 좀비를 폭도로 호도한다. 그리고 국가의 허상과 거대 기업의 비윤리성, 그리고 인간의 욕망을 생생하게 드러내면서 인간과 사회의 부조리성을 상징적으로 보여 준다.

또 다른 관점에서 영화 〈마녀〉에서 실험에 의해 창조된 초능력자인 자윤은 생존에 대한 불안과 주체의 소멸에 대한 극단의 위기감을 드러

---

18 박하림(2017). 파국의 기원과 멜랑콜리:2000년대 문화와 좀비 서사. 『비교문학』 제71집, 5쪽 참조.

19 예를 들면 '스몸비'(스마트폰 좀비), '좀비맘'(육아에 지친 아이 엄마), '좀비족'(주체성 없이 로봇처럼 행동하는 사람).

내고 있다. 어린 시절에 수용된 시설에서 인조인간 실험을 중지하면서
폐기 명령이 내려졌을 때 탈출한 자윤은 자신의 정체성에 대한 문제의
식을 지니고 살아간다.

〈마녀〉라는 제목에서도 암시하고 있듯이 인류의 역사 속에서 여성 괴
물은 또 다른 관점의 사회문화적 의미양상을 지니고 있다. 중세 서구의
기독교가 지배하는 남성 중심의 사회에서 여성은 천사가 아니면 마녀,
즉 괴물이라는 이분법적 틀에 갇혀 있었다. 20세기 자본주의 현대 사회
에서도 여성들에게 요구되는 천사 같은 이미지는 효율적으로 여성을 감
시하고 규제하는 기제로 자리하고 있다. 즉, 순종적인 집안의 천사라는
이미지를 거부하는 여성들은 흔히 여자 괴물이라 불리며 혐오와 제거의
대상이 되어 왔다.

영화 속에 등장하는 여성 인물의 괴물성, 즉 여성 괴물에 대한 논의
는 주로 씨네 페미니즘으로 분류되는 영화 텍스트의 페미니즘적 분석을
통해 이루어져 왔다. 생명의 잉태를 상징하는 모성성과 유혹 및 금기의
상징인 처녀성을 제거하고 남은 경계적 여성의 이미지들은 영화 〈마녀〉
의 자윤이 가지고 있는 이미지처럼 기괴하고 낯선 괴물의 형상으로 나
타나게 된다.

모성성과 처녀성의 아우라와 신비감이 제거된 채 주체 의식을 가지
고 현실에 맞서는 여성은 괴물이 되어 관객들에게 공포감을 불러일으킨
다. 전통적인 여성성을 부정하고 스스로의 생존을 위해 복지시설을 탈
출하고 자신을 만든 박사를 죽이는 자윤의 행태가 낯설고 공포감을 유
발하는 전복적 여성 이미지를 환기시키기 때문이다. 영화 〈마녀〉에는
종속을 거부하는 주체로서의 여성 괴물의 모습이 드러난다.

영화 〈부산행〉에 등장하는 좀비는 생존 강박에 사로잡힌 2000년대 한국 사회의 집합상이자 모순을 은폐하는 이데올로기적 형식으로 그려지고 있다. 그런데 좀비는 삶과 죽음의 경계에서 맹목적으로 달려가는 존재의 형상화라는 차원에서 현대 사회를 살아가는 인간의 가치와 방향성을 질문한다.

영화 속 좀비들의 이미지는 앞만 보고 질주하는 모습인데, 이는 삶의 방향과 목적을 상실한 사회 안에 생존의 욕망만이 남아서 발버둥치는 모습을 극대화한 것이다. 영화에 등장하는 좀비는 자본주의 사회를 살아가는 현실에서 좀비 같은 모습으로 정체성의 부재를 드러내는 생존 지향적인 현대인의 모습을 상징적으로 표상하고 있다.

반면, 영화 〈마녀〉에 등장하는 인조인간 자윤은 잃어버린 주체를 찾아 자신의 온전한 삶을 회복하려고 하는 모습이 낯설고 두려운 괴물의 행태로 드러나고 있음을 보여 준다.

〈부산행〉의 좀비와 〈마녀〉의 자윤은 상반된 괴물의 이미지로 등장하지만 주체를 잃고 맹목적으로 방황하는 좀비의 모습과 종속을 거부하고 주체를 회복하고자 하는 자윤은 현실의 부조리한 상황에서 괴물이 되어 버린 존재의 폭력적 상황을 드러내고 있다.

3) 자기중심의 반사회성

오늘날의 대중문화는 우리가 사이코패스, 정신병자, 소시오패스, 분노조절장애자 등 보통 사람과 동일한 외양을 지니고 있지만 내면에 괴

물성을 진고 있는 존재들을 그려 내고 있다. 어쩌면 인간 모두가 포함
될 수 있는 진짜 괴물들에 둘러싸여 살고 있음을 보여 준다.

사이코패스는 '괴물'과 그 이미지에서 많은 공통점을 지닌다. 괴물은
대개 흉악하고 악마적이면서 특별한 파괴 능력을 갖고 있어서 인간을
해하는 존재로 묘사되곤 한다. 정상적이고 익숙한 것들과는 다른 괴기
스러운 면이나 혹은 짐승과 인간이 혼합된 특성을 갖는 것이 괴물로 간
주되기 때문이다.

인간들에게 괴물이라는 존재는 회피의 대상이거나 격리의 대상, 혹은
공격의 대상으로 인식된다. 사이코패스 역시 흉악한 범죄를 저지르는, 인
간의 탈을 쓴 짐승과도 같이 너무나 다른 '비정상적'인 존재로 그려진다.

사이코패스라는 개념 자체가 명확하게 정립되고 있지 못하고, 그 원
인에 대한 파악도 아직 제대로 이루어지지 않고 있다. 따라서 사이코패
스라는 '비정상적' 인간 유형을 동원하더라도 그들이 저지른다고 믿어지
는 '비정상적' 현상은 결국 미지의 영역으로 남아 있다. 오히려 그 알 수
없음의 대상을 우리 사회에 존재하는 특정 유형의 인간으로 전이시킴으
로써 알 수 없음과 익숙하지 않음에서 기인하는 두려움은 증폭되었다고
볼 수 있다.

영화 〈추격자〉, 〈공공의 적〉, 〈암수살인〉에 등장하는 연쇄살인범들은
극단적으로 자기중심적 사고를 하기 때문에 타인의 생명을 존중할 줄
도, 타인의 아픔에 공감할 줄도 모른다.

〈추격자〉의 살인범 영민은 저항할 수 없는 노약자와 여성을 상대로
연쇄살인을 저지른다. 자신의 욕망을 위해 약자를 죽이는 것에 대한 아
무런 양심의 가책을 느끼지 않는다. 〈공공의 적〉과 〈화이: 괴물을 삼킨

아이〉에서는 주인공이 자신의 부모를 살해하면서 인간이 마지막으로 지켜야 할 윤리의 경계를 넘어선다. 〈암수살인〉의 강태오도 자신이 저지른 살인에 대한 죄책감이 전혀 없고, 오히려 아무도 자신의 살인을 알아주지 않기 때문에 스스로 자백하는 행태를 보인다.

이 영화 속에 등장하는 인물들은 자기중심적으로 사고하고 자신의 욕망에만 충실하기 때문에 다른 인간이나 대상에 대해서는 전혀 고려하지 않는 사이코패스이다. 이러한 극단적 인간성을 지닌 괴물의 이미지는 대중매체들에 의해서 끊임없이 재생산되며 증폭되고 있다. 현대 사회에서 사이코패스라는 괴물의 이미지는 타인과 정서적 관계를 단절하고 개인의 목적 달성을 위해 타인을 기만하고 조종하는 존재이다.

사이코패스는 전통적인 의미의 '괴물'과 그 이미지에서 많은 공통점을 갖는다. 괴물은 대개 흉악하고 악마적이면서 특별한 파괴의 능력을 갖고 있어서 인간을 해하는 존재로 묘사되곤 한다. 그리고 그와 함께 괴물은 비정상적인 면의 극대화로 인해 이질성으로 드러난다. 현대적인 괴물로 새롭게 인식되는 사이코패스는 외양은 인간의 모습이지만 극단적 자기중심적 성향으로 인해 자신의 욕망을 성취하는 데만 집중한다. 그래서 일상에서 흔히 만나는 익숙한 것들과는 다른 괴기스러운 면을 지닌다.

사이코패스는 범죄 세계에서뿐만 아니라 관습적 영역에 속하는 사회의 어느 부분에도 존재할 수 있다고 주장되기도 한다.[20] 심지어 현대사

20 　비비악 P., 로버트 D. 헤어(2007). 『직장으로 간 사이코패스』, 이경식 옮김, 서울: 랜덤하우스 코리아.

회에서는 흔히 '영웅'이라고 부를 수 있는 인물들도 사이코패스로 분류되는 경우가 적지 않다는 주장도 있다. 사이코패스라도 사회적 환경의 영향에 따라 극악무도한 범죄자가 될 수도 있고, 관습적 직업 세계에서 성공한 인물이 될 수도 있으며, 심지어 사회의 칭송을 받는 영웅적 인물이 될 수도 있다는 것이다.[21]

그렇다면 사이코패스가 연쇄살인범도 될 수 있지만, 직업적으로 승승장구하는 엘리트가 될 수도 있고 심지어 영웅이 될 수도 있다는 언뜻 모순되는 이러한 주장은 인간이 살아가는 냉혹한 생존경쟁의 마당에서 나타나는 당연한 현상에 대한 인식일 수도 있다. 왜냐하면 사이코패스의 특징이라는 것들 중 대부분이 사실상 현대 사회가 구성원들에게 끊임없이 제시하고 심지어 암묵적으로 권장하기까지 하는 자질들이기 때문이다.

끊임없이 경쟁하는 자본주의 시장경제 사회에서 다른 사람의 입장을 돌아보고 다른 사람의 아픔을 생각하다가는 경쟁에 뒤처질 수밖에 없다는 논리가 팽배해 있는 사회가 지향하는 인간형인 것이다. 사이코패스는 그 이질성으로 괴물과 같은 존재로 인식되지만, 다른 관점에서 보면 현실에서 살아남기 위해 타인과 공감하는 것을 거부하는 극단적인 자기중심성을 보여 주는 것으로도 볼 수 있기 때문이다.

대중매체에 의해 '괴물' 이미지로 묘사되는 사이코패스는 사실 현대

---

21 Walsh Anthony, Wu Huei-Hsia,(2010).「Differentiating Antisocial Personality Disorder, Psychopathy, and Sociopathy: Evolsideration, Genetic, Neurological, and Sociological Consideration」Criminal JusticeStudies, 21권 2호.

사회의 자본주의 문화가 갖는 어두운 이면의 극단적 반영일 수 있다.[22] 이렇게 볼 때 현대 사회의 맥락에서 사이코패스는 더 이상 '비정상'이 아니라 오히려 지나치게 '정상적'인 존재일 수 있다. 그런데 이러한 '정상적'인 존재가 '괴물'로 여겨진다면, 현대 사회에서 정상적으로 여겨지는 것들이 사실 그다지 정상적이지 않다는 의미이다.

즉, 현대 사회가 만들어 낸 모순이 구체적으로 형상화된 사이코패스는 이질적인 존재일 뿐 대중매체가 상상 속에 구성한 '괴물'의 모습이 그 본질일 가능성이 크다. 그렇다면 자본주의적 문화 풍토에서 사이코패스들은 얼마든지 배출될 수 있다. 따라서 사이코패스라는 개념에 집착하기보다는 사이코패스의 특질이라고 일컬어지는 것들을 낳는 사회문화적 구조와 요인들에 주목하는 것이 필요하다.

현대 자본주의 사회는 개인주의적 지향을 강조하고 성공을 위해서 공격적으로 경쟁할 것을 요구한다. 이러한 경쟁에서 후회나 죄책감과 같은 감정적 요소들은 불필요하며, 타인과의 정서적인 관계는 거추장스러울 뿐이다. 일상생활의 경험을 통해서 이러한 가치들을 극단적으로 체현하고 있는 사이코패스는 사실 반사회적 인간이 아니라 오히려 고도로 사회화된 인간이라고 할 수 있을 것이다.

타인에 대한 배려보다는 개인의 목적 달성이 우선시되고, 그러한 목적 달성을 위해서 필요하다면 타인을 기만하고 조종하는 능력을 발휘할 수 있어야 한다. 목적 달성을 위해서는 공격적으로 자신의 의지를 관철시켜야 하며, 그러한 과정에서 자신의 행동에 대해 후회하거나 죄책감

---

22 신동준(2011). 현대사회의 '괴물', 사이코패스 이해하기, 『현상과 인식』 봄 · 여름, 170쪽.

을 갖는 것은 유약한 모습으로 비추어진다. 현대 사회에서 그러한 가치들이 지배하고 있고, 이러한 가치에 따를 때 이득을 얻을 수 있다는 것이 현실이라고 할 때, 경험을 통해서 이를 학습한 사이코패스의 존재는 당연한 현상일 것이다.

4) 환상적 낭만성

환상을 기반으로 하는 낭만적 이야기는 여러 신화·전설·민담과 동화들을 통하여 전해 내려오며 인류의 보편적인 경험이 담긴 집단 무의식 속의 원형으로 남아 있다. 인간의 유전자에는 인류에게 보편적인 원형이라고 할 수 있는 낭만적 사랑이 원천적으로 부재한다. 왜냐하면 인간에게 있어 낭만적 사랑은 필수적인 조건이 아니라 생존과 종족 보존을 위한 투쟁의 과정에서 사회화된 것이기 때문이다. 그런데 인간이 타자의 욕망을 자신의 욕망으로 알고 추구하기 시작하면서 타자에 의하여 구조화된다.

로지 잭슨(Rosemary Jackson)은 환상물의 소재란 공통적으로 가시화되지도 않으며 말할 수도 없는 어떤 것들이라고 했다. 그것은 들어 본 적도 없고 보이지도 않으며 지금까지 존재하지 않았거나 혹은 존재할 수 없었던 것 그러나 절대 포기할 수 없는 욕망, 상상 속에서 살아 움직이는 것들에 대한 열망 등이다.[23] 그에 따르면 환상성은 시대적인 이데올

---

23 로지 잭슨(2001), 『환상성─전복의 문학』, 서강여성문학연구회 옮김, 문학동네, 93~96쪽.

로기와 연관이 있다. 현실을 지배하는 이데올로기에서 벗어나려는 욕망은 지금 발을 딛고 있는 친근하고 익숙한 공간을 다른 것으로 바꿈으로써 현실 세계에 없는 환상의 영역을 지향하는 것이다.

영화 〈늑대소년〉에서 순이의 욕망 실현의 욕구는 동화적 판타지와도 같은 예전 그대로의 모습인 철수와의 만남을 통해 그대로 드러난다. 영화 속에서 순박하고 순수한 마을 사람들의 모습은 실제로 존재하는 사회가 아니라 속도와 경쟁으로 지친 현대인들이 꿈꾸는 낭만적인 과거에 대한 향수인 것이다. 가난해도 갈등이라고는 전혀 모르는 그들의 순진무구함은 물질적으로는 풍요롭지만 정서적으로는 피폐한 현대인에게 잊고 살았던 정신적인 유토피아를 경험하게 하고 평화와 순수에 대한 가치를 깨닫게 해 준다.

영화 〈늑대소년〉에서는 병약한 소녀가 우연히 특별한 늑대소년과 만나면서 애틋한 사랑의 마음을 키우다가, 소년의 실체를 알게 되고 마음 아픈 이별을 한다. 그리고 오랜 세월이 흐른 후에 아직도 소녀를 기다리고 있는 늑대소년을 찾아 그 사랑을 다시 확인하는 내용이다. 영화 속에서는 소녀가 유전자 실험으로 만들어진 반인반수의 유전자를 가진 늑대소년을 만나 정서적으로 교감하게 되면서, 괴물 취급을 받던 늑대소년에게는 인간다운 행동과 감정이 살아나게 된다.

그러나 늑대소년이 가지고 있는 늑대의 기질 때문에 마을 사람들에게 배척당하고, 소녀는 다시 도시로 돌아가게 된다. 그때 소녀는 늑대소년과의 헤어짐이 아쉬워서 자신이 돌아올 때까지 기다리라고 하고는 마을을 떠난다. 도시에서 생활하다 결혼하여 미국으로 이주하여 살면서 어느덧 노년이 된 소녀가 자신의 과거를 회상하며 돌아와 보니, 시골 마을에는 우리 속에 갇힌 채 아직도 자신을 기다리고 있는 늑대소년이 옛날 그대로의 모습으로 노년의 여인을 반갑게 맞이한다.

이러한 영화 속 이야기는 현실적으로 존재할 수 없는 낭만적 사랑에 대한 환상으로 이루어진 것이다. 영화에 등장하는 괴물은 반인반수의 다중적 성향을 지닌 괴물이지만 인간이 문명화되고 사회화되기 이전의 원시 생명력과 순수성을 지닌 존재로 형상화되어 있다. 현실적인 인간을 통해서 이룰 수 없는 환상을 영화에 등장하는 늑대인간이라는 괴물을 통해 인간 내면의 순수성과 본성을 환기하고 치유하는 계기가 되고 있다.

낭만적 사랑의 기원이 되는 신화·전설·민담과 같은 서사와 마찬가지로 영화 속 낭만적인 서사에는 인간의 집단 무의식 속에 내재된 원형들이 압축되어 들어 있다. 서사 속에 나타난 심리적 원형들을 통하여 사람들이 어떠한 경험을 하고 생존을 위해 어떻게 반응해 왔는가를 알 수 있다.

낭만적 사랑을 모티브로 하는 이야기들에는 삶에 대한 내밀한 내용들이 담겨 있기 때문에 인간의 무의식적인 욕구와 충동들을 드러낸다. 그러므로 영화 〈늑대소년〉 속 서사가 내보여 주는 '낭만적 신화'에 나타난 원형적 내용을 살펴보면 현대 사회를 살아가는 보편적인 삶의 방식도 들여다볼 수 있게 된다.

영화 속 늑대소년은 인간이 과학을 통해 탄생시킨 괴물이다. 소녀가 위협당하는 상황에서 분노가 일어나 늑대로 변신하는 철수는 자연과학적 실험을 통해 만들어진 존재이다. 인간이 과학을 이용해 만들어 낸 창조물이자 괴물이다. 두 세계의 특성을 모두 가지고 있기 때문에 불안정한 존재이자 미완성의 인간이다. 동물과 인간 사이에서 갈등하는 존재로서 과학적 피조물인 괴물은 경계에 서 있는 존재이기 때문에 이분법적 경계를 위협함으로 인식 가능성을 위험에 빠뜨리고 공포와 불안을 야기한다.[24]

늘대소년 철수의 실체를 알고 있는 지태와 박사, 대령은 이러한 철수를 경계한다. 결국에는 철수가 많은 사람들 앞에서 늘대로 변신하게 됨으로써 그는 더 이상 사람들과 살 수 없게 되고 순이와도 헤어지게 된다.

철수가 괴물성을 가졌음에도 변신하기 전까지 순이와 마을 사람들로 하여금 어린아이와 의존자로서 받아들여질 수 있었던 중요한 이유는 그의 순진하고 잘생긴 외모 덕분이다. 철수는 관객에게는 낯선 두려움이 예측되는 괴물이지만 마치 애완견처럼 순하게 길들여져 친근감을 불러일으킨다. 먹을 것 앞에서도 "기다려!" 하면 기다리고 머리를 쓰다듬어 주기를 바라며 애착을 갖는 순이만 바라본다.

철수는 그러다 점점 사람의 모습에 가까워지고, 순이에 대한 감정을 순수한 행동과 눈빛으로 표현한다. 영화 속에서 이러한 동화적 환상의 장면들이 축적되었기에 지태를 공격하는 괴물로 변신한 철수에게 "나는 네가 괴물이어도 괜찮아."[25]라고 말하는 순이의 말에 공감할 수 있게 된다. 철수가 지태를 해치고 난 후 순이를 안고 숲으로 도망쳤을 때 정신을 잃은 순이에게 낙엽더미를 덮어 주며 안은 채 잠이 드는 철수의 모습

---

24 추재욱(2009), 프랑켄슈타인에 나타난 괴물의 의미를 다시 생각하기: 자연과 과학의 경계에서, 『영미문화』 제9권 3호, 334쪽.

25 영화 〈늘대소년〉 중 순이의 대사 발췌.

은 괴물이 아닌, 순진한 소년의 모습으로만 보인다.

〈늑대소년〉에서 인간인 소녀와 괴물의 애착과 교감은 낯선 두려움이 주는 환상성을 동화적으로 수용한 결과라고 할 수 있을 것이다. 순이는 낯선 두려움의 괴기적 환상을 의심 없이 초자연적인 법칙으로 받아들여 경이적이고 낭만적인 환상으로 탈바꿈시킨다. 낯선 두려움에 대한 동화적 환상은 순이뿐 아니라 주변 인물들의 반응에서도 나타난다.

관객들에게 영화 속의 상황은 현실이 아닌 동화적 환상으로 여겨지기 때문에 말도 못하고 정체를 알 수 없는 소년을 아무런 의심 없이 자연스럽게 대하는 순이 엄마, 위험할지도 모르는 늑대소년과 거리낌 없이 공놀이를 하며 오빠라고 부르는 순자와 마을 아이들의 행동은 낯선 두려움보다는 한 편의 낭만적인 서사로 받아들여지게 되는 것이다.

환상의 양상 중에 '탈현실'은 "현실 세계에 대한 개인적인 욕구 충족이나 대리 만족을 위해 현실을 벗어나는 것을 묘사"[26]한다. 프랭크 바움(L. Frank Baum)의 『위대한 마법사 오즈』(The Wonderful Wizard of Oz, 1900), 루이스 캐럴(Lewis Carrol)의 『이상한 나라의 앨리스』(Alice's Adventures in Wonderland, 1865) 등이 대표적이다.

욕망의 내용은 현실 속에서 망각 또는 배제라는 형식으로 억압되었던 것들이다. 환상은 심리적으로 억눌렸던 욕망들을 '충족'이나 '도피'의 형태로 표현하도록 허용함으로써 욕망의 실체에 대해서 긍정하고 욕망을 대리 해소하는 방향으로 나아갈 수 있게 한다.[27] 현실이 고통스럽고 숨

---

26   오현화(2006). 『영상문학의 이해』. 한국문화사. 110쪽.

27   최기숙(2003). 『환상』. 연세대학교 출판부. 115-116쪽.

이 막힐 때 인간은 환상을 그 비현실성에도 불구하고 기꺼이 받아들이게 되는 것이다.[28]

순이는 아버지가 없고 어머니와 어린 동생과 함께 산다. 폐병 때문에 학교도 못 다니고 집도 없어서 지태네에서 사 준 집에서 살아야 한다. 그런 순이에게 어느 날 자신의 욕망을 충족시켜 줄 대상이 나타난다. 정체불명의 철수는 힘이 세기 때문에 꼼짝도 않던 책 상자를 가볍게 들어 주고 공사장에서 떨어진 철근덩이까지 막아 주어 순이와 가족을 지켜 준다.

철수는 지태의 괴롭힘으로부터 순이를 보호해 주다가 지태가 순이를 위협하자 괴물로 변신해 괴력을 발휘한다. 순이는 괴기스러운 철수의 모습에 혼란스럽지만, 그녀에게 철수는 구원자이자 지태에게 힘을 보여 주는 아버지와 같은 존재이다. 순이에게 철수는 풋사랑의 대상이면서 지태를 내쫓음으로써 든든한 보호자 역할을 수행하는 것이다.

영화 〈늑대소년〉의 서사 구조는 액자구조로서 노년의 순이의 현재 시점과 소녀 시절 순이의 과거를 교차하며 환상성을 강화하고 있다. 많은 시간 동안 사회에서 온갖 풍파를 겪고 노인이 된 순이는 이제 모든 장애를 없앨 만큼 내적 힘을 키운 존재로 변모하여 늑대소년 철수를 다시 만난다. 노년의 순이가 아직도 자신을 기다리면서 여전히 소년의 모습으로 있는 철수를 보면서[29] '왜 기다렸느냐, 자신은 할 것을 다하고 살았

---

28 나병철(2010). 『환상과 리얼리티: 소설 · 영화 · 동화 · 애니메이션에 나타난 환상서사』, 문예출판사, 38쪽.

29 이 장면의 대사는 다음과 같다. (영화 〈늑대소년〉 대사 중 발췌)노년 순이: (눈물을 닦으며) 나 이제 완전히 할머니 됐어. 머리도 하얗게 세고.철수: (가만히 바라보다가 입을 연다): ⋯아니야⋯ 똑같습니다. 손도, 입, 눈, 지금도⋯ 예뻐요. 많이⋯ 보고 싶었습니다.

는데… 미안하다.'라고 하는 장면은 인간 내면의 낭만적 욕망을 극적으로 보여 주고 있다. 철수는 늙은 순이를 여전히 그때의 소녀로 바라보고 있는데, 이러한 욕망은 우리가 살고 있는 현실에서는 채워질 수 없는 환상인 것이다.

과거는 대부분 기억 속에서 아름답게 남아 있게 마련이다. 왜냐하면 과거는 현재의 결핍을 채울 수 있는 공간이자 고통으로부터 탈피할 수 있는 도피처이고 한 걸음 더 나가면 고통을 쾌락으로 바꿀 수 있는 이상적인 공간이 되기 때문이다.

후이센(A. Huyssen)은 "기억이란 과거를 그대로 복원해 내는 것이 아니라 재현하는 것이며 과거는 기억으로부터 분리되어야만 떠오를 수 있다."[30]고 주장한다. 과거에 대한 향수와 낭만적 사랑에 대한 환상은 갈등의 늪에 빠진 현대인들에게 현재의 고통을 잠시 잊게 하고 과거의 기억 속으로 불러들인다. 그러나 거기서 만나는 것은 실제의 과거가 아니라 이상화된 과거이다.

사회의 변화 과정에서 제도화된 가부장 사회는 낭만적인 사랑의 환상을 제도적으로 활성화시킴으로써 문화를 통하여 이를 무의식적으로 구조화시켜 왔다. 영화 〈늑대소년〉에서 그려진 '사랑에 대한 낭만적 환상'은 관습화되고 규범화되어 온 이데올로기이다. 이것은 가부장적인 사회가 인간의 욕망과 환상을 고유한 문화적 형식으로 재현시킨 특별한 사랑의 방식이다. 결국 타자의 담론인 '낭만적 신화'가 타자의 환상을

---

30 Huyssen, Andreas(1995). Twilight Memories, New York, Routledge, pp2-3

통해 인간의 마음과 사고를 무의식적으로 지배해 온 것이다.[31]

영화 〈늑대소년〉에 등장하는 늑대인간인 철수는 반인반수의 정체성을 가지고 있다. 괴물이 로맨스의 주인공으로 등장하는 현대 판타지 호러 로맨스 영화의 괴물은 뱀파이어와 같이 대개 아름다운 외모와 초월적 능력으로 상대를 유혹한다. 〈늑대소년〉 또한 이 연장선상에 있다. 전통적인 도덕관념으로는 아름다운 대상을 끌어당겨 소유하려는 눈의 욕망은 배척되어야 하는 것이었으나 오늘날 일상과 대중매체, 문화산업에서 현실을 강력하게 지배하고 있는 것은 미모에 대한 찬미이다.

늑대소년 철수는 아름다운 외모를 가졌기에 순이는 물론 가족과 마을 사람들 그리고 관객들에게까지 선이며 진리로 존재한다고 볼 수 있다. 아름다운 몸은 외모를 중시하는 인간 공동체의 구성원들에게는 그 실체와는 상관없이 수용이 허락되고 있는 것이 현실이다.

영화 〈늑대소년〉은 아름다운 외모의 늑대인간을 등장시켜 전통적인 늑대인간 그리고 창조된 괴물인 프랑켄슈타인의 괴물 캐릭터를 변용하고 있다. 비록 괴물성을 지닌 존재라 하더라도 시각적 아름다움은 본성을 넘어 수용될 수 있는 우월적 가치로 받아들여지는 것이다.

영화 〈디워〉와 〈신과 함께〉 시리즈는 전형적인 고대 설화의 서사 전개 방식으로 인과응보와 권선징악의 주제를 담고 있다. 인간이 몸담고 있는 현실은 부조리하고 선이 반드시 이기는 것은 아니다. 그러나 영화 〈디워〉에서처럼 선한 이무기와 악한 이무기가 싸워 선이 승리하는 것처럼 세상의 질서가 유지되는 이상적 세계를 꿈꾸게 된다. 영화 〈신과 함

---

31 김공숙 · 김명현(2017). 영화 〈늑대소년〉의 환상성 재현 양상과 의미, 『글로벌문화콘텐츠』 (29), 19–41 참조.

께〉 시리즈에서처럼 부조리한 현실에서 못다 이룬 업은 저승에서 받는 심판으로 공정하게 상벌을 받는 것이 또한 환상적 세계인 것이다.

〈늑대소년〉에서 가부장제 사회에서 억압받고 있는 여성의 현실을 공감과 소통의 낭만적 사랑을 통해 해소하고 〈디워〉나 〈신과 함께〉에서 정의가 실현되고 공정한 심판이 이루어지는 세계를 꿈꾸는 것은 현실이 부조리하기 때문에 나타나는 현상이다.

한 사회의 이데올로기는 인간의 무의식 속에 자리 잡고 있어서 그것의 영향으로부터 벗어나기가 어렵다. 인간은 사회문화적 이데올로기 안에서 살아가고, 그 안에서 사회문화적 시스템은 균형 있고 조화롭게 유지되는 것처럼 보인다. 이데올로기의 환상은 존재하는 것들의 의미를 부여함으로써 인간이 살아가는 현실을 통찰하고 생존의 조건을 넘어서는 환상으로 작용하기도 한다.

현실이 부조리할 때 그것을 넘어서는 힘이 되는 것은 낭만적 환상으로 현실 조건을 극복할 수 있다는 삶에 대한 긍정이다. 〈디워〉에서 여의주를 지니고 있어 악한 부라퀴에게 쫓기는 세라나 〈신과 함께〉에서 저승의 재판정에 있는 자홍은 인간 세상에 정의롭고 선한 의지가 이길 것이라는 믿음을 가지고 있기 때문에 고난 속에서도 앞으로 나갈 수 있는 것이다.

7부

괴물 그리고 우리

1

∿

영화 속 괴물과의 만남

괴물에 대한 인식은 괴물이 던지는 타자성에 대한 범주화로 인해 한 사회의 현상을 반영하고 문화에 대한 통찰을 담고 있다. 한국에서 2000년 이후 제작된 괴물 영화에는 이전의 괴물과는 다른 새로운 양상의 괴물들이 등장한다. 1920년대에 제작되기 시작한 괴물 영화로 1960년대부터 본격적으로 여귀(女鬼)를 소재로 한 영화들이 대중의 관심을 끌다가 1980년대 초반까지 여성 괴물이 주류를 이루었다.

2000년 이후에 부활한 괴물 영화는 우리 영화 제작 환경의 변화와 사회·문화적 현상과 밀접하게 관련되어 있다고 본다. 한국 사회에서 21세기는 1960년대부터 정부가 추진해 온 경제개발 우선 정책과 산업화의 흐름에서 큰 변화를 맞은 시기이다. 괴물 영화는 다양한 모습으로 변신한 괴물과 새로운 괴물이 등장하기도 하면서 현실의 이슈를 담고 있다.

영화는 인간의 삶을 그려 내는 대표적인 대중예술이다. 영상을 통해 관객들에게 직접적이고 강렬한 시각적 이미지를 전달하는 매체이다. 한국 영화사에서 2000년 이후의 영화는 이전의 영화와 차별화되는 특성을 지닌다. IMF 이후 영화 산업의 전반적인 구조 변화와 대중의 문화적 감수성의 변화, 시대에 대한 인식의 변화 등이 영화의 표현과 메시지 전달 방식에 영향을 미치게 되었다.

2000년대 이후에 영화라는 매체와 관련된 변화도 괴물 영화 제작에 영향을 미치고, 사회문화적 현상의 변화가 영화 속 괴물의 이미지에도 투영되었다. 영화는 그 영화를 산출한 사회 현상과 문화를 종합적으로 가장 잘 드러내 주는 매체이다. 영화를 볼 때 단순한 흥미를 넘어서서 그 속에 숨어 있는 중요한 문화 현상이나 문화적 특성을 읽어 내는 것의 중요성이 강조되는 이유도 바로 거기에 있다.[1]

괴물 영화 속에 등장하는 괴물은 허구적으로 존재하는 이미지이다. 이미지는 이미지를 생산해 내는 그 사회의 문화와 밀접하게 연관되어 있다. 영화에 제시되는 괴물 이미지는 시각적 이미지와 결부되어 언어적 서사 안에서 그 의미가 재구성된다.

그리고 의미를 만들고 해석하는 과정은 대상에서 특정한 유사성을 인식하는 사고의 경향성을 파악하는 것으로 시작한 인식자의 사회적 감수성을 통해 지금껏 역사적으로 발전해 온 문화적 요소와 함께 영화의 맥락 안에서 훈련되어 왔다고 볼 수 있다. 그리고 영화는 리얼리티의 단순한 복제 혹은 재현이 아니라 사실은 실재에 대한 환영 혹은 인상에 불과할 뿐이며, 그 환영 이면에는 특정 이데올로기가 은폐되어 있음을 인식할 수 있다.

2000년 이후 제작된 한국 괴물 영화에는 좀비와 귀신, 괴생명체, 반인반수, 사이코패스와 같은 괴물이 등장한다. 작품으로 구분해 보면

---

1   김성곤(2005). 『영화 속의 문화』. 서울대학교 출판부, 4쪽.

영화 〈부산행〉과 〈곡성〉에 등장하는 좀비와 〈신과 함께〉 시리즈, 〈오싹한 연애〉에 등장하는 귀신과 같은 삶과 죽음의 경계를 오가는 괴물이 있다.

그리고 영화 〈괴물〉, 〈디워〉, 〈마녀〉에 등장하는 이질적 존재인 괴생명체와 영화 〈늑대소년〉에 등장하는 다중적 존재인 반인반수가 있다. 또한 2000년 이후에 제작된 괴물 영화에 등장하는 빈도가 증가하고 있는 괴물로 영화 〈추격자〉, 〈공공의 적〉, 〈암수살인〉, 〈화이: 괴물을 삼킨 아이〉에 등장하는 것처럼 인간 내면의 악한 면이 극단적으로 드러나는 존재인 사이코패스와 같은 괴물이 있다.

좀비와 귀신은 비인간적 형상으로 삶과 죽음의 경계에 있는 인간을 위협하는 괴물이다. 좀비는 2000년 이후 한국 영화에 새롭게 등장한 괴물로서 삶과 죽음의 경계에 있는 존재이다. 좀비 영화에서는 인간의 몸을 마치 음식처럼 먹는 식인 행위가 보이는데, 이는 인간의 도덕적 관점에서 혐오스럽고 부정적인 것으로 원초적인 공포를 불러일으킨다. 귀신은 전통적인 괴물 영화에 등장하던 괴물이지만 여전히 관객에게 공포감을 주는 존재이다. 귀신은 죽음의 세계에서 삶의 세계를 넘나들며 미지의 존재로서 공포의 대상이 된다.

괴생명체는 '괴상하게 생긴 생명체'를 말한다. 흔히 특이한 형태의 동물 모양을 하고 있거나 비정상적인 외형을 가진 생물로, 가장 좁은 의미의 괴물이라고 표현한다. 괴생명체가 가진 기형적 외모나 특이성은 관객에게 혐오감과 공포감을 불러일으키고 극단적 이질성으로 인해 영화의 서사에서 퇴치의 대상이 되는 경우가 많다.

반인반수는 괴물과 사람이 합쳐진 여러 형태를 말한다. 괴물이 인간적인 모습으로 둔갑한다거나 인간의 외형을 지닌 것을 말한다. 반은 인간이고 반은 인간이 아닌 존재로, 부모 중 하나가 인간이 아닌 경우 그 자식에게 괴물의 속성이 생기거나 평범했던 인간이 천벌을 받거나 병에 걸려 괴물로 변하는 것이다. 그 예로 서양의 공포영화에 자주 등장하여 보름달이 뜨면 늑대로 변하는 인간과 같은 존재가 있다.

사이코패스는 인간이라는 이름의 타자화된 인간성으로 괴물 영화에 등장한다. 인간 내면의 괴물성을 극단적으로 끌어낸 존재가 사이코패스라고 한다면, 괴물이라고 불리는 인간을 통해 드러나는 내면의 괴물성으로 외형적 괴물보다 더 괴물 같은 인간을 말하는 것이다.

괴물로 인식하는 존재 중에 가장 두드러지는 것은 이질성에 대한 인식으로 인해 생겨나는 타자화이다. 괴생명체의 경우는 이질성으로 인한 심리적 단절이 소통을 불가능하게 하는 극단적 존재이다. 좀비나 귀신의 경우에도 서로 다른 존재의 경계를 넘나드는 경계적 존재에 대한 공포심과, 정상과 비정상 혹은 인간과 비인간을 넘나드는 존재에 대해서 느끼는 이질성이 타자화된 것이다.

그런데 반인반수와 같은 현실적으로 존재하지 않는 환상적 존재는 현실의 일탈과 욕망의 충족을 꿈꾸며 때로 매혹적으로 그려지기도 한다. 사이코패스의 경우에는 주변의 인간과 소통하지 않는 극단적 자기중심성과 욕망을 괴물로 인식하게 되는데, 이를 통해 인간 내면을 직시하게 되는 계기가 된다.

영화 속 괴물과의 만남이 의미 있는 이유는 다음과 같다.

무엇보다 괴물은 그 사회의 타자화된 인간성에 관한 인식을 담고 있다. 추악한 괴물을 통해 사회가 무엇을 배제하고 혐오하고 있는지 시각적 이미지로 현상화한다는 점이다. 그리고 괴물에는 사회가 인식하고 있는 공포가 반영되어 있다. 명확하게 잡을 수 없는, 인간이 통제할 수 없는 존재가 불러일으키는 그 시대의 불안과 공포를 영화 속 괴물 이미지를 통해 환치하여 드러낸다는 점이다.

또한 영화 속에서 괴물의 행태는 인간 내부에 잠재되어 있는 극단적인 본성을 직면하게 함으로써, 인간이 직면한 현실을 대응하는 태도에 대한 첨예한 실존의식을 드러낸다는 점이다. 그리고 괴물은 환상적 서사를 통해 인간의 근원적인 욕망을 충족시키는 심리적 보상 기제가 작용하고 있다는 점이다. 현실이 억압적 상황이고 개인의 욕망이 충족되기 어려울 때 영화가 만들어 내는 환상으로 일탈한다는 것은 그 시대가 무엇을 억압하고 있는지를 다시 생각해 보게 만든다.

그렇다면 괴물 영화를 통해 만난 우리 사회 문화 안에 자리 잡은 괴물의 모습은 어떠한지 정리해 본다면 다음과 같다.

첫째, 영화에 등장하는 괴물은 주체의 부조리성을 보여 준다. 괴물은 이 세계에 등장한 낯선 존재이며 삶과 죽음의 경계에 속한 존재이다. 영화 〈부산행〉에 나오는 좀비처럼, 좀비에 의해 좀비가 되는 사람들의 모습은 성찰이나 판단 없이 맹목적으로 살아가는 현대 사회 인간들의 모습을 상징적으로 제시한다. 현대인의 모습은 생존하고 있기는 하지만 목적과 방향을 잃고 무리 지어 앞만 보고 달리는 좀비의 모습과 유사하다고 영화는 말하고 있다. 진정한 삶의 의미를 잃어버린 '몸은 살아 있지만 의식이 죽은' 상태라 할 수 있다.

둘째, 영화에 등장하는 괴물은 적대자이며 혐오의 대상으로 그려지고 있다. 괴생명체의 이미지를 통해 보여 주는 양상은 괴물의 등장과 퇴치 과정에 정부와 사회의 부조리한 모습을 적나라하게 드러내면서 소통의 단절로 인해 나타나는 폭력적인 사회 현상을 상징적으로 제시하고 있다. 예를 들면 영화 〈괴물〉에 등장하는 괴물처럼 사회에서 퇴치해야 할 혐오의 존재이며 타자화의 대상이다.

셋째, 영화 속 괴물은 인간의 내면에 잠재된 욕망의 충족과 인간 사회 안에서 지향하는 낭만적인 세계의 환상을 제시한다. 예를 들면 〈늑대소년〉에 등장하는 괴물처럼 반인반수의 유전자를 가지고 영화에 등장하는 괴물은 반인반수의 다중적 성향을 지닌 괴물이지만 인간이 문명화되고 사회화되기 이전의 원시의 생명력과 순수성을 지닌 존재로 형상화되어 있다. 영화에 등장하는 늑대인간이라는 괴물을 통해 인간 내면의 순수성과 본성을 환기하고 치유하는 계기가 되고 있다.

영화 〈늑대소년〉에서 순이의 욕망 실현의 욕구는 가부장 사회에서 사랑에 대한 낭만적인 환상과 연결되어 있다. 또한 영화 속에서 순박하고 순수한 마을 사람들의 모습은 속도와 경쟁으로 지친 현대인들에게 정신적 유토피아를 경험하게 해 준다. 〈디워〉에서 보여 주는 것처럼 선과 악의 싸움에서 선이 승리하고, 〈신과 함께〉에서 보여 주는 것처럼 저승차사에 의해 공정한 정의가 살아 있는 세계는 인간이 지향하는 이상적인 세계에 대한 환상인 것이다.

넷째, 영화 속 괴물은 자기중심적 욕망의 극단성으로 반사회성을 극단적으로 보여 준다. 인간 괴물인 사이코패스는 대중매체가 상상 속에 구현한 '괴물'의 모습이 그 본질일 가능성이 크다. 그렇다면 자본주의적 문화 풍토에서 사이코패스들은 얼마든지 배출될 수 있다. 예를 들면 사이코패스로 등장하는 영화 속 연쇄살인범들은 자신의 욕망을 위해 타인을 희생시키는 것에 아무런 죄책감을 느끼지 않는다. 이러한 현상은 현대 자본주의 사회에서 경쟁주의 생존 방식이 낳은 기형적 현상이라고 할 수 있다. 따라서 사이코패스라는 개념에 집착하기보다는 사이코패스의 특질이라고 일컬어지는 것들을 낳는 사회문화적 요인들에 주목해야 한다.

2

우리가 괴물을 훔쳐보는 이유

그렇다면 우리는 왜 괴물을 훔쳐보는가? 이 책의 서두에서 던졌던 질문에 대한 답을 다시 생각해 본다. 영화를 통해 괴물을 생산하는 제작자와 영화 속 괴물을 훔쳐보는 관객의 소통 현장에서 그 답을 찾아본다면 다음과 같이 대답할 수 있다.

첫째, 괴물은 직접 대면하기에는 너무나 두려운 존재이지만 영화를 통해 괴물을 간접 경험하여 두려움을 이겨 내는 기제가 된다는 것이다. 영화 속 괴물을 훔쳐보는 것은 두려움에 직면하고자 하는 회피의 심리를 드러내는 행위이다.

둘째, 존재의 불안 속에서 살아가는 인간은 항상 알 수 없는 대상으로부터 공격당할 수 있다는 불안감과 공포를 현실에서 경험하고 있다. 영화 속 괴물은 알 수 없는 불안의 실체를 알고 싶은 인간의 근원적인 무의식과 맞닿아 있는 존재이다. 그래서 영화를 통해서라도 미지의 공포인 괴물이라는 대상을 경험하고 실체를 알고 싶어 하는 인간의 호기심과 연결되어 있다.

셋째, 영화 속 괴물을 훔쳐보는 행위는 괴물이라는 대상에 대한 이해를 통해 두려움의 대상인 실체에 대한 인지의 변화를 경험하고 자기 치유와 예측할 수 없는 상황에 대비하는 정서적 선택으로 이끌게 된다. 괴물과 같은 대상에 대한 미움을 선택하거나 대상에 대한 정확한 인지를 통해 두려움을 극복하는 과정으로 향하게 한다는 것이다.

넷째, 영화를 제작하는 감독이나 작가의 입장에서 관객에게 괴물을 훔쳐보도록 하게 하는 행위는 우리도 누구든지 괴물이 될 수 있다는 경각심과 메시지를 전달하는 것이다. 영화 속 괴물의 모습 어딘가에는 영화를 보는 관객의 내면에 자라나고 있는 욕망이나 그늘, 혹은 감추어진 상처들이 닮은꼴로 자리 잡고 있음을 깨닫게 만드는 것이다.

다섯째, 영화 속 괴물을 훔쳐보는 행위는 우리가 미처 확인하지 못했던 인간의 본성에 대한 이해를 이끌어 내게 된다는 것이다. 영화의 서사 속에서 괴물을 만났을 때 인간의 반응은 극단적 이기주의를 보이거나 자기희생을 선택하는 경우가 있다. 괴물을 만났을 때 보이는 인간의 모습을 보면서 관객들은 인간 본성에 대해 성찰하며 자신의 모습을 돌아보게 된다. 결국 어떤 선택을 할 것인지는 개인의 몫으로 남게 되지만, 괴물을 훔쳐보는 것은 현실에 살아남는 생존이라는 과제와 끊임없는 자아성찰과 성장에 대한 내적 갈등을 내포하고 있음을 알 수 있다.

지금까지 관객과 시각적 이미지로 소통하는 영상 매체인 영화에서 그려진 괴물의 의미작용을 분석하고 우리가 괴물이라는 대상에 부여하는 의미가 어떤 차원에서 만들어지는지 살펴보았다. 그리고 영화 속 괴물이라는 존재의 이미지가 가지고 있는 사회문화적인 차원의 의미작용과 이데올로기적 의미를 살펴보았다. 그 과정을 통해 고대부터 오늘날까지 괴물을 만들고 그것을 훔쳐보는 인간의 행위는 결국 끊임없는 자기성찰과 맞닿아 있음을 생각해 보았다.

이 책이 역동적인 영상매체인 영화라는 콘텐츠와의 만남에서 괴물의 이미지가 생성하는 의미를 제시하는 것으로 영화 해석의 가능성을 확장할 수 있기를 바란다. 영화를 통해서 우리 안에 단절된 벽을 허물고 대중과의 소통을 확대하는 데 기여하기를 바라는 마음이다.

참고 자료

단행본

- 고장원(2017). 『SF의 힘』, 추수밭 읽기, 서울: 소명출판.

- 곽재식(2019). 『한국 괴물백과』, 워크룸프레스.

- 김경용(1994). 『기호학이란 무엇인가』, 서울, 민음사.

- 김성곤(2005). 『영화 속의 문화』, 서울대학교 출판부.

- 김소영(2000). 『근대성의 유령들』, 서울: 씨앗을 뿌리는 사람.

- 김종원 · 정중헌(2000). 『우리 영화 100년』, 현암사.

- 나병철(2010). 『환상과 리얼리티: 소설 · 영화 · 동화 · 애니메이션에 나타
  난 환상 서사』, 문예출판사.

- 백선기(2007). 『영화 그 기호학적 해석의 즐거움 2』, 서울, 커뮤니케이션
  북스.

- 서울대학교 종교문제연구소 (2003). 『신화와 역사』, 서울대학교 출판부.

- 서인숙(1998). 『영화분석과 기호학』, 집문당.

- 안정오 외(2002). 『기호학으로 세상 읽기』, 소명출판.

- 오현화(2006). 『영상문학의 이해』, 한국문화사.

- 유평근 · 진형준(2003).『이미지』, 서울: 살림.

- 이상일(1994).『변신 이야기』, 밀알.

- 이선윤(2014).『아베 고보와 이형의 신체들』, 서울, 그린비.

- 이수안(2012).『이미지 문화사회학 −포스트젠더와 탈경계의 이론적 상상』, 서울: 북코리아.

- 이유선(2005).『판타지 문학의 이해』, 역락.

- 이효인(2002).『영화감독 김기영: 하녀들 봉기하다』, 서울: 하늘아래.

- 조한혜정(1998).『성찰적 근대성과 페미니즘: 한국의 여성과 남성 2』.

- 조희웅(1996).『한국설화의 유형』, 일조각.

- 주형일(2018).『영상커뮤니케이션과 기호학』, 패러다임북.

- 최기숙(2003).『환상』, 연세대학교 출판부.

- 한국영상자료원 편(2005).『한국 영화를 말한다. 한국영화 르네상스 1』, 한국영화구술총서 02.

- 허지웅(2010).『망령의 기억: 1960−80년대 한국공포영화』, 한국영상자료원.

- 그레마스 (1997).『의미에 관하여』, 김성도 역, 기호학 총서 5, 도서출판 인간사랑.

- 그레암, T.(1993).『Film as Social Practice 2nd ed.』, 임재철 외 역(1994).

- 기고티에(1996).『영상기호학』, 유지나 · 김혜련 역, 민음사.

- 데이비스, W. (2013).『나는 좀비를 만났다: TED 과학자의 800일 추적기』, 김학영 역, 메디치미디어.

- 돌람, S. (2007).『몽골신화의 형상』, 이평래 역, 태학사.

- 들뢰즈, J. (1999).『11장 무의미, 의미의 논리』, 이정우 역, 한길사.

- 랩슬리, M.웨스틀레이크(1995).『현대영화이론의 이해』, 이영재 · 김소연 옮김, 시각과 언어.

- 마리니, J. (2012).『뱀파이어의 문학』, 김희진 옮김, 파주: 문학동네.

- 마이어스, T. (2005).『누가 슬라보 지젝을 미워하는가』, 박정수 옮김.

- 메츠(Christian Metz). 미첼 테일러(Micheal Taylor) 역,『영화언어: 영화의 기 호학(Film Language: A semiotics of the Cinema』, New York: Oxford University Press.

- 모튼, S. (2011).『스피박 넘기』, 이운경 역, 도서출판 앨피.

- 바우만, G. (2010).『새로운 빈곤』, 이수영 역, 천지인.

- 버거, J. (1990).『영상 커뮤니케이션과 사회』, 강명구 역(1991), 서울: 나남.

- 벅랜드, W. (2007).『영화인지기호학』, 조창연 역, 커뮤니케이션북스.

- 벨지, C.(2008).『문화와 실재: 라깡으로 문화 읽기』, 김전유경 역, 경성 대 출판부.

- 브룩스, M.(2008).『세계대전 Z』, 박산호 역, 황금가지.

- 비비악 P, 로버트 D. 헤어(2007).『직장으로 간 사이코패스』, 이경식 역, 서울: 랜덤하우스 코리아.

- 에코, U. (1980).『기호와 현대 예술』, 김광현 역, 열린책들.

- 에코, U. (2008).『추의 역사』, 오숙은 역, 열린책들.

- 엘리라데 M.(2003).『영원회귀의 신화: 원형과 반복』, 심재중 옮김, 이학사.

- 윌리암스, L.(1993).『페미니즘/영화/여성』, 유지나 · 변재란 편, 여성사.

- 웰스 P, (2011).『호러 영화−매혹과 저항의 역사』, 손희정 역, 커뮤니케이 션북스.

- 커니, R. (2004). 『이방인, 신, 괴물』, 이지영 옮김, 개마고원.

- 콜린(Collin), (1995). 『인지과학으로 영화 기호학(Film Semiology as a Cognitive Science)』, 벅크랜드(W. Buckland) 편집, Amsterdam : Amsterdam University Press.

- 크리스테바, J. (2001). 『공포의 권력』, 서민원 역, 동문선.

- 트라반트, J. (2001). 『기호학의 전통과 경향』, 안정오 역, 서울: 인간사랑.

- 까뮈, A. (2000). 『시지프의 신화』, 김화영 역, 책세상, 개정 1판.

- Adorno, T. W. (1997). 『Aesthetic Theory』, Trans. Robert Hullot−Kento, Minneapolis : University of Minnesota Press.

- Alain and Ursini, J. (2014). 『The Zombi Film : From white Zombie to World War Z』, Applause Theatre & Cinema.

- Assmann, J. (2001). 『The Search for God in Ancient Egypt』, Cornell University Press.

- Baldick, C. , (1987). 『In Frankenstein's Shadow : Myth, Monstrosity, and Nineteenth−century Writing』, Oxford : Clarendon Press.

- Barthes, R. 『Rhétorique de l'image", in Oeuvres complètes』, Tome Ⅱ, Paris, Editions du Seuil.

- Baudry, J. L. 『"Ideological Effects of the Basic Cinematographic Apparatus" in Film Theory and Criticism』.

- Beresford, M. (2008). 『From Demons to Dracula : The Creation of the Modern Vampire Myth』. London : Reaktion Books.

- Boulding, K. E. (1956.). 『The image : Knowledge in life and society』, Ann Arbor, Michigan. The University of Michigan.

- Botting, F.(1995). 『Frankenstein』. New York: St. Martin's Press.

- Burke, E.(1958). 『A Philosophical Enquiry into the Origin of our Ideas of the Sublime and Beautiful』, Ed. James T. Boulton Notre Dame: Univ. of Notre Dame Press.

- Cantril,H.(1950). 『The "Why" of Man's Exprience』, New York: Macmillian.

- Carroll, N.(2008). The Philosophy of motion pictures, MA: Blackwell Publishing.

- Cohen, Jeffery Jerome(1996). 『Monster Theory: Reading Culture. Minneapolis and London 』: University of Minnesota Pres.

- Eco,U.(1976). 『Articulations of the Cinematic Code, in Movies and Metbad: An Antbology, Vol 1 ed』, by Bill Nichos Univ. Of California Press.

- Franz,M.L.(1996). 『The Interpretation of Fairy Tales』, Boston: Shambhala.

- Freud, S (2003). 『The Uncanny』, trans. David McClintock, Lodon: Penguin.

- Gray, R. (2003). 『Freud and Literary Imagination(Lecture note)』, Washington univ.

- Gigante, D.(2000). 『Facing the Ugly: The case of Frankenstein』, ELH 67.

- Huizinga, J.(1996). 『The Autumn of the Middle Ages』, trans. Rodney J. Payton & Ulich Mammitzsch. Chicago UP.

- Hume, D(1993). 『Of the Standard of Taste. Selected Essays』, Eds. Stephen Copley & Andrew Edgar. Oxford: Oxford UP.

- Jackson, R.(1998). 『Fantasy: The Literature of Subversion』, London & New york: Routledge.

- Kyle W.B.(2010). 『American Zombie Gothic: the rise and fall(and rise) of walking dead in popular culture』, North Carolina, McFarland & Co.

- Lawson, F., &Baud-Body, M.(1977.). 『Tourism and recreational development』, London: Architectural Press.

- Lippman, W.(1961.). 『Public opinion』, New York: The MacMillan Company.

- Metz, C.(1974). Film Language: Semiotics of the Cinema, tran. Micheal Taylor, Oxford University.

- Metz, C,(1974). 『Language and Cinema』, trans. Donna Jean Umliker-Sebeok, The Hague Mouton.

- Peirce, C. S.(1931~1958). Collected Papers 2, Havard Univ. Press.

- Richard, H,W.(2003). 『The Complete Gods and Goddesses of Ancient Egypt』, Thames &Hudson.

- Shafer, Byron E.,ed (1991). Religion in Ancient Egypt: Gods, Myths, and Personal Practice. Cornell University Press

- Spivak,G.C.(1988). 『Marxism and the Interpretation of Culture』, London: Macmillian.

- Sturken, M. & Cartwright, L.(2001). 『Practices of Looking』, Oxford University Press.

- Wood, R.(1985). An Introduction to the American Horror Film, in: Movies and Methods. Volume Ⅱ, University of California Press.

- Žižek, S.(2009). 『The Parallax View. Cambridge』, Massachusetts: The MIT Press.

논문

- 강수환. '인간', 부조리와 '괴물'의 출현 장소, 『한국학 연구』제39집, 485-514.

- 강상순(2016). 괴물은 무엇을 표상하는가, 『우리어문연구』, 우리어문학회 55집, 43-73.

- 곽재식, 최서희(2019). 조선왕조실록 소재 괴물 이야기에 대한 연구, 『인문 콘텐츠』제52호, 113-140.

- 권선희(1998). 괴물성의 정치학: 프랑켄슈타인을 중심으로, 경희대학교대학원 영어영문학과 석사논문.

- 권혜경(2009). 좀비, 서구문화의 전복적 자기 반영성, 『문학과 영상』10(3), 535-561.

- 김공숙(2014). 영화 〈늑대소년〉 서사의 상호텍스트성 연구, 『현대영화 연구』Vol.17, 155-196.

- 김공숙 · 김명현(2017). 영화 〈늑대소년〉의 환상성 재현 양상과 의미, 『글로벌문화콘텐츠』(29), 19-41.

- 김길훈(2016). 영화 〈늑대소년〉과 여성의 원형적 감정들, 『한국콘텐츠학회논문집』16, 198-209.

- 김미숙(2013). 〈프랑켄슈타인〉에 나타난 공포와 숭고, 『세계문학비교연구』45, 한국세계문학비교학회.

- 김민오(2014). 좀비 영화의 시대 반영성 연구: 장르 발전사와 뱀파이어 장르와의 비교를 중심으로, 성균관대학교 석사학위 논문.

- 김성도 (2016). 바르트와 이미지: 시각 기호학을 넘어, 『불어불문학연구』105집.

- 김성경(2010). 한국 영화산업의 신자유주의 체제화-2000년대 이후의 한국 영화산업의 정치경제학, 『민주사회의 정책연구』 19호.

- 김소영(2011). 신자유주의 시대의 폭력, 육체, 인지적 매핑, 『젠더와 문화』 4(2).

- 김양지(2000). 『한국 공포영화 관습의 반복과 변화』, 이화여자대학교 석사학위 논문.

- 김일림(2017). '아름다운 청년'은 어떻게 '좀비'가 되었나, 『인문콘텐츠』 46, 279-303.

- 김주선(2016). 타자는 괴물이다, 『문학과 사회』 29(1), 481-498.

- 김치수(1987). 바르트의 기호학-『기호학적 모험』을 중심으로, 『불어불문학연구』 Vol: 24, 69-85.

- 김형식(2017). 한국사회의 예외 상태의 지속과 회복되지 않는 일상, 『대중서사연구』 23(2), 187-221.

- 김훈순. 이소윤(2005). 한국 현대 공포영화와 장르 관습의 변화, 『미디어, 젠더 & 문화』, (4), 5-40.

- 김휘택(2019). 이미지와 의미 부여에 대한 일고찰, 『기호학연구』 제57집, 59-90.

- 문형준(2018). 괴물 서사란 무엇인가?, 『비교문화연구』 제50집, 31-51.

- 박선주(2012). 인조인간, 헐벗은 생명, 포스트/휴머니즘: 메리 쉘리의 『프랑켄슈타인』과 카즈오 이시구로의 『날 보내지 말아줘』에 나타난 고아와 인간, 『역사와 문화』 24호.

- 박숙자(2014). 괴물의 탄생: 무감정, 반윤리, 비죽음, 『한국문학이론과 비평』 제62집, 135-155.

- 박은정(2015). 근대 이전 호랑이 상징성 고찰, 『온지논총』 43, 온지학회.

- 박지선(2014). 사이코패스에 대한 대중의 인식과 두려움, 『한국범죄학』 제 8권2호, 145-175.

- 박지웅(2006). 좀비와 버그, 『경제학 연구』 54(3), 한국경제학회.

- 박종우(2007). 한국 한시의 괴물 형상에 대한 일고찰, 『우리어문연구』 55 집, 우리어문학회, 75-94.

- 박평종(2012). 기형 이미지 연구, 『현대 미술사 연구』 34, 367-391.

- 박하림(2017). 파국의 기원과 멜랑콜리:2 000년대 문화와 좀비 서사, 『비교문학』 제71집.

- 박형서(2016). 서사의 장르규약 위반과 그 함의, 『어문논집』 78, 269-295.

- 백지연(2018). 포스트휴먼 시대의 젠더 정치와 괴물-비체의 재현 방식, 『비교문화연구』 제50집, 77-101.

- 서인숙(2011). 탈식민주의 관점에서 본 〈괴물〉의 연화적 모방과 번역의 의미, 『한국콘텐츠학회논문지』 11(2).

- 소영현(2013). 민주화의 역설과 한국 소설의 종말론적 상상력 재고, 『한국문예창작』 12(1).

- 송아름(2013). 괴물의 변화, 『대중서사연구』 19, 185-221.

- 신동준(2011). 현대사회의 '괴물', 사이코패스 이해하기, 『현상과 인식』 봄·여름, 147-215.

- 안의진(2013). 관객은 허구에 불과한 공포영화의 괴물을 왜 무서워하는가?, 『미디어, 젠더 & 문화』 26호, 한국여성커뮤니케이션학회, 41-70.

- 안정오(2003). 찰스 샌더스 퍼스의 기호학과 응용, 『한국학연구』 19, 99-133.

- 안정오(2014). 중국영화 주자, 희자, 비자의 서사구조와 상호텍스트성에

대하여,『기호학연구』.

– 안정오(2016). 설국열차의 서사구조에 나타난 행동자모델,『한국학연구』
56. 219-241.

– 안정오(2018). 성주풀이의 서사구조에 대한 기호학적 접근,『인문언어』
20. 81-104.

– 양정혜(2010). SBT, 미디어가 재현하는 범죄현실: 아동대상 성폭력범죄
의 프레이밍,『언론과학연구』10권 2호.

– 연희원(2005). 영화 리얼리즘 비판을 통해 본 에코의 영화기호학과 보드리
의 영화현상학,『철학연구』제94집, 221-245.

– 연희원(2002). 이미지와 기호: 에코의 '현실복제로서의 영화기호학' 비판,
『과학사상』(43).

– 오세정(2012). 한국 신화의 여성 주인공에게 나타나는 반인반수의 성격,
『기호학연구』31집, 227-249.

– 오현화(2013). 한국 영화 속 여체에 반영된 괴물성 연구,『현대영화연구』
Vol.15.

– 오현화(2016). 한국 온라인 게임 속 괴물 서사의 전략 및 구조·괴물 캐릭
터의 작동원리 및 형상화 방식 중심으로-,『인문사회』21, 제7권 제2호,
645-666.

– 우아란(2011). 아트호러를 기반으로 한국과 미국 공포영화의 괴물 특성 비
교 연구, 영남대학교 석사학위논문.

– 유현주(2011). 괴물, 여성, 기계,『뷔히너와 현대문학』37, 241-262.

– 윤충한, 홍정민(2018). 영화관람수요 추정을 통해 본 한국영화산업의 특
성,『정보통신정책연구』제25권 제2호.

– 윤태욱 (2011). 푸코를 읽는 한 가지 방법-괴물에 대한 논의를 중심으로,

『의철학연구』12, 49-72.

- 위준영(2014). 감염 영화에 나타나는 생명정치적 주권 권력과 그것의 이데 올로기적 작용에 관한 연구, 서강대학교 박사학위 논문.

- 이규일 (2016). 영화 〈괴물〉에 나타난 소통의 단절과 괴물의 상징성, 『한 국문학이론과 비평』20(2), 235-257.

- 이도훈(2007). 『국가 이미지 제고를 위한 메가문화이벤트 콘셉트 도출에 관한 이론적 고찰-프랙탈(fractal) 이론의 적용을 중심으로』, 홍익대학교대 학원 박사학위논문.

- 이동신(2017). 좀비 반, 사람 반: 좀비 서사의 변화, 『문학과 영상』18(1), 33-51.

- 이선아, 이성규(2010). 몽골 영웅 서사시에 나타나는 괴물의 형상과 의미 연구, 몽골학 제31호.

- 이선윤(2013). 아베고보와 '괴물성'의 문학, 『일어일문학연구』제88집, 173-187.

- 이송이 · 서정행 · 오수지(2017). 전유와 재창조: 부산행의 좀비, 『글로벌 문화콘텐츠』(26), 131-148.

- 이영준(2013). 신화, 전설, 동화 속에 나타난 '낭만적 신화'와 '원형적 욕 망', 『동화와번역』(26), 241-265.

- 이인영(2005). 동 · 서양 신화의 '반인반수' 테마 연구, 『카프카연구』13, 237-255.

- 이장원(1998). IMF 시대, 다시 '세계화'를 생각한다. 『사회평론 길』, 98권 1호.

- 이정원(2014). 영웅소설의 괴물 문제, 『우리어문연구』55집, 우리어문학 회, 95-129.

- 이준호(2018). 〈부산행〉과 〈서울역〉을 통해 본 좀비의 무의식적 의미: 정신분석학적 관점, 『현대정신분석』 20(1), 76-104.

- 이찬웅(2017). 들뢰즈의 신체 개념, 『불어불문학연구』 93집, 241-261.

- 이채 · 임준서(2016). 「정복근 희곡에 나타난 괴물 모티프와 무대 형상화 전략-초기작을 중심으로」, 『우리 어문연구』 55권, 우리어문학회.

- 이창우(2015). 신자유주의 시대 한국 영화에서 나타나는 그로테스크의 정치학: '괴물'과 '근원적 세계'를 중심으로, 중앙대학교 박사학위 논문.

- 이현중(2017). 트랜스미디어 스토리텔링으로서의 〈부산행〉, 〈서울역〉의 확장 가능성, 『인문학연구』 제38호, 177-206.

- 이희승(2013). 정주하는 모성의 기호들, 『언론과학연구』 13(1), 359-386.

- 임정식(2016). 영화 〈괴물〉의 통과제의 구조와 그 의미, 『대중서사연구』 22(2), 233-266.

- 임정식(2017). 괴물 영화에 나타난 영웅 탄생의 새 양상, 『한민족문화연구』 59, 105-134.

- 임정식(2018). 한국 영화 속 괴물의 형상과 모험 서사의 변주, 『Jounal of Korean Culture』 43, 217-243.

- 장석용(2006). 봉준호 감독의 〈괴물〉 복합 장르성을 띤 새로운 영화 텍스트가 될 것인가, 『공연과 리뷰』 54, 202-207.

- 정보라(2018). 너의 죽음은 어디에 있는가, 『슬라브학보』 제33권 4호, 245-280.

- 정사강 · 김훈순(2015). 한국 멜로장르 영화의 낭만적 사랑에 대한 서사적 실험과 장르 관습, 『기호학연구』 제43집, 227-261.

- 최애영(2009). 여성은 왜 괴물로 형상화되어 왔는가?, 『여성문학연구』 21.

– 최원(2017). 좀비라는 알레고리의 이단점,『문학과 영상』2017 봄, 53-69.

– 최은주(2005). 시각 이미지와 언어 이미지로서의 괴물 메리 셸리의 프랑켄슈타인,『19세기영어권문학』9(1), 185-206.

– 추재욱(2009). 프랑켄슈타인에 나타난 괴물의 의미를 다시 생각하기: 자연과 과학의 경계에서,『영미문화』제9권 3호, 325-343.

– 한동균(2019). 한국 공포영화의 시대별 캐릭터의 특성 및 의미 분석,『문화와 융합』제41권 3호.

– 한혜원 · 강윤정(2010). 애니메이션에 나타난 여성 인물의 괴물성 연구,『문학과 영상』11(1), 209-234.

– 홍기훈(2009). 한국 영화의 시각 특수효과에 관한 연구 –"〈괴물〉과 〈디워〉를 중심으로", 단국대학교 석사학위논문.

– 홍덕선(2015). 파국의 상상력–포스트묵시록 문학과 재난 문학,『인문과학』57.

– 황우념(2017), 〈부산행〉은 왜 대만 관람객에게 인기인가?,『사회과학연구』33(3), 123-145.

– 오니시 야스오(2016).「영화 '괴물의 일본 흥행 실패 사례로 본 한일 사회의식 구조 비교 연구」,『일본문화논총』15집, 대한일본문화학회.

– Cho Ai-Lee(2011). The development of the Creature's Mind and Exclusion in Frankensein,『신영어영문학』50, 신영어영문학학회.

– Järv, Risto.(2002). 'The Three Suitors of the King's Daughter: Character Roles in the Estonian Versions of The Dragon Slayer(AT 300) Folklore.『An Electonical Journal of Folklore』. vol.22.

– Federman, Cary Holems, Dave Jacob, Jean Daniel (2009). Deconstruction the Psycopath:A Critical Discursive Analysis,『Cultural Critique』72권 1호.

- Freeman, B.C. (1995). 『Frankenstein with Kant: A Theory of Monstrosity or the Monstrosity of Theory』. Fred Botting, ed Frankenstein, New York: St Martin's Press.

- Radford, C. (1975). How can we be moved by the fate of Anna Karerina ?, Prceedings of the Aristotelian Society, Supplemental 49, 67-80.

- Riquelme, John Paul. (2000). "Toward a History of Gothic and Modernism: Dark Modernity from Bram Stoker to Samuel Beckett". Modern Fiction Studies. Vol. 773-46.3.

- Walsh Anthony, Wu Huei-Hsia(2010). 「Differentiating Antisocial Personality Disorder, Psychopathy, and Sociopathy: Evolsideration, Genetic, Neurological, and Sociological Consideration」, Criminal Justice Studies, 21권 2호.

참고 웹사이트

- 표준국어대사전, 국립국어원 https://stdict.korean.go.kr/main/main.do

- 한국민족문화대백과사전 한국학중앙연구원 encykorea.aks.ac.kr

- 영화진흥위원회 통합전산망 http://www.kobis.or.kr

- 다음 영화 https://movie.daum.net/boxoffice/weekly

- 다음 백과 https://100.daum.net/encyclopedia/view

- 프레시안 http://www.pressian.com/news/article

- 위키백과 https://ko.wikipedia.org

- 파이넨셜 뉴스 https://entertain.v.daum.net/v/20121016081117239